文化生活丛书

西亭村志

张克锋　主编

编委会名单

（以姓氏笔画为序）

编委会

陈水会　陈水伍　陈育平　陈钟庆
陈思达　陈德胜　陈毅琳　黄炳煌

主　编

张克锋

撰　稿

许文君　杨志贤　张克锋　张晓红
陈树菁　陈曼君　周艺灵　周伟薇
郭　倩　梁振坤　谢慧英

序

水有源，树有根，人有祖宗。追本溯源，追念先祖，乃人之常情。中国人尤重亲情、家族和乡土文化，故历来有撰写家传、族谱和地方志之风。一册家谱在手，家族历史便一目了然，人人皆知其来处。一部方志在手，该地之历史、地理、人物、风俗、经济、文化，便知大概。然时易世变，能完整保存族谱、详述历史的家族，已不多见，方志则一般到县级为止，鲜有"乡志""镇志"与"村志"。故就村而言，如村中各宗族都有较为完整的族谱，则一村之历史便基本清楚，如无，则村之历史便模糊不清。

西亭村是一个普普通通的海边小村，历史上没有出现过什么显赫的人物，也没发生过什么重要的事件，一直默默无闻地存在着。村之历史，也和绝大多数村子一样，模模糊糊地存在于村人的记忆中。然而，近二十年来，由于城市的扩张，西亭村开始进入了变化的快车道。2003年，为建设园博苑，西亭村官任社的土地被征用200亩；2004年，为修筑通贯西亭社区的海翔大道，西亭村部分土地被征用；2010年，集美新城核心区建设启动，作为集美新城核心区，西亭村的土地被征1600亩；2011年又被征用4400亩；2012年，软件园三期征地建设，西亭村湖内自然村的土地全部被征收；2016年，湖内村村民整体迁出，湖内自然村消失。至2021年，除了几座宗祠、公庙和个别特色建筑外，其他所有建筑都已拆除，所有居民已移居于新居住地，原来的西亭村，已经变成了集美新城，成了集美行政中心、诚毅书城、诚毅图书馆、诚毅科技馆、杏林商业营运中心、嘉庚艺术中心、市民中心、市民公园、台商投资区服务中心、人力资源大厦、软件园三期、中航城C区、莲花新城、中交和美小区以及园博苑的一小部分。可以说，曾经的西亭村，已经不存在了。村民的生活方式也已完全改变。真可谓沧海桑田之变！

正是在这巨大的变化之中，西亭村的村民们感到了保存一份历史记忆的必要性和迫切性，有了编写一部村志的想法。"志"者，记载也，记忆也。本村志力图记载西亭村之全貌，包括地理位置与历史变迁，隶属沿革，行政区划，村名的由来及变迁，建筑文化，人口，姓氏及分布，陈、黄两大姓氏的源流，环境与资源，经济状况，民生状况，文化教育，历代重要人物，民间信仰，民俗，方言，民谣，传说，村社组织，群众社团等。此外，本志还附录了《西亭村大事记》《西亭村文物拾遗》《苑亭路改建简况》《西亭村土地征用与房屋拆迁简况》《政府对失地农民的政策》《集美新城西亭核心区简介》《西亭村：再不是旧模样》，以为补充。所载主要内容大多数来自编写者的实际考察和访谈记录，文字、图表之外，配了不少图片，目的在于给西亭的后人们留下更形象的记忆。没有编辑入书的大量图片，我们将集中编排整理后留给村委，以便村民们查阅。

  编写一本村志，对于我们来说是第一次尝试。由于缺乏经验，以及学养、能力的欠缺，这本村志在体例上不够成熟，资料不够丰富，考证难称精当，没有能准确而生动地描述一个海边渔村沧桑巨变的历史画卷。它只是一个粗坯，希望以后还有补充修改和打磨的机会。

编者

张克锋

2022年3月

目 录

序 …………………………………………………………………………… 1

第一章　村情 ……………………………………………………………… 1

一、地理位置与历史变迁 ………………………………………………… 1
（一）地理位置及变迁 ………………………………………………… 1
（二）村社结构 ………………………………………………………… 2
（三）历史变迁 ………………………………………………………… 4

二、隶属沿革 ……………………………………………………………… 5
（一）清代以前西亭村隶属沿革 ……………………………………… 5
（二）民国时期西亭村隶属沿革 ……………………………………… 8
（三）新中国成立以后西亭村隶属沿革 ……………………………… 9

三、行政区划 ……………………………………………………………… 10

四、村名的由来及变迁 …………………………………………………… 11

五、西亭村的建筑文化 …………………………………………………… 12
（一）宗祠建筑 ………………………………………………………… 13
（二）宫庙建筑 ………………………………………………………… 23
（三）民居建筑 ………………………………………………………… 26
（四）其他民居建筑 …………………………………………………… 33

六、人口 …………………………………………………………………… 35
（一）人口概况 ………………………………………………………… 35
（二）主要姓氏及分布 ………………………………………………… 35
（三）人口迁徙 ………………………………………………………… 36

第二章　姓氏源流 ·· 37

一、西亭陈姓源流 ··· 37
（一）陈姓的历史 ·· 37
（二）颍川陈氏始祖陈实公 ··· 38
（三）入闽陈氏始祖陈忠公 ··· 39
（四）殿前始祖陈宝公 ·· 41
（五）西亭始祖增保公 ·· 41

二、西亭黄姓源流 ··· 47
（一）黄姓的历史 ·· 47
（二）江夏黄氏始祖黄香公 ··· 48
（三）"紫云"黄氏始祖黄守恭 ··· 49
（四）同安黄氏始祖黄纶公 ··· 50
（五）西亭村黄姓来源 ·· 52

第三章　环境与资源 ·· 53

一、地貌、土地资源与植被 ·· 53
二、气候、水文 ··· 54
三、动植物资源 ··· 54
（一）陆生野生动物 ·· 54
（二）水产动物 ··· 55
（三）主要植物 ··· 55
四、自然与人文景观 ·· 57
（一）朝旭宫旁码头遗址 ··· 57
（二）集美新城中央公园 ··· 57
（三）集美新城市民广场 ··· 57
（四）集美塔 ··· 58
（五）九天湖 ··· 58
（六）古树 ·· 59

（七）周边旅游资源 …………………………………………… 62

第四章　经济

　一、主要产品 ……………………………………………………… 67
　　（一）粮食作物 ……………………………………………………… 67
　　（二）经济作物 ……………………………………………………… 67
　　（三）海产品 ………………………………………………………… 68
　二、经济发展简况 ………………………………………………… 68
　三、民营企业 ……………………………………………………… 71
　　（一）厦门力巨自动化科技有限公司 …………………………… 72
　　（二）厦门通利彩印有限公司 …………………………………… 73
　　（三）厦门成鑫针织有限公司西亭分公司 ……………………… 74
　　（四）厦门亚环食品有限公司 …………………………………… 75

第五章　文化教育

　一、西亭小学 ……………………………………………………… 78
　　（一）发展历程 ……………………………………………………… 78
　　（二）办学特色 ……………………………………………………… 83
　　（三）西亭学校历任校长 ………………………………………… 84
　二、西亭幼儿园 …………………………………………………… 85
　　（一）发展历程 ……………………………………………………… 85
　　（二）西亭幼儿园历任园长 ……………………………………… 90
　三、西亭民夜校 …………………………………………………… 90
　四、文体活动 ……………………………………………………… 91
　　（一）赛龙舟 ………………………………………………………… 91
　　（二）腰鼓、篮球、门球 ………………………………………… 92
　　（三）文艺表演 ……………………………………………………… 94
　五、敬老孝亲 ……………………………………………………… 97
　六、人才培养 ……………………………………………………… 97

（一）捐资办学、奖励学子 ·· 97
　　（二）人才名录 ·· 97

第六章　人物 ·· 123

　一、人物传略 ·· 123
　二、人物表录 ·· 166
　　（一）西亭后裔从事公职人员一览表 ······························ 166
　　（二）西亭后裔创业情况一览表 ····································· 169
　　（三）西亭寿星名录 ·· 172

第七章　民间信仰 ·· 175

　一、西亭村的民间信仰 ··· 175
　　（一）祖先崇拜 ··· 176
　　（二）神祇信仰 ··· 178
　二、西亭村的宫庙 ·· 183
　　（一）宝皂庙 ·· 183
　　（二）朝旭宫 ·· 188
　　（三）复兴宫 ·· 192
　　（四）兴武宫 ·· 193
　　（五）饶美宫 ·· 195
　　（六）兴云庙 ·· 196
　　（七）灵护宫 ·· 197
　　（八）长福宫 ·· 198
　　（九）王公王娘庙 ··· 199
　　（十）龙山宫 ·· 199
　　（十一）青面将军庙 ·· 200

第八章　民俗 ·· 201

　一、民间人生礼俗 ·· 201

（一）生育礼俗 ··· 201
　　（二）结婚礼俗 ··· 205
　　（三）寿诞礼俗 ··· 208
　　（四）丧葬礼俗 ··· 209
　　（五）祭祖礼俗 ··· 214
二、民间岁时节俗 ·· 215
　　（一）传统岁时节俗 ··· 216
　　（二）民间信仰节日 ··· 221

第九章　方言、歌谣与传说 ··· 231

一、方言 ··· 231
　　（一）语音 ··· 231
　　（二）词汇 ··· 236
二、歌谣 ··· 263
　　（一）拍手掌（炒米香） ·· 264
　　（二）天黑黑 ··· 264
　　（三）好朋友 ··· 265
　　（四）摇篮曲 ··· 265
　　（五）指纹歌 ··· 265
　　（六）新年歌 ··· 265
　　（七）西北雨 ··· 266
　　（八）安舅来 ··· 266
　　（九）大箍呆 ··· 267
　　（十）十二生肖歌 ··· 267
　　（十一）囝仔歌 ·· 267
　　（十二）火金姑 ·· 268
　　（十三）羞羞羞 ·· 268
　　（十四）打日本 ·· 268
　　（十五）月光光 ·· 268

（十六）捉迷藏 ………………………………………………… 269

　　（十七）抛沙包 ………………………………………………… 269

　三、传说 ……………………………………………………………… 270

第十章　村社组织 …………………………………………………… 271

　一、党政机构 ………………………………………………………… 271

　二、群众组织 ………………………………………………………… 278

　　（一）五甲会 …………………………………………………… 278

　　（二）老人协会 ………………………………………………… 282

　　（三）宗祠、庙宇理事会 ……………………………………… 282

附录 ……………………………………………………………………… 283

　一、西亭村大事记 …………………………………………………… 283

　二、西亭文物拾遗 …………………………………………………… 294

　三、苑亭路改建简况 ………………………………………………… 299

　四、西亭村土地被征用与房屋拆迁简况 …………………………… 303

　五、政府对失地农民的政策 ………………………………………… 304

　六、集美新城西亭核心区简介 ……………………………………… 305

　七、《西亭村：再不是旧模样》 …………………………………… 314

参考文献 ……………………………………………………………… 317

后记 …………………………………………………………………… 321

第一章 村情

一、地理位置与历史变迁

（一）地理位置及变迁

西亭村地处北纬24°33′50″，东经118°02′11″，在厦门市杏林湾西北，南接园博苑，东临后溪镇，西接杏北小区（后浦社、九天湖、董任），辖大社、官任、湖内、郭厝、庵后、上店六个自然村、十九个居民小组，面积约五平方公里。村委会驻大社。

据西亭村陈钟庆、陈水伍等人口述，西亭村原来是杏林湾内的半岛，东西宽约二三公里，南北长约六公里，辖区水陆面积约十六平方公里。海域东至埭底港[1]中心线，与集美岑头海域滩涂相邻。由东向北分别与孙厝、兑山、白石、田头村相邻。北至田头港、山尾路亭、必石山，西至上兜里、林坝兜、三个墓、吴輋（五里香）树，与三社蔡厝相邻，后浦埭、西吴埭，南至过船港、龟头港。海域范围内，埭底、潭沟、后崙、中沟、大沙崙、白石港、河仔口、海仔尾、瓦山脚、蔡仔口、官任尾、过船港、庄埭、龟头港等均有"蚵堆"地养殖海蛎。西亭海岸线北自山尾堤岸起，向东延伸，依次是后垅堤岸、后埭堤岸、新埭堤岸（启荣埭）、猪母石、朝旭宫（朝旭宫边有供船只停靠的码头，现今还有部分遗迹，见图1-1）、大沟口王公宫、前祖厝池塘岸、竹篙塘、桐林堤岸（文颜埭）、瓦山崩坑（有一粒金瓜石标志）、蔡仔口、官任下宫（慈云宫）、庄埭、郭厝宫（饶美宫）、庵后堤岸、西吴埭、湖内桥（大潮时湖内桥可停靠船只）。

1956年以前，朝旭宫在海边，东边就是海，旁边就是码头，田地很少。1956年集杏海堤建成后，海水退去，原来的海变成滩涂。1965-1967年，集杏海堤进一步加固，大片滩涂失水干涸，被改造成田地，约一千余亩，西亭村的土地面积增加了很多。

---

[1] 埭底：指海水退潮至最低时露出的滩涂。

2006—2009年，厦门市规划集美新城，西亭村位于新城核心区。这些围海造田所得的田地以及官任、郭厝、大社的大部分土地被政府征用来建集美新城。集美新城核心区基础设施和主要建筑于2013年基本建成，原来西亭村的一部分变成集美新城核心区，剩下的部分成为城中村。

2016年，湖内自然村所有土地被征用，居民全部迁于西亭安置房小区，自然村消失。

图1-1 朝旭宫码头遗址

（二）村社结构

西亭村共六个自然村，十个角落。主要有陈、黄二姓，常住人口6014人。

西亭陈氏系陈太傅后人。

陈太傅陈邕于唐开元二十四年（736）被谪入闽，后定居漳州，建宅院及寺宇"延福报劬南院"，为避祸，献宅为寺，起名"延福禅寺"。明天启年间（1621-1627）更名为"南山寺"。南陈后裔中的一支后迁居厦门，最早聚居地为浦源。宋仁宗嘉靖年间，南陈十五世祖陈从周与其父陈宝、北陈继周一起从浦源徙居殿前垦殖。相传约于17世纪初，又从殿前分出一支来西亭开垦，开创西亭陈氏，开基祖为陈增保。因此，西亭陈氏至今沿袭殿前的腔调。

西亭黄氏为"紫云"黄氏后裔，是从泉州开元寺迁移来厦门的。

据考证，紫云黄氏始祖黄守恭（629-712），父黄崖，隋末自候官迁南安，卜居县丰州东南郊（今泉州鲤城区），生守恭、守美。守恭公少习诗书，博通经史，馨蜚士林，时称"郡儒"。为人倜傥尚义，乐善好施，济贫扶危，咸称"长者"，唐垂拱二年（686）守恭因感桑莲肇瑞，遂舍宅建寺，寺殿建之时，曾有紫云覆地，因名"紫云大殿"，寺初称"莲花道场"，唐开元二十六年（738）始称"开元寺"。开元寺有"五安黄"，因五兄弟分居南安、惠安、安西、同安、昭安得名。同安黄肇伦居地即今翔安区新圩镇金柄村。据说黄肇伦有七个儿子、八个女儿。金柄村一位姓黄的人到上店做生意，后定居于此，乃为上店黄氏始祖，时间应在西亭陈氏定居西亭之前。现在每年2月18日，上店黄氏还要去金柄村祭祖。岛内祥店的黄氏也是从金柄村迁居过去的。

官任自然村的黄氏据说是从文灶迁居过来的，世系、迁居时间均不详，待考。

西亭自然村：位于杏林镇政府驻地东北4.15公里处，在瓦山西北侧。西亭村委会驻地。有995户，2859人。又名大社。乃西亭陈姓始祖增保公开基之地。据说，"西亭"是其流动养鸭点之一，搭有草亭，后来发展为村庄，于是取名"西亭"。西亭村人原以渔业为主，后筑集杏海堤，围垦海滩地1105.12亩，另有耕地面积1114亩，产稻谷、地瓜、大豆、花生，种植香蕉等果树，还从事淡水养殖。乡村公路通杏林镇区。

官任自然村：在大社东南，瓦山之南。属西亭村委会。陈、黄二姓所居。有155户，689人。原为海岸，清道光二年（1822），一位南海进士经此，取名官任，一直沿用至今。以农为主，耕地面积447.42亩，产稻谷、花生、大豆、地瓜等。还有淡水养殖。有乡村路通往村委会。

湖内自然村：在大社之西，福鼎山北侧。属西亭村委会。陈姓所居。有79户，

418人。原为一个内河坑，后来有人来此居住，取名湖内，沿用至今。以农为主，原有耕地面积368.31亩，产稻谷、花生、大豆、地瓜，种植香蕉等。还有淡水养殖。有乡村路。2012年9月，湖内村的全村土地被征用，至2016年，所有居民全部迁于西亭安置房小区，湖内自然村消失。

郭厝自然村：在大社之南，福鼎山东南侧。属西亭村委会。为陈姓所居。现有78户，386人。以农为主，耕地面积211.51亩，产稻谷、花生、大豆、地瓜等。种植香蕉等果树，还有淡水养殖。北、东南面有乡村路。2006-2009年，郭厝的大部分土地被政府征用，成为集美新城的一部分。

庵后自然村：位于郭厝西侧，大社之南，上店东侧。属西亭村委会。原村前有小庵，故名。为陈姓所居，现有50户，262人。以农为主，耕地面积226.49亩，产稻谷、花生、大豆、地瓜，种植香蕉等果类45亩。还有淡水养殖。

上店自然村：在大社西南，福鼎山之东。属西亭村委会。为黄姓所居，有32户162人。据说该村祖先来此地开当铺，后发展为社，取今名。以农为主，耕地面积90.10亩，产稻谷、花生、大豆、地瓜。种植香蕉、李子，还有淡水养殖。村北有乡村路。村内有"苑亭路"，从杏林区杏林村口（杏苑停车站）至西亭村，以杏苑站、西亭村各取一字为名，长3500米，宽5米，南北向。

（三）历史变迁

西亭村以前是两面靠海、一面靠山的小渔村，土地非常少，贫瘠，老百姓靠种田、打鱼和讨小海为生，生活艰辛、贫困。1956年集杏海堤建成后，形成大片滩涂，海滩上海贝、海螺、海星、螃蟹、小虾很多，村民讨小海就能有丰厚的收获。1967年后，因集杏海堤进一步加固，滩涂失水干涸，被村民围垦为田地，引坂头桥水库的淡水稀释冲淡这些土地中的盐碱，将其改造成良田。1970年开始，村民在这些田地里种植水稻，用坂头桥水库的水进行灌溉。至此，西亭村民生产生活方式发生重要转变，由以渔为主、以农为辅变为以农为主。八十年代初改革开放以后，随着商业和经济的迅速发展，西亭村兴起水产养殖业，田地以种植甘蔗、香蕉、柚子等经济作物为主，村民生活得到极大改善。2000年以后，村民开始外出打工、养鱼、种香蕉，大片稻田被撂荒。

在2005年以前，西亭村几乎没有商业开发，相对于周边地区快速的城市化、商业化以及由此而来的繁荣，尤其是作为近邻的杏林的工业化，西亭村发展滞后，因而被村民们自嘲为杏林的"西伯利亚"。近十年中，西亭村发生翻天覆地的变化，以前是以农为主的海边渔村，现在，一大部分变成集美新城的核心区——集美政治、文化科教、商务中心。集美区行政服务中心，杏林湾商务营运中心，全市最大的图书馆、诚毅书城、厦门岛外最高楼——中交和美新城城市综合体、嘉庚剧院、诚毅科技探索中心、大明广场、灵玲国际马戏城、集美市民公园、市民广场等"网红地标"都集中在这里，莲花国际、莲花新城、中航城、中交和美等高品质新住宅小区坐落于其中，与科技工业园区软件园三期毗邻。这里成了集美最繁华热闹、最有活力的地方。

随着集美新城核心区的建成、周边的商业开发和城市化进程，西亭村在环境、交通、教育、卫生、社会保障等方面都得到极大改善。以前，西亭村民到集美需乘船，陆路则须环海绕行二十余里。西亭村的老书记陈育平说："三十年前，西亭被称作'杏林的西伯利亚'，进出村庄只有一条狭窄泥泞的小路，交通非常不便。在远近的村庄里，西亭是姑娘们最不愿意嫁来的地方。"直到1999年元月，西亭的第一条马路苑亭路才建成，才有了第一条公交线路。2003-2004年，村内建设水泥硬化道路，至今，村内主要道路全部硬化，公交四通八达，出行非常便利。2018年12月，地铁一号线建成，在官任和诚毅广场设有两个站点，西亭到集美和岛内更加快捷。目前，社区主干道都安装了太阳能路灯，治安联防使用闭路监控。社区内街道和公共用地每天有清洁工打扫，及时清运垃圾，污水排放得到整治，社区内的环境卫生大为改善。

二、隶属沿革

西亭村所在的集美区境为原同安县的一部分，所以要谈西亭村的隶属沿革，就要谈同安县的历史沿革。

大致可分为三个阶段：清代以前、民国时期和解放以后。

（一）清代以前西亭村隶属沿革

夏、商时期，同安属古代扬州地（为《禹贡》中九州之一）。

周朝时，称七闽之地。

秦时隶属闽中郡。

西汉初属会稽郡冶县（县治在今福州）。建安初属侯官县（包括今福州、兴化、泉州、漳州等地）。

三国时分会稽南部为建安郡，同安属建安郡东安县地。

晋太康三年（282），析建安郡置晋安郡，改东安县为晋安县，同安改隶晋安郡晋安县。继而晋安县分出部分地域设同安县，此为同安设县之始，亦同安得名之始。然未及经年，又并入晋安县。

南朝宋泰始四年（468），改晋安郡为晋平郡，同安为晋平郡晋安县地。泰始七年（471），复为晋安郡。梁天监元年（502），析晋安郡置南安郡，郡治设于晋安（今南安县，辖及兴泉漳诸地），同安为南安郡晋安县地。陈永定初（557-559），升晋安郡为闽州，领建安、南安二郡，同安为闽州南安郡地。天嘉六年（565），废闽州恢复晋安郡。光大元年（567）改晋安郡为丰州，治所设闽县（今福州市），同安为南安郡晋安县地。

隋开皇九年（589），改丰州为泉州（治所在今福州），改南安郡为南安县，同安为南安县地。大业二年（606），改泉州为闽州。大业三年复改为建安郡（治所皆在今福州）。同安为建安郡南安县地。

唐武德元年（618），改建安郡为建州，同安为建州南安县地。武德五年（622），析建州旧南安郡地置丰州，同安为丰州南安县地。武德六年（623），改建州为泉州，治所在闽县（今福州），同安为泉州南安县地。贞观元年（627），丰州改称泉州（今福州）。中宗嗣圣初（684），置武荣州辖南安县，不久即裁撤。圣历二年（699），再次设置，次年再次裁撤。久视元年（700），复置武荣州于南安县东十五里。景云二年（711），原治所设于闽县之泉州改为闽州（今福州），而以原武荣州为泉州（今泉州），隶闽州都督府，同安为泉州南安县地。玄宗天宝元年（742），改泉州为长乐郡，不久改清源郡。肃宗乾元元年（758），复改泉州。同安先后为长乐郡、清源郡、泉州辖下南安县地。

唐贞元十九年（803），析南安县西南四乡置"大同场"，同安为大同场地。

僖宗光启、景福、乾宁年间（886-896），王潮、王审知兄弟率军入泉州、福州，并于福州设威武军[2]，王审知任威武军节度使，大同场为威武军辖地。

五代后梁开平元年（907），梁太祖朱温封王审知为闽王，立闽国，都福州。大同场属闽国泉州南安县。

后唐长兴四年（933），王审知次子王延钧称帝，升大同场为同安县。属泉州。此为同安第二次建县。此后的宋元明清四代，同安县均属泉州府辖，直至1958年以前，仍隶属晋江专区（即今泉州市）领辖。

后晋开运四年（947），南唐灭闽国，州将留从效自领漳州留后[3]，割据漳、泉两州，号"晋江王"，同安县属之。后汉乾祐二年（949），南唐升泉州为清源军，以留从效为节度使，同安县为其辖地。

宋太祖建隆三年（962），留从效弃清源军节度使衔，称藩于宋太祖，不久去世。大将陈洪进推张汉思为留后，同安隶于张氏。乾德元年（963），宋改清源军为平海军，以陈洪进为节度使。太平兴国三年（978），陈洪进纳土于宋，结束割据，同安县始随平海军纳入宋土。同年，宋复平海军为泉州。同安县属泉州辖地。

宋朝初年，全县初设永丰、明盛、绥德、武德四个乡。后以武德乡为场。同安县尚有三个乡，即永丰乡、明盛乡、绥德乡。领三十三里，后并为二十七里，再缩为十一里。即同禾、民安、翔风、嘉禾（以上属绥德乡）、长兴、从顺、感化、归德（以上属永丰乡）、仁德、安仁、积善（以上属明盛乡）。今集美区邑境属明盛乡的仁德里、安仁里地。西亭村属安仁里。

南宋景炎元年（1276），泉州市舶使蒲寿庚与知州田子真据城降元，同安归元朝。

元世祖至元年间（1264-1294），升泉州为泉州路总管府，大德元年（1297），置福建平海行中书省，以泉州为省治。大德二年，改泉州为泉宁府，大德三年，改行中书省为宣慰使元帅府。元惠宗至正十八年（1358），复立泉州分省。自元初至元末，同安县先后属泉州路总管府、福建平海行中书省、泉宁府和泉州分省。

元代里下分设都，以后直至清末，里、都不变。全县分为四十四都，以县城为中心，分东西两大片。东界共二十都，西界共二十四都。集美区邑均属同安西界仁

---

[2] 军，唐代所设戍守边地的军事机构，见《新唐书·兵志》。
[3] 留后：官职名，指代行某职。

德里的十一都、十二都、十三都以及安仁里的十四都、十五都、十六都。西亭村属安仁里的十四都。

明洪武元年（1368），改泉州分省为泉州府，隶福建布政使司。同安一直隶属泉州府，终明朝未变。

明洪武元年（1368），恢复里制，里下辖都。增置在坊里辖县城二隅。全县共划三乡十二里二隅四十四都。洪武二十年（1387）为防倭患，尽徙大小嶝岛二都人民于内陆。明成祖永乐元年（1403），从顺里五都并为三都，感化里三都并为一都，长兴里三都并为一都，归德里二都并为一都，县辖三乡十二里二隅三十五都。后都下设图。明孝宗成化六年（1470），大、小嶝二都人民奏复其旧。至此，同安县下辖十二里二隅三十七都五十三图。

清代，同安县隶属福建省泉州府。

清沿明制。乾隆四十年（1775），析翔风、民安二里（丙洲除外，划归从顺里）及同禾里的五、六、七都置马巷厅。

光绪间行保甲制，改图为保。至清末，同安的行政建制层级为：县→乡→里→都→保→甲（每保十甲，每甲十户）。全县共三乡九里二十一都。

（二）民国时期西亭村隶属沿革

清宣统三年九月十九日（1911年11月9日）光复后，同安县仍隶福建省泉州府。

民国元年（1912），废府，同安县改隶南路道，民国三年改名厦门道。

民国十六年（1927），南京国民政府成立，次年同安县改直隶福建省。

民国二十三年（1934），同安县隶于福建省第五督察区（驻节同安县，民国三十二年迁驻永春县）。次年，改隶福建省第四专员公署至1949年9月。其中仅民国二十二年（1933）11月至民国二十三年（1934）1月福建事变时改隶"中华共和国人民革命政府兴泉省"。

民国一至十六年（1912-1927），同安区划沿清制，为县→里→都→保层级。县辖三乡十一里二十都二隅二百二十二保。

民国十七年（1928），西亭村属明盛乡安仁里十四都连厝保。

民国二十四年（1935）初，实施保甲制度，废里、都旧制，重新进行区署、保甲（联保）编制，实行县→区→联保→保→甲层级制。同安县全县分为三区三十七联保四百零九保。西亭村隶属第三区（灌口区）集美保。

民国二十九年（1940），同安县重新划分为三区二十六乡镇，下辖一百九十四保。西亭村隶属第三区前场乡西亭保。

民国三十二年（1943），同安县撤区建乡设保，重新缩编为十六乡二镇，下辖二百一十二保。西亭村隶属海山乡西亭保。

民国三十三年（1944），同安县再度整编为十乡三镇，辖一百五十保，沿用至同安解放。西亭村隶属灌口镇西亭保。

（三）新中国成立以后西亭村隶属沿革

1949年9月19日，同安解放，同安县人民政府成立，隶属于华东军政委员会福建省第五行政督察专员公署。1950年7月，改属福建省泉州行政督察专员公署（后改为晋江专区）。1958年，改隶于厦门市，1970年，再划归晋江地区，1973年，归隶厦门市至今。同安县再次由晋江地区划归厦门市，成为厦门市同安县，直至1997年4月，撤县改区。

解放初，暂以民国旧保甲为基础，划全县为七区一百五十保。第一区驻灌口后祥，辖二十七保；第二区驻潘涂后溪，辖二十二保；第三区驻垵柄，辖十六保；第四区驻布塘，辖十九保；第五区驻马巷，辖三十保；第六区驻曾厝，辖二十二保；第七区驻大同，辖十四保。

1950年底开始，废除保甲制，建立乡政权。至1951年3月，全县共建立七区二镇，下辖一百三十九个乡九个街道。西亭隶属第二区潘涂后溪区西亭乡。

1952年，将原七区二镇扩增为十区一百三十八乡二镇。西亭隶属第二区灌口区西亭乡。

1955年，重新划为七区一镇，下辖一百四十一乡六条街。西亭隶属第二区后溪区西亭乡。

1956年，将全县合并为四区二镇，下辖四十九乡十个街道。策槽区辖十三乡，汀溪区辖十一乡，马巷区辖十二乡，灌口区辖十三乡，城关镇、马巷镇共辖十个街道。西亭隶属灌口区。

1957年5月，同安县又划出灌口区十二个乡镇归厦门市。

1958年，厦门市人民政府将灌口区、集美镇和厦门岛内的禾山区合并，成立郊区。西亭隶属厦门市郊区杏林镇[4]。

1958年划属厦门市郊区（后改集美区）杏林乡。西亭隶属厦门市郊区杏林公社[5]，称西亭大队。

1964年4月设杏林镇，连同杏林公社划归郊区管辖。此时，厦门市郊区辖集美、杏林两个镇和前线（禾山）、灌口、杏林、东孚、海沧、后溪六个公社。

1978年9月1日，杏林镇和杏林公社从郊区划出，设立杏林区。杏林区辖杏林公社和杏东、杏西两个街道办事处，西亭大队属杏东街道办事处。

1980年，西亭隶属厦门市杏林区杏林公社。

1984年10月，郊区各人民公社先后改为乡、镇，大队改为行政村，设村民委员会。西亭隶属厦门市杏林区杏林乡（后改为杏林镇）。年底，杏东、杏西街道办事处合并为杏林街道办事处，西亭村随之隶属杏林街道。

1987年8月，厦门市郊区改名厦门市集美区，下辖集美、灌口、海沧三个镇和东孚、后溪两个乡。

2003年4月26日起，厦门市将包括西亭村在内的原杏林区的杏林街道办事处和杏林镇划归集美区管辖。

2004年，杏林镇撤销并设立杏滨街道，同时西亭由杏滨街道划归杏林街道。至此，西亭隶属厦门市集美区杏林街道。

2006年，西亭村村委会改为居委会，称西亭社区。

三、行政区划

西亭村现今隶属福建省厦门市集美区杏林街道，属于五级行政区划，即西亭行政村。下辖西亭（大社）、官任、湖内、郭厝、庵后、上店六个自然村，十九个居民小组。

---

[4] 厦门市民政局编：《厦门市地名志》，福建省地图出版社2001年版，第68页。
[5] 厦门市民政局编：《厦门市地名志》，福建省地图出版社2001年版，第63页。

四、村名的由来及变迁

西亭陈氏始祖增保公来此开发前,此半岛内已有连姓的连厝、黄姓的上店、郭姓的郭厝、庄姓的庄埭、蔡姓的蔡仔口、石姓和黄姓的官任等自然村落。自明朝永乐年间,陈增保公从殿前来此开发,发展迅猛,丁财兴旺。随着时间的推移,陈氏繁衍迅速,分居在大社、庵后、郭厝、官任、湖内、桐林等地,其他姓氏(除黄姓外)逐渐凋零消失。

西亭:原来叫大社。据说,居住在殿前的陈氏原以养鸭为生,增保公曾居沾头山(一作沼头山)、拦坝,最后定居大社。大社是陈氏流动养鸭的地点,搭有草亭,供歇脚之用。后来发展成村庄,取名"西亭"。"西"指为殿前陈氏之"西房","亭"指最早建的养鸭草亭。

郭厝:原为郭姓所居,故云郭厝。据陈公马圈现存族谱记载,西亭始祖增保公生三子:长子德昌居大社,西亭始祖增保公次子街昌、三子世昌移居郭厝,街昌无后,世昌入赘郭家,为郭厝陈氏始祖。1952年住房房产登记时,郭水远等八人的房产登记为"同057858",地址在"七口灶",共二十间房屋,分三栏登记,分别是郭金良、郭马□、郭汝固、郭天度、郭天德、郭□嘴、郭马□、郭文德。2021年社区房屋拆迁时,没有郭氏后人前来认领补偿款,郭氏后人搬迁至何处,不详。

上店:开发得最早,为紫云黄姓居地。

庵后:是由西亭陈氏第五世开创的。景砂公为庵后始祖,子孙分居漳州。村内原有小庵,故名。

官任:原为翁、蔡、陈、石、庄、黄诸姓所居,村里流传一顺口溜:一翁二蔡三巷口(陈),只有黄姓赓续至今。后来庵后砂公后裔分居官任,发展壮大。

湖内:湖内陈姓由西亭第五世遗安公从郭厝分支而来。湖内村全村土地于2012年9月年被征收,至2016年所有居民全部迁出,自然村消失。

连厝:原来有个连厝堡,是西亭半岛最大的村落,村民为姓连。清朝年间发生了一场瘟疫,连姓家族绝大多数因病而亡,最后仅剩一房人家,搬到大社,"连厝"社名随之而消失。

桐林:桐林村由原大社后厝的人开发,后厝长房和二房分居,1959年公社化时建为畜牧场,村民迁回大社后厝,桐林自然村及村名随之消失,现在仅有"桐林路"

保留一点原村的信息。桐林自然村原址即今市民公园西北侧。

蔡仔口：原由姓蔡的人所建，后来蔡氏人越来越少，乃至全部消亡，社名也随之消失。

五、西亭村的建筑文化

西亭的建筑是闽南建筑的缩影。人们在长期的生产生活实践创造出了与当地气候、环境、生活方式、宗教信仰相符合的建筑。这些建筑不仅提供了舒适的生活空间，还给他们带来审美愉悦和精神上的自由。

建筑既是人类文明的成果，又是人们生活的家园。建筑不仅仅体现技术，它还是居住者的生活习俗和艺术审美的综合展现，是文化的重要载体。古建筑是先人为我们留下的珍贵文化瑰宝，它具有历史、文化、科技、艺术等多方面价值。各个时期的建筑遗产就像一部部具象化的史书，记录着一个地方的沧桑岁月，是社会、文化变迁的最好见证。那些在时间之河淘洗中保留下来的有特殊意义的建筑文化遗产，使我们感知到文化的绵延不绝和永恒魅力。

保护民居遗产，才能避免村落记忆的消失。村落的记忆是在历史长河中一点一滴地积累起来，从自然景观到地方民居到宗教活动场所，从传统技能到社会习俗等，物质的与非物质的文化遗产是形成村落或区域记忆的有力物证，也是村落或区域文化价值的重要体现。

保护古建筑，保护传统民居，实际上是在保护社区的精神家园。

当前，中国正处于城市化快速发展的时期，城市建设在以空前的规模和速度推进，有价值的历史文化遗迹和富有特色的地方文化正在迅速消亡。大拆大建致使一座座传统民居被无情摧毁，历史性的文化空间被破坏，村落的历史被割裂，村落邻里被解体，村落记忆最终消失，地方特色随之而消失。如果还不加重视，不下大力气保护，现在已寥若晨星的历史和地方文化遗存就要彻底地消失在历史的云烟中了。

西亭村建筑具有较为丰富的历史层次，有典型的传统闽南特色的大厝建筑，有传统的土筑民居，有具有时代烙印的石筑民居，也有新式楼房，体现历史变迁，值得珍惜、保护。

（一）宗祠建筑

1. 特点

闽南宗祠，又称祠堂、祖厝，建筑多为闽南大厝。闽南大厝是闽南最有代表意义的传统建筑，其主要特征是，前埕后厝，坐北朝南，三或五开间加双护厝，红砖白石墙体，硬山式屋顶和双翘燕尾脊。主体通常用红砖盖，辅以石头，形成深沉而独特的底蕴。它形似殿宇，富丽堂皇，是古民居的典型样式。（图1-2）

西亭的宗祠皆为闽南大厝，色彩鲜艳，装饰精美，建筑风格突出。外墙多以红砖为主，特征明显，红砖质地光洁，色彩鲜亮，有的工匠利用红砖拼贴出多种吉祥图案，营造喜庆氛围。山墙装饰上常以泥塑材料或彩色瓷片做成花纹，带来丰富的视觉效果。建筑内的木雕常用彩画装饰，有丰富的传统图案，一般寄托美好的愿望，底色一般为红，凸起部分为青绿色，重点部分则多用金色点缀，形式多样，技法复杂。（图1-3）

西亭的宗祠建筑非常注重细节和装饰，在满足功能的基础之上，结合装饰与建筑结构，寓审美和精神寄托于装饰细节，形成独特的闽南建筑文化心理内涵。常见的"燕尾脊"（图1-4）就是最具特色的屋脊装饰，其正脊是弧形，两端则略翘向外延伸，尾部分为两支，如燕尾一般。

图1-2　陈氏宗祠增保堂

图1-3　陈氏宗祠增保堂正门

图1-4　燕尾脊

其他如匾额装饰，体现了闽南人尊奉祖先的传统观念。楹联装饰体现了屋主的价值观念与家族文化，具有丰富的内涵。

2. 代表建筑

（1）增保堂

位于大社。西亭陈氏开基祖增保公为漳州南院世忠公之二十六世孙。增保堂始建于1600年，历代均有修缮，最近大修在1992年，由台湾宗亲捐资，西亭陈氏子孙献款，桂月（农历八月）动工，腊月（农历十二月）建成，较好地保存了清代建筑形式和清代精雕细刻的石雕。增保堂坐西南朝东北，背山面海，连同附属厝面宽二十二米六六，进深二十四米七八，主祠堂后厅宽十二米二六，深十二米一八，前落宽十二米二六，深十二米六。建筑面积303.8平方米。二进一天井，抬梁穿斗混合砖木结构。四水归堂。屋顶为单燕尾翘脊，两边各有五行筒瓦。祠埕宽二十二米六六，上埕深十一米八三，下埕深十四米四六，落差七十五厘米，总占地1157平方米。上埕竖一座旗杆石，高一米四零，无座墩。

西亭村每个角落（角头）基本都有"公厅"，一般都是原来的祖厝，族人婚丧嫁娶、年节（比如正月初一、三月初三、七月半、冬至等）祭祖祭祀都在公厅举行相关仪式。增保堂即此。

增保堂的匾额：

　　陈氏宗祠　敦亲睦族　增保堂　耀宗显祖

增保堂的楹联：

　　西亭建业家声振
　　南院分支世泽长

　　颖发长流子侄家声震
　　川支源流儿孙世代昌

　　孝重仁德创业扬道族
　　应当义善诵经报祖恩

昔日安居招富贵

南院分支世泽长

千秋定富人丁旺子孙昌裕

百世难忘记慕盛后代兴隆

增耀雕梁焕光彩百世永追福泽

保辉画栋固弥坚千秋始作生涯

横批：源远流长

（2）后祖厝陈氏祠堂

　　大社原来分前厝、后厝两个祠堂。后厝陈氏祠堂属西亭第三世祖四观公所建，位于杏林街道西亭社区颍川路102号旁。始建年代不详，清代及民国重建，五十年代再修。坐西南朝东北，前、后两落大厝，中为天井及两侧廊庑，面宽十米，通进深二十一米，前有砖埕。前落抬梁式梁架，悬山顶，燕尾脊，面阔三间，进深两间；后落为敞厅，抬梁式梁架，悬山顶，燕尾脊，面阔三间十米，进深三间十二米。建筑保留部分原木构梁架和石构房基、墙裙等，另有数对覆盆石柱础，廊庑西壁立有民国五年（1916）《重修后祖厝碑记》，宽一米三，带座通高一米五。祖祠堂前地板用的是七寸地板砖。（图1-5）

图1-5　西亭后祖厝陈氏祠堂

（3）庵后祠堂

西亭陈氏第五代三房所建。1991年曾重修过。整体建筑建于七级台阶之上，前有红砖铺成的祖厝埕。地基是清朝时花岗岩石条垒边。墙基也为花岗岩。建筑为土木结构，前后两进，规格为一开间，正中为黑漆两开的木门。大门还是清代留下来的。两石门臼。门前有石门当。大门两边为方形嵌直木楞窗。两边有小门可供出入，左右前房外墙各有一圆形小窗。门楣及门窗均为同材质。屋檐下有莲花花篮造型的垂花柱。屋垳前廊东西墙为红砖砌成，内有彩绘图案。此厝无厢房，屋梁为斗拱建造，木栋彩绘花纹。大门进去为前厅（普通民居此处若砌墙则叫前房），前厅之后为天井，天井两边为过水护廊，又叫小港（此处若砌墙就叫"伸骸"）。后落有四根楹柱，里面正南面置"祖公龛"。（图1-6）

庵后三房祖厝的对联：

庵后立身不外纲常大节
后胤继志勿忘忠孝存心

从南院分西亭诒谋燕翼功祖德
由颍川支庵后尊祖敬宗致孝思

孝顺在先方立本
思慎守志可教家

庵祖本源昭奕代宗德
后孙蕃衍承万年秋尝

颍业并山河馨香四海
川名昭日月禴祀千秋

大门对联：

西亭新建筑家声永远
亭园旧基业世泽绵长

图1-6　庵后陈氏祖祠

（4）官任黄氏祖祠

丁号江夏，江夏堂。进门即天井。大堂四根楹柱，其柱础及台阶石条均为旧物。屋顶为斗拱式，雕梁画栋，色彩鲜艳，十分精美。（图1-7、图1-8）

楹联：

江夏流芳绵世泽
紫云衍派振家声

紫气瑞祥祖炉香
碧莲桑树至今绵

紫世长青万古传裔
云腾高峰百子千孙

图1-7　官任黄氏祖祠——江夏堂

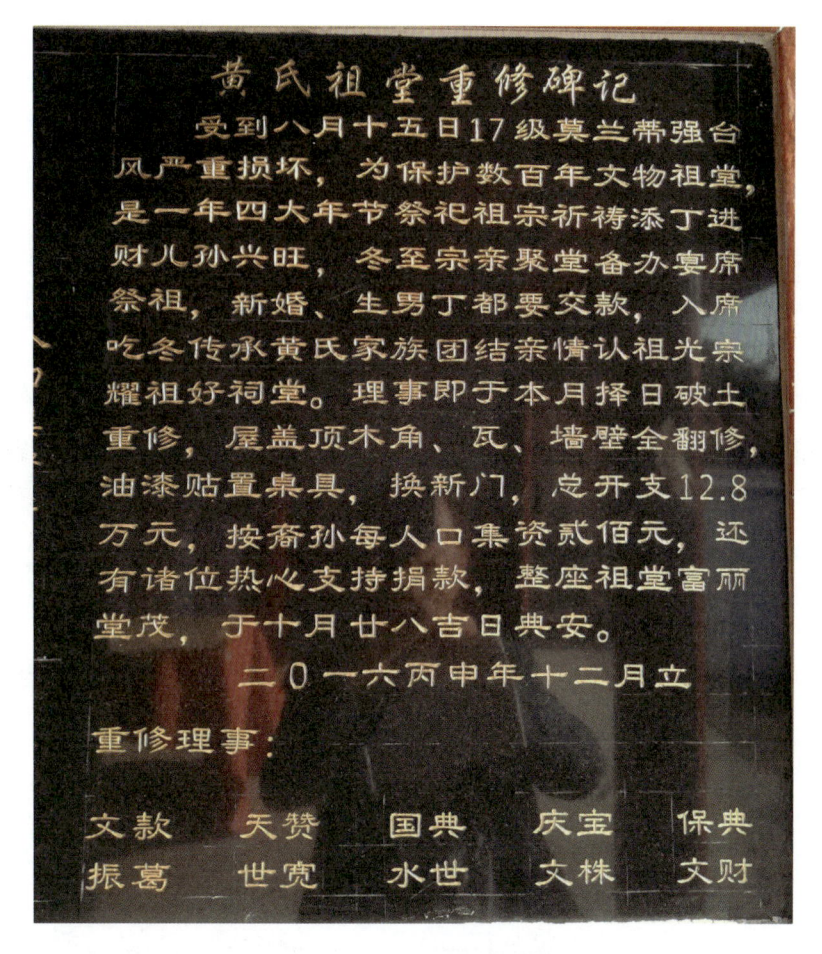

图1-8 黄氏祖堂重修碑记

（5）上店黄姓祖祠

上店黄姓丁号紫云（河南）。上店老厝很有特色，建筑群以祖屋（祖祠）为中心，呈"同"字形分布。本地人也叫"畚箕穴"。建筑群最南边是现在用作祠堂的一进的祖屋大厝。大厝前边（南边）先是一个水泥铺成的"祖厝埕"，再往南是个半月形的池塘。祖厝的大门为木质的。大门东西两边的南外围墙上各有一个花窗。大门内是庭院，地铺红砖，四面有围墙。堂上正中有牌匾书写"穀旦"二字。堂中有六根大理石楹柱。斗拱式梁柱上多有吉祥纹样的雕花。此厝曾于1999-2003年重新修建。大厝后面（北边）是两排房子，南边这排叫"祖厝后"，北边这排叫"后界"。祖厝的东西分别有三排房子。祖厝之外的普通房子多为夯筑土墙。后界临街，路名原来叫大路沟，现名叫苑亭路，紧邻朝旭路。（图9、图10）

图1-9　上店黄氏祖厝

图1-10　上店黄氏祖厝外景

（6）湖内陈氏祖祠

据村民回忆，五房的祖厅（又叫公厅）原为陈文粪宅，原来是一座两落四座护厝的大宅，如今四护厝已被拆除。（图1-11、图1-12）

图1-11　湖内陈氏祖祠

图1-12　湖内陈氏祖祠侧面全景

（7）郭厝祖祠堂（陈氏家庙）

郭厝祖祠堂又叫陈氏家庙，丁号颖川，为西亭陈氏第二代三房所建。陈氏为郭家女婿，入赘。整个建筑建在七级高的台基之上。家庙为小二进，只有前落和正身，左右无护厝。正身堂上有四根漆朱色水泥柱。曾于1991年（太岁辛未冬月）重新修建。（图1-13）

郭厝陈氏二房、三房祖祠中的对联：

南院支鹭岛开拓创业勤俭
殿前分西亭建基艰难流芳[6]

春祀秋尝遵万古圣贤礼乐
左昭右穆序一家世代源流

光前裕后虽不外簪缨赫奕
尊祖鲸宗岂尚在黍稷馨香

南院分支家声远
西亭衍派世泽长

图1-13 郭厝陈氏祖祠

6　此联为本村陈水笔撰并书。

（二）宫庙建筑

1. 官任兴云庙

位于西亭官任社下官路88号。始建时间不详，清光绪二十九年（1903，癸卯）重建，2003年重修。本宫为前后两殿，中有天井，后殿梁架为抬梁式。硬山顶，三段式翘脊飞檐，中脊有双龙戏珠剪黏瓷雕饰，左右脊尾端亦有双龙剪黏瓷一对。主庙面宽6.7米，进深15.8米。庙后有两层管理房，长11米，宽4.35米，庙前有石埕，总长（含主庙、管理房）约34.5米，宽约13.5米。（图1-14、图1-15）中门两侧各有石狮一对，上方选优"兴云庙"红底漆金字木匾，右上落款为"公元二〇〇三年十一月"，右下款为"癸未年冬月"。牌匾两旁为麒麟叼莲花造型。宫门两侧楹联"兴于诗立于礼兴礼教化真大道云从龙凤从虎云风际会保生灵"。左侧门楹联为"兴起邦家安社稷　云开日月耀乾坤"，右侧面楹联为"兴国神医凭一线　云衢圣道显千秋"。本宫平开三门，中门侧墙上有青石镂窗，为莲花宝瓶透雕，窗花很有特色。（图1-16）花窗下为高浮雕瑞兽石雕装饰。檐下有盘龙雕刻石柱一对。前梁下垫斗为狮子叼葫芦造型。檐侧壁有麒麟石质高浮雕。（图1-17）庙前存留一根断裂石柱，长约三米，刻有双龙戏珠纹饰，年份不详。庙外有旧石条四条，上镌刻对联两幅，分别为"兴斯土安斯民咸乐生机克遂　云之行雨之施足征帝德群沾"[7]；"兴于诗立于礼典立教化真大道　云从龙凤从虎云风际会保生灵"[8]。庙内还有对联：

保祐众生称大帝
流芳百世仰真人

宝生名传千家敬
大帝光照万民明

---

[7] 在右侧清代残柱上，推测应为光绪癸卯年春修兴云宫时所刻间。
[8] 在右侧清代残柱上，推测应为光绪癸卯年春修兴云宫时所刻间。

图1-14 兴云庙（正面）

图1-15 兴云庙（侧面）

图1-16　青石莲花宝瓶透雕图　　　　图1-17　高浮雕——麒麟

2. 官任灵护宫

在官任社北。始建于清道光庚子年（1840），2001年重修。单体单间，抬梁式梁架，硬山顶，翘脊飞檐，顶部有剪黏瓷技艺做成的双龙戏珠雕饰。门廊两侧为高浮雕双龙图案。殿内后壁为"善恶有报"等彩瓷壁画，正门两侧各有石雕镂空花窗，莲花宝瓶造型美观，云纹线条简洁流畅，颇有装饰感。（图1-18）

图1-18　官任灵护宫

（三）民居建筑

西亭地处侨乡，很早就与海外有往来。一些乡人出洋谋生，致富后返乡造屋定居。他们受到异国城市建筑环境的影响，回乡之后建造出一些颇具异域风情的洋楼，形成侨乡独特的建筑景观。这些建筑并不是异域建筑的照搬照抄，而是中西合璧、土洋结合，表现出兼收并蓄的审美情趣与风格。

1. 西亭陈三皇宅

陈三皇年轻时去缅甸开办碾米厂，从事米业经营，生意红火，事业有成。后来回国建房，在国内生活，长居西亭。陈三皇的大儿子一直在缅甸；小儿子叫陈琪平，解放前参加国民党军队，旅居缅甸。陈琪平育有儿子陈振南和女儿陈秀丽。陈振南与其妻子陈来英一直在西亭生活，有一儿三女。

陈三皇宅位于杏林街道西亭社区朝旭路160号，又称"红楼"，建于民国二十六年至二十七年（1937-1938）。坐北朝南，为前、后两栋建筑，前为平房，后为二层红砖洋楼，中为天井庭院，四周有院墙，院前有门厅，院落面宽十五米，通进深二十二米。平房面阔三间，中有大门和门道，门上墨书"来义和"三字，两侧楹联为："义结四海公□客利通三江□□□"。屋上有围栏露台。主体建筑面阔三间米，进深三间十五米，平面布局呈"凹"字形。上、下层布局相同：前为柱廊，中为厅，两侧为厢房。一楼廊道屋檐石梁上镌刻"薰风南来"四字，落款"民国廿陆年冬""陈三皇建"，正门门匾有灰塑"西亭"二字，落款"民国弍柒年""陈三皇建筑"。屋顶为四面坡瓦楞屋面，前为围栏露台，一侧为小楼梯间。

此建筑为西式洋楼建筑风格，外表大量装饰闽南民居常见的彩色瓷片剪粘及灰塑图案、彩绘等，厅内仍采用传统的民居木雕寿屏、门扇等，是现存的中西合璧建筑的典范。小洋楼随处可见的装饰图案体现出本土文化的特点，有象征长寿的蟠桃，有寓意多子的榴花，象征平安的宝瓶，还有体现主人文学修养和审美意趣的"修竹""茂林"等图案字样。这些具有象征寓意的图案不仅美观，投射了闽南人内心对美好生活的盼望与祈求。（图1-19、图1-20）

图1-19 陈三皇宅

（续）

图1-20　陈三皇宅窗子上的彩色瓷片剪帖图案

2. 西亭陈为笔宅

房主陈为笔为陈三皇胞弟。据村里老人回忆，陈为笔年轻时随兄陈三皇去了缅甸，从事大米生意（收购、贩卖），赚了钱后，在厦门岛购置房产，又命其子携款回西亭建房。之后买地，雇工围海、种田。约于20世纪30年代，陈为笔夫妻携长子陈三川、次子陈启明（营）回国定居。陈为笔夫妻长居厦门岛内，儿子住西亭。1951年土改时，陈为笔宅分给5户人家住。现在的主人陈忠义于80年代初搬回旧宅，已住了三十一年。陈忠义有四兄弟，其他兄弟另建房子住。陈忠义叔叔陈启荣于1951年被枪毙（1970年代末平反）有三个儿子，两个女儿，随其母回杏林高浦居住。陈忠义有一儿三女。陈忠义弟弟陈忠志读了大学，二十世纪九十年代毕业于华侨大学，自己创业。

陈为笔宅位于杏林街道西亭社区朝旭路157号，建于民国二十六年（1937）。坐北朝南，建筑风格同陈三皇宅基本相同，前、后二楼，中为天井庭院，宽15米，通进深22米。主楼建筑面阔三间12米,进深三间15米,中厅两侧各两间厢房,厅前为门廊,两端各外凸一间,整体平面呈"凹"字布局。楼顶为四面坡瓦楞屋面,屋顶前部露台两端各建有一座六角亭。一楼正大门有"西亭"门匾,两侧有楹联:"西俗爱幽居苍松翠竹,亭园凭妙用明月清风。"二楼有"颍川"门匾。(图1-21)

图1-21 陈为笔宅

陈为笔宅以花岗岩条石砌墙裙,墙面以红色"雁"字砖砌建,窗子用白色水洗砂作窗框,窗楣有尖顶、拱顶、火焰形顶,两侧配以欧式窗柱。窗楣、屋檐下和廊道上方横梁上有彩塑人物故事图,造型各异,精妙生动,具有很高的观赏价值。

3. 官任黄氏十八厝角头

十八厝角头的得名,据说是因为其屋顶上的燕尾脊原来有十八个(现存十二个)。相传老主人去过安南(今越南),得到安南王的资助。1970年代,还有人看到房内的墙上还挂着黄氏祖先的像。现为黄文款、黄文才、黄文田三兄弟所有。此厝前后两落(进)。前面有前庭,三个台阶之上是前碴廊。大门进去为前厅,前厅左右为前房。前厅往上是天井(也叫深井)。天井左右两边是厢房,格局相同,均分为三间,中间为小厅,两边为卧房。天井之后是后厅,后厅左右各有一房,叫后厅房。后厅后墙靠边有一小门,可通往房子后边。(图1-22、图1-23、图1-24、图1-25)

图1-22 官任黄氏十八厝角头大门

图1-23 官任黄氏十八厝角头门外

图1-24　官任黄氏十八厝角头院内

图1-25　官任黄氏十八厝角头雕花木窗

4. 官任陈主英宅

坐东北，朝西南。花岗岩石条砌成墙基，墙体为砖砌而成。窗户上的窗楣上的纹样有菊花、石榴、寿桃等，绿釉面的瓶式栏杆的柱子上也多有蝙蝠、葡萄、菊花等纹样。这些都是清末民初流行的纹样，与福禄寿及多子孙的寓意有关。（图1-26、图1-27、图1-28）

图1-26　瓶式栏杆柱子上的蝙蝠、葡萄、菊花等纹样

图1-27　官任民居石窗上象征长寿的菊花雕花

图1-28　官任民居马鞍形山墙

（四）其他民居建筑

除了大厝，普通民居还有土埆厝（图1-29、图1-30、图1-31）、海蛎壳石屋。

土埆，就是用混合了黏土和稻草的泥土印制成的而未经烧制的土坯砖。更早的房子是用黏土和稻草夯筑而成的。其他的建筑材料还有坯砖、岩仔、机砖等。坯砖是指用黄土烧制而未完全烧透的土砖，岩仔指手工完全烧透而成的砖。

朝旭宫原来靠海，就在海边，附近多有由海蛎壳石建造的老屋（图1-32），窗户很有特色。

图1-29　土埆厝之一

图1-30　土埆厝之二

图1-31　土埆厝之三

图1-32　海蛎壳石建造的老屋

六、人口

(一) 人口概况

刚解放时,大社有800人。截至2018年12月31日,西亭村常住人口6014人,2161余户,外来流动人口4095人。其中大社995户,2859人;官任426户,1250人;郭厝202户,595人;庵后131户,377人;上店76户,228人;湖内331户,706人。西亭村人口结构如下表:

西亭村人口结构简表

年龄	总计(人)	性别(人)		比例
7岁以下	836	男	445	53.23%
		女	391	46.77%
7-12岁	444	男	238	53.60%
		女	206	46.40%
13-18岁	281	男	132	46.98%
		女	149	53.02%
19-39岁	1905	男	894	46.93%
		女	1011	53.07%
40-59岁	1615	男	813	50.34%
		女	802	49.66%
60-79岁	793	男	362	45.65%
		女	431	54.35%
80岁以上	140	男	55	39.29%
		女	85	61.71%

(二) 主要姓氏及分布

西亭村曾居住过连姓、黄姓、郭姓、翁姓、蔡姓、庄姓、陈姓、石姓等,现在仅有陈、黄二姓。陈姓始居大社,从第二世街昌、世昌起移居郭厝,第四代志公移居庵后,庵后志公后裔后来分居官任,第五世遗安移居湖内,均繁衍生息,逐渐壮大。黄姓始居上店、官任,现在仍居此处。

至2018年，西亭陈姓约5600多人，其中大社2859人，湖内706人；官任1100多人；郭厝595人；庵后377人；黄氏共300多人，其中上店228人，官任100多人。

（三）人口迁徙

清乾隆年间，世居福建省泉州府同安县安仁里十四都连厝保西亭乡的陈氏族亲（增保公以下第十四代、十五代始），前来台湾拓垦，彼此有血缘族亲关系，分别在不同时期，在台北地区的加纳仔、新庄、大稻埕、五股洲仔尾、成仔蔡、观音坑（山）、芦洲灰窑、三角埔等地居住（即所谓"西亭陈家八角头"），形成台北南院陈氏西亭分族。现有1500户，5000多人，分八个角落，新北市五股区凌云路86号有"山安宫"，乃西亭陈氏台湾分支之宗祠。

移居台湾的陈氏中，陈万富为新北市议长，陈信义为议员，陈宏昌为立法委员。

上店黄氏有一支迁居后溪岩内村的埔中央社，现有三百多人。还有一部分到了台湾，但现在已失去联系。

据说，二十世纪初，官任黄氏有人去越南、马来西亚做生意，发了财，现在马来西亚有官任黄氏后裔定居。

第二章　姓氏源流

西亭村原有连、黄、郭、翁、庄、蔡、石、黄诸姓，自明朝永乐年间陈增保公从殿前来此以来，陈姓人丁兴旺，发展壮大，分居大社、庵后、郭厝、官任、湖内、桐林等地，其他姓氏除黄姓外逐渐凋零消失。现在西亭只有陈、黄两姓。

一、西亭陈姓源流

（一）陈姓的历史

据史载，陈姓为舜帝之后。《史记·五帝本纪》载，舜为黄帝第九世孙。舜帝之母居姚墟（今山西永济县境内），舜生于此，故姓"姚"。后迁居妫水边，故其后也姓"妫"。

舜帝的后裔衍为六十八个姓，其中陈、胡、袁、田、姚、王、孙蔚为大姓。据2010年第六次人口普查，陈姓人口现为5400万，约占全国人口的4.53%，为全国第五大姓。海外陈姓达两千多万。

据《中华陈氏族谱》记载，舜帝重华第三十四代孙妫满为中华陈姓始祖。妫满原居蒲阪（今山西永济西蒲州镇），后迁居妫汭（今山西永济南）。据《史记·陈杞世家》即《正义》引《括地志》《左传》载，舜帝后阏父为周武王时掌管陶器的官，制陶有功，公元前1046年，周武王将长女太姬嫁于妫满，而封于陈（辖区包括今河南东部十个县和安徽临泉、亳县全境）。妫满谥胡公，后人称其为胡公满、陈胡公。

陈胡公励精图治，建都于宛丘（今河南省周口市淮阳县境内）。筑陈城，修城廓，以御外患内乱；盖宗庙，行周礼，以奉舜祀，光大先祖的父义、母慈、兄敬、弟恭、子孝之美德，要求臣民崇从舜帝推行的九德：宽大而能敬谨，柔顺而能自立，忠诚而能供职，治理而能敬慎，驯顺而能果毅，正直而能温和，简易而能辨别,刚健而能笃实,强勇而能好义。宛丘遂成为陈国之政治、经济、文化中心。

陈胡公选贤任能,扬善罚恶;身体力行,兴起制陶业,活跃经济;顺天时,合民意,排涝治蝗发展农业,保障臣民衣食;是非分明,勤于政务。在他的治理下,陈国繁荣安定,蒸蒸日上,成为春秋时期的中原大国。

陈胡公病逝后,其灵柩用铁浇铸密封,安葬在淮阳城南柳湖小屿中,俗称铁墓,至今犹存。

陈胡公的后世子孙有的以谥号"胡"为姓,有的以国号"陈"为姓。因此,陈胡公妫满被后世裔孙公认为陈姓的始祖。

陈姓人口不断增多,由于居住地和支派不同,形成颍川、江州、汝南、下邳、广陵、河南等几大郡望,以及德星、德聚、绳武等著名堂号。西亭陈氏为颍川衍派。

(二)颍川陈氏始祖陈实公

陈实公(原作寔),字仲弓,陈胡公第四十八代孙,东汉颍川郡许昌(今河南许昌长葛县古桥乡陈故村)人,生于东汉和帝永元十六年(104),卒于东汉灵帝中平四年(187),享年84岁,谥号"文范先生"。

据史载,陈寔有六子,分别是陈纪、陈政、陈洽、陈谌、陈信、陈光。陈寔、陈纪、陈谌父子同德,时人称为"三君"。南朝陈文帝天嘉年间(560-565年),实公被追封为"康乐侯",陈宣帝太建元年(569年)再追封为"颍川侯"。

实公(陈寔)幼时家境贫寒,青年时为县吏,从事杂役,后为都亭佐[1]。他天资聪颖,有志好学,工作之余手不释卷,深得县令邓邵赏识,保荐他入太学读书深造。在太学完成学业后,县令欲招他为吏,他不愿为吏,遂隐居于阳城山(今登封东北)。当时有杀人者逃亡,同县一名姓杨的县吏怀疑杀人者就是陈寔,县衙遂将其逮捕,但经拷问,无事实依据,故得放归。不久做了督邮。后为郡西门亭长,不久转为功曹[2]。后任闻喜(今山西省绛县西)长[3],不到一月,因服丧而辞官。服丧毕,升任太丘(今河南省永城县西北,汉初置敬邱县,东汉改为太丘县)长。故后

1　亭佐:乡级官吏。秦、汉时亭长的副职,助亭长办事。
2　功曹:郡守、县令的主要佐吏。主管考察、记录业绩。
3　闻喜长:闻喜县的县令。

世称为"陈太丘"。在太丘长任内,"修德清静,百姓以安",受朝野敬重,与同郡名士钟皓、荀淑、韩韶并尊为"颍川四长",声闻天下。后沛国相违法收赋税,实公不愿给民众增加负担,但又无法阻止增加赋税的行为,遂辞官。

汉桓帝延熹九年(166),李膺等两百余人受诬为党人,被捕下狱,陈寔也在其列。其他人大多逃避求免,陈寔却说:"吾不就狱,众无所恃。"自请入狱。第二年才遇赦得出。建宁元年(168)灵帝即位,大将军窦武谋除宦官,征辟陈寔为掾属[4],参与共定计策。但不久事败,窦武等被杀,宦官更大规模地缉捕党人,死、徙、废、禁者达六七百人。陈寔因吊唁过权倾天下的中常侍张让的父亲,张让感其恩而免其死。寔公乃隐居于长社西陉山之阳小洪河源头处(今长葛县西后河镇纸房村西二里)。寔公在乡里,孝敬父母,友爱乡邻,以高尚的品德感化教育民众。乡民凡有争执,都请寔公为他们评理,寔公公正评判,讲明是非曲直,民众无不心服口服,于是有"宁为刑罚所加,不为陈君所短"的感叹。据《后汉书》卷六十二载,一天晚上,有个盗贼到他家行窃,躲在房梁上,被实公看见了。他起身,叫子孙前来,教训道:"人当自立,迫于饥寒,遂至为非,如梁上君子是也。"盗贼大惊,从房梁上跳下来叩头请罪。实公说:看你的相貌,不是恶人。从今后,你应该改掉自己的坏毛病,做个好人。然后送他二匹绢,让他回去了。此盗贼深受感动,改过自新。从此,这里再无盗贼。

党锢之祸后,大将军何进、司徒袁隗遣人请寔公入朝,并上表朝廷,保举寔公在朝廷任官,寔公谢绝,闭门悬车,终老于家。去世之日,何进遣使吊祭,海内赴者三万余人,披麻戴孝者数百人。吊祭者为他刊石立碑,著名文人蔡邕为之撰写碑文。

(三)入闽陈氏始祖陈忠公

陈实公第十四代孙陈忠为入闽始祖。

---

[4] 掾属是帮助主官办事的官吏。汉代自三公至郡县,都有掾属。

颍川始祖至十四世世系

颍川陈氏始祖	2世	3世	4世	5世	6世	7世	8世	9世	10世	11世	12世	13世	14世
实	纪	群	泰	准	（匡）	显达	尚之	霸图	严	亮	錡	范	忠

陈忠，京兆府（今西安市）万年县洪故乡胄桂里人，在唐为官，开元二十四年（736）与其子邕一起入闽，先居兴化枫亭井上，后移居漳州南驿路南厢山。卒赠鄂国公。葬于三都水头。

忠子邕，字崇福，号南山，生于唐高宗麟德二年乙丑（665）正月十五日寅时，神龙元年（705）进士，官至太子太傅。因与权相李林甫不和，于开元二十四年（736）被谪，与其父忠一起入闽，移居漳州南驿路南厢山，后建府邸，并在宅旁建寺宇"延福报劬南院"，仿帝宫建钟鼓楼台。有人向朝廷告密，说他"兴造皇宫，阴谋造反"。唐玄宗大怒，派钦差大臣来查办。如查实，便有灭族之祸。危急之中，十八岁的女儿金花急中生智，劝父舍宅为寺，全家搬出另居，她自己则落发为尼。陈邕依女儿之计献宅为寺，名"延福禅寺"，举家迁海澄（今龙海市）三都后水头（今镇头宫水潮社）。不久钦差大臣到漳州，见这里是寺庙，并非皇宫，便据实复旨意，陈太傅遂免于问罪。

安史之乱中，肃宗继位，聚集力量平乱，起用老臣，晋升陈邕为光禄大夫兼礼部尚书。邕卒后朝廷加谥忠顺王，赐父陈忠为鄂国公。延福禅寺寺僧建祠塑像奉祀，祠内题额"陈太傅祠"。邕葬于东门外水头上镇山（今龙海市十一都象社），墓坐南朝北，名大夫墓，七月二十四日为忌日。

延福禅寺于明朝天启年间（1621-1627）更名为南山寺。金花削发为尼后，将梳妆楼改为"修真净室"，专心向佛。她圆寂后，敕赐金花郡主，寺僧为她建墓。

邕公有四子一女，长子夷则（进士，官至金紫光禄大夫），次子夷锡（进士，官至谏议大夫），三子夷行，四子夷实，女名金花排行第三。

自唐宋以后，邕公后裔繁茂，子孙遍布福建闽南、粤东、浙江和台湾、港澳、东南亚各地。这一派系，在闽南被称为"太傅系""南院陈"或"南陈"，陈邕被称为"南院始祖"。

（四）殿前始祖陈宝公

唐德宗建中二年（781年），南院三世夷则公携弟夷锡及其长子俦（进士，官著作郎）举家三百余口迁入嘉禾屿（厦门岛之古称），居住薛岭以南的浦源及坂上一带。刚入岛时，居于寮（茅舍），时人称其处曰"陈寮"，尝洗马于坑水间，故人称其地为"陈寮洗马坑"。于四领（薛领）山麓创建"觉性院"，为厦门岛上最早之佛寺，至今犹存。因与光州固始学士薛令之来自同乡里，乡人至今犹有"南陈北薛"之称。南陈五世闻公为陵州刺史，六世丞公为福唐县令，七世喜公为开封府仪同三司上柱国公，八世仲寓公任番禺县令。至十四世宝公分居殿前。

殿前古名"店前"，全称是"泉州府同安县嘉禾里二十四都店前保"。南陈十五世从周为陈宝长子。宋仁宗嘉祐年间，从周与父陈宝及弟继周一起从地浦源徙居殿前垦殖。后人丁兴旺，成为厦门岛上最大的村子。从周公的后人多数向外发展，移居岛外之西亭、西滨、西园、西井等处，一小部分人留守殿前，与继周公的后人住同一村。习惯上，殿前陈氏把从周公后裔所建立的"从周堂"称为"西祖厝"。从周公的裔孙在明清时代也大量移居台湾和缅甸。

（五）西亭始祖增保公

增保公，殿前从周后裔兰公次子，南院第二十六世，为西亭始祖。

南院派自始祖至西亭增保公世系

南院派入闽始祖	2世	3世	4世	5世	6世	7世	8世	9世	10世
忠公	邕公	夷则公	俦公	（次）闻公	丞公	喜公	（三）仲寓公	（次）元达公	微公
11世	12世	13世	14世	15世	16世	17世	18世	19世	20世
蠲公	（次）匡义公	弘锐公	（次）宝公	从周公	湘公	初公	（次）尚志公	祚公	舜英公
21世	22世	23世	24世	25世	26世				
熙绍公	（次）鹏举公	良遇公	天寿公	兰公	（次）增保公				

西亭陈氏衍派简表

	帝舜	胡公满	实	忠	夷则	从周	增保
太始祖帝舜	1						
陈姓始祖		1					
颍川派始祖			1				
入闽始祖（南院派）				1			
嘉禾始祖					1		
殿前始祖						1	
西亭始祖							1

增保公字茂传，号应运，又号达明。旧谱载："神主在祖祠，墓在沾头山（一作沼头山），分居西亭前厝，建祠西官浔，正月十五日及冬至作三房祭祀。"[5]墓座申向庚兼卯酉。

据传，增保公曾居"沼头山"，以养鸭谋生，游居过"长尾洲""林伯兜"，最后定居西亭大社。当时西亭杂姓聚居，庄姓居"庄垾"，连姓居"连厝"，蔡姓居"蔡仔口"，石姓居"官任"，黄姓居"上店"，郭姓居"郭厝"。因增保公为人周正，处世得当，且福地福人居，陈氏家族，丁旺财发，勤俭置业，不断壮大。

增保公生三子：长子德昌，次子街昌，三子世昌，为西亭二世。

德昌公，南院二十七世，字、号不详。《南陈始祖至西亭族谱》及南院后裔迁台第九世、台北陈世坚所持家传族谱均载德昌"官居督粮道"。据台族谱载，"陈德昌墓在后浦之山，与妣合葬。生二男，长子讳四观，次子讳五龙。依后厝祖祠重修石碑记载：'祀前祖祠者五龙，祀后祖祠者则四观。'"德昌之后世居大社。官任陈氏亦为德昌之后。

西亭村从三世（四观、五龙）起排字辈25字：颍芳景顺宗、懋正甫振復、兆瑞起光明、钟成由世有、辉焕永克联。

三世五龙公以下至十一世衍派图如下：

---

[5] 沾头山：往后溪路亭左边山坪顶。

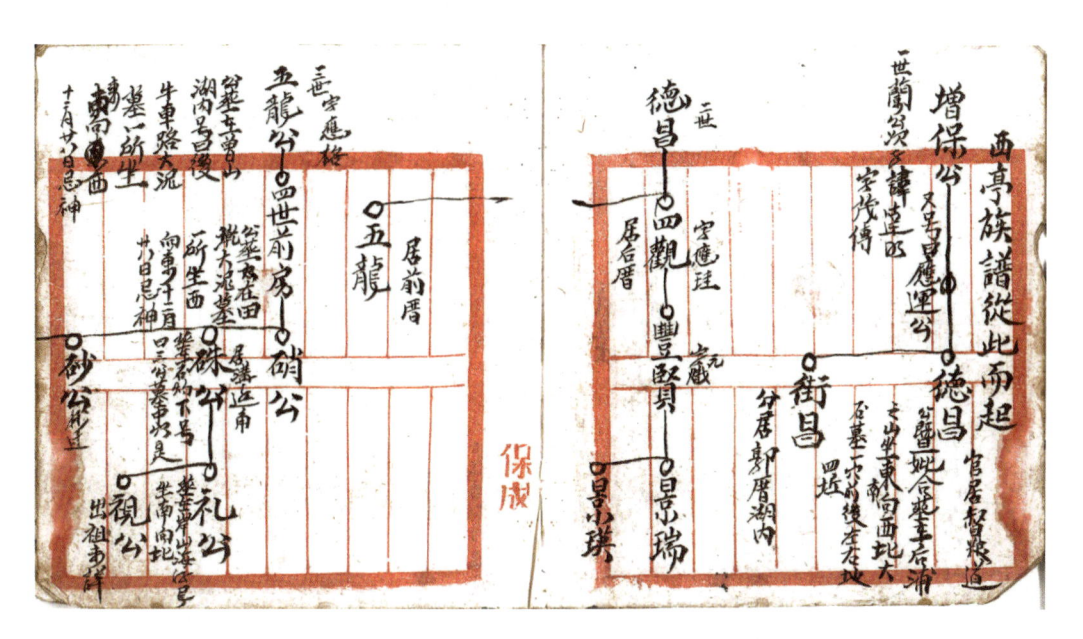

图2-1　三世五龙公以下至十一世衍派图之一

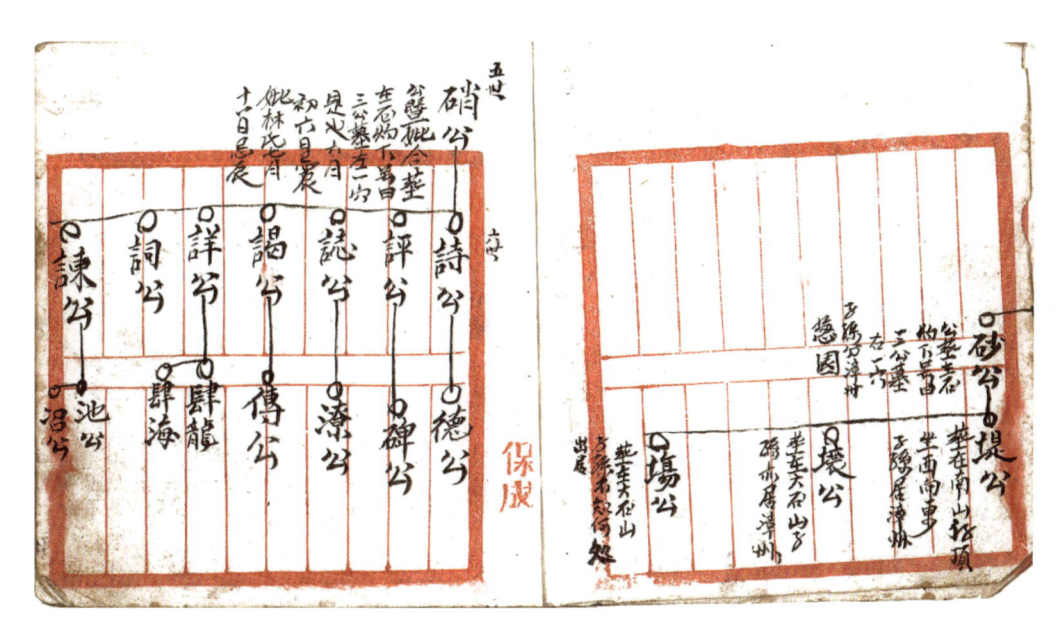

图2-1　三世五龙公以下至十一世衍派图之二

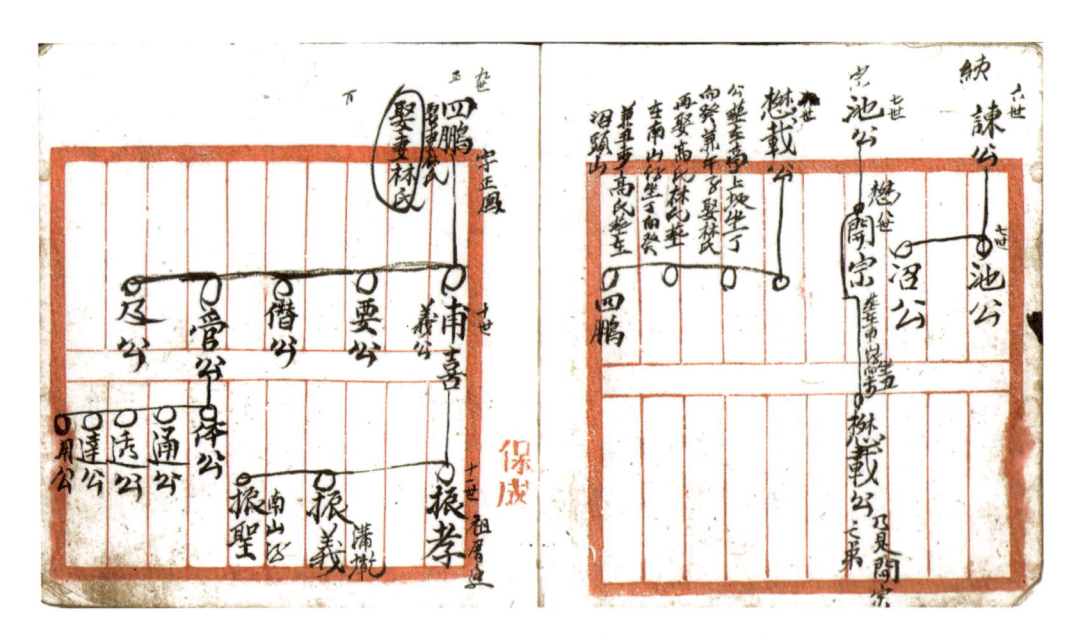

图2-1　三世五龙公以下至十一世衍派图之三

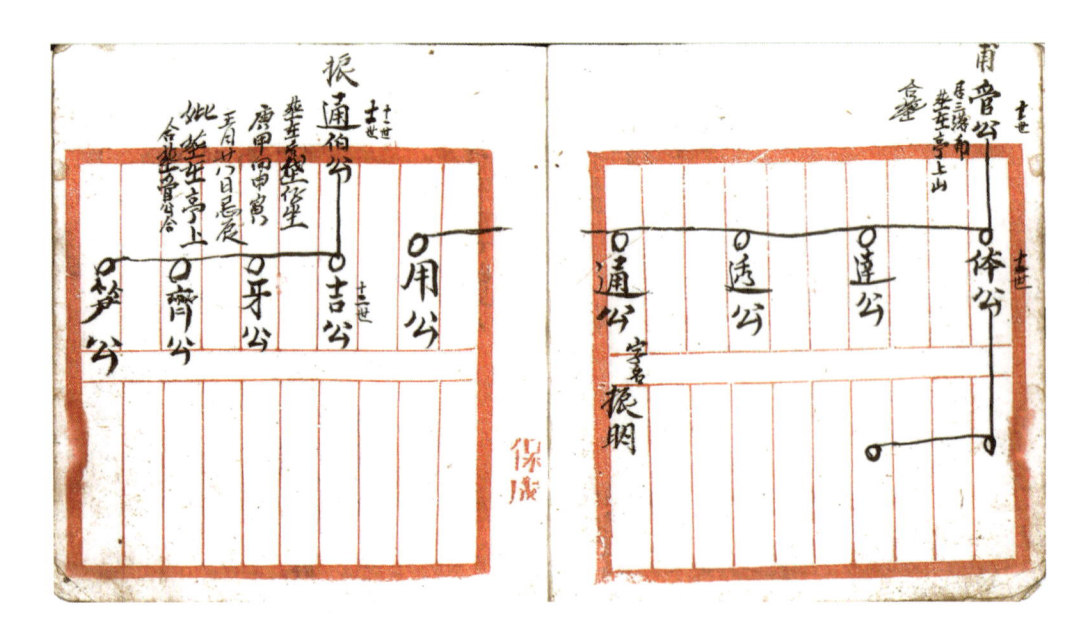

图2-1　三世五龙公以下至十一世衍派图之四

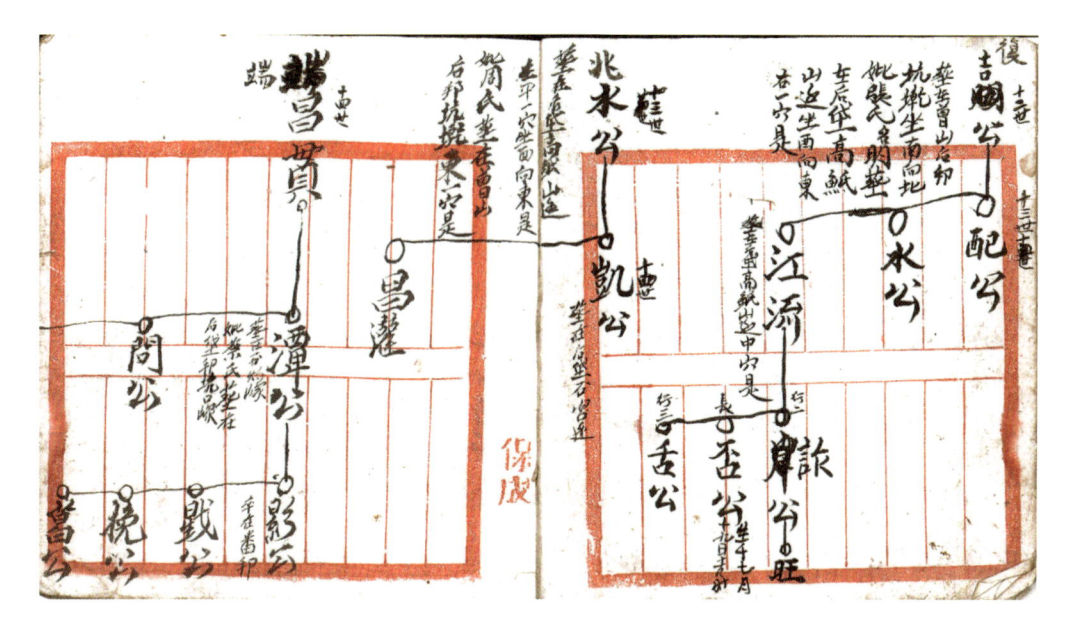

图2-1　三世五龙公以下至十一世衍派图之五

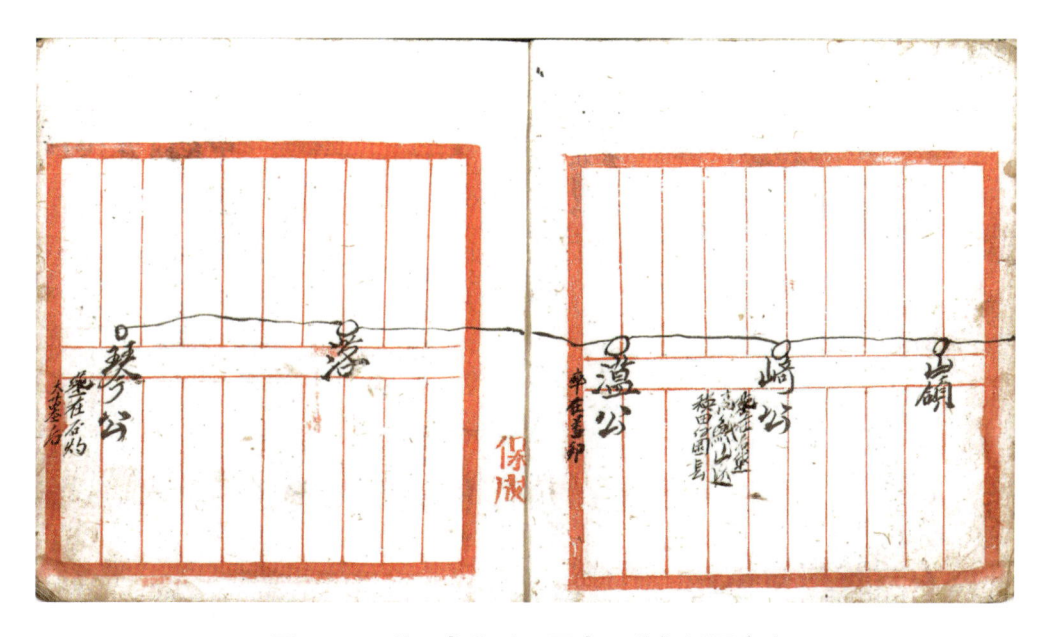

图2-1　三世五龙公以下至十一世衍派图之六

街昌公，南院二十七世，字、号不详。据《后厝祖祠重修碑记》载，街昌移居郭厝社。今郭厝陈氏宗祠"孝思堂"供奉有街昌夫妇神主牌："始祖考陈公讳街昌暨祖妣孺夫人之神主"。

世昌公，南院二十七世，号逊西。墓在郭厝社南，坐艮向坤兼丑未。为郭厝陈氏始祖。墓碑新立于1994年，为郭厝陈氏移居台湾的后人台湾台北县议员陈信义（万全）捐资修建，碑上书有"颍川三房祖世昌陈公暨妣孺妇人墓"字样，墓碑侧有嵌名对联一副："世代怀祖泽，昌盛赐后生"，将世昌公名讳巧妙地嵌于上下联中。陈世昌夫妇神主牌也供奉于今郭厝陈氏宗祠"孝思堂"："三房祖考陈公讳世昌暨祖妣孺夫人之神主"。（图2-2）

世昌公生三男：长子克仁，次子克义，三子克礼。依旧谱载："分居郭厝社，增保公继妣所生，进赘郭长者女，因姒娌不睦，后来郭衰陈旺，遂居焉……"[6]克义生宏茂。宏茂墓在大祖坟左边第一穴，坐北向南葬枫仔林后，其妻葬瓦山前。有三忌辰：长房祭二月二十五日；次男祭五月二十六日；三房祭十月十九日。[7]

宏茂生三男：长尚安，次顺安，三遗安。遗安公分居湖内，祠在本社，墓在社边山仔，与妻合葬。遗安公生二男：长大元，次大亨。大亨公之后兆侯公（西亭十三世、南院十八世）约于乾隆四十年（1775年）去台湾，居于淡水洲仔尾（当时的淡水厅，今五股乡一带），为台湾西湖陈氏始祖。其后裔散居台北淡水区、观音山、芦州等地，人口繁育甚众。[8]

图2-2　郭厝陈氏家庙中的始祖街昌和三房世昌牌位

6　《西湖陈氏族谱》，第79页。
7　据南院后裔迁台第九世、台北陈世坚所持家传族谱载。
8　据南院后裔迁台第九世、台北陈世坚所持家传族谱载。

二、西亭黄姓源流

（一）黄姓的历史

关于黄姓的源头，说法不一。

一说，黄姓是嬴姓十四氏之一，伯益为嬴姓之祖，因治水有功而被舜赐姓嬴。伯益即大费，其父为大业，大业之母为女修，女修为颛顼之孙女，颛顼为黄帝之孙。[9]故黄姓之源为有熊氏黄帝。大费生大廉与若木，大廉被夏禹封于潢川（今河南潢川县），创建黄国。江夏黄氏就是黄国的后裔。

又一说，据唐高宗咸兴元年（670）颁布的《御赐黄氏祖源流谕》，黄帝生昌意，昌意生颛顼，颛顼生骆明，骆明生卷章，卷章生重黎、吴回，回娶夏侯氏，生陆终。陆终娶鬼方氏，生六子，"次子惠连受封于黄国，以国为氏"。

综上，一说黄氏血缘始祖族为伯益，一说黄氏血缘氏族为陆终。[10]

黄国从建国到公元前648年被楚国所灭，共延续一千五百年。此后黄姓一度衰落，直到战国晚期以黄歇为代表的黄氏族姓再度崛起。[11]据《史记·春申君列传》载，黄歇为楚国人，青少年时期曾到异地求学，博学多闻，事楚顷襄王。楚顷襄王因其能言善辩而让其出使秦国，黄歇上书说服了秦昭王，使之取消了与韩、魏共伐楚的计划，并与楚国结友好之盟。之后，黄歇又与太子完作为人质入于秦，秦留之数年。楚顷襄王病，太子不得归，黄歇设计让其逃于楚，而己留秦。秦昭王感其忠诚，遣归楚国。太子完立，是为考烈王。考烈王元年，以黄歇为相，封为春申君，赐淮北地十二县。后十五年，黄歇考虑到淮北十二县边临齐国，可能会受到齐国的侵略，为加强防范，建议将此十二县立为郡。他主动献出了淮北十二县，请封于江东。考烈王许之，黄歇于是修筑吴国旧都（今江苏常州、苏州至上海一带）而自以为都。春申君为楚相时，齐有孟尝君，赵有平原君，魏有信陵君，皆礼贤下士，招揽人才。四人并称为"战国四公子"。后被李园所养之刺客所杀，其家人也大多被杀。

9　参司马迁《史记·秦本纪》。
10　参黄既济《黄氏的起源、蕃衍、传布暨有关紫云衍派的一些问题》，《紫云黄氏宗史资料汇编》（一）。
11　南宋学者郑樵《通志·氏族略》："黄，嬴姓，陆终之后，受封于黄。今光州定城西十二里有黄国故城在，楚与国也。僖十二年为楚所灭，子孙以国为氏。亦嬴姓十四氏之一也。楚有春申君黄歇。"

黄歇为相二十五年，对楚国贡献甚大。他在改封的广大地域内分设都邑，疏通河道，抑制水患，政绩显赫，深得民心。故当地人以其姓或号为许多山、水、地方命名，如江苏江阴县有君山，也叫黄山；有水叫申浦；有地名黄田、申港；上海简称申，有江曰黄浦江。苏州城内有春申君庙，苏州人民世代纪念着他。[12]

黄歇子孙众多，又散居各地，虽遭李园灭门，但仍有许多幸存者。据载，黄歇的子孙至少有五支幸存并传衍下来：一支为东吴派，一支迁居黔中府；一支迁往中原阳夏；一支为避祸隐姓埋名，改姓春；一支避乱隐居江夏县黄鹤乡，传说这是黄歇长子黄尚的一支，也有说是幼子黄琬一支，这一支后来衍成江夏黄氏。[13]

（二）江夏黄氏始祖黄香公

西汉中期，淮阳黄氏和山越黄氏同时崛起。淮阳黄氏的代表人物黄霸（前130-前51），字次公，事汉武帝、汉昭帝和汉宣帝三朝，先后任河南太守丞、廷尉正、扬州刺史、颍川太守、丞相，善于治理郡县，为官清廉，外宽内明，文治有方，政绩突出，班固《汉书·循吏传第五十九》曰："自汉兴，言治民吏，以霸为首。"黄霸之六世孙黄况之子黄香为江夏黄氏始祖。[14]因黄霸曾为颍川太守，黄香为江夏黄氏始祖，故黄氏人家多以"颍川世泽，江夏家声"自居。

黄香公（约68-122），字文强（一作文疆），东汉江夏安陆（今湖北安陆县）人。黄香年九岁时母亲去世，悲痛至极，致使形容憔悴，差点死去，被乡里人称为孝子。他孝敬父亲，夏天为父亲扇凉席，冬天为父亲暖被窝，且博通经典，富有文采，故有"天下无双，江夏黄童"之誉。《全相二十四孝诗选》"冬月温衾暖，炎天扇枕凉。儿童知子职，千古一黄香"、《三字经》"香九龄，能温席"都说的是黄香孝敬父亲的故事。后任郎中、尚书郎、尚书左丞、尚书令、魏郡太守。黄香勤于国事，一心为公，熟习边务，举荐人才，政绩卓著，受到汉和帝的宠信。他在魏郡太守任时遇水灾，曾以自己的俸禄赏赐来赈济灾民，其爱民之心可知。

黄香自幼好学，博学多才，后以文章闻名于世，著述颇丰。

黄香有四位夫人（郑、陆、李、胡），生有八子：琼、瑰、琏、景、瓒、珂、

---

[12] 黄既济、黄磐石编《紫云黄氏宗史资料汇编》（四），第47页。
[13] 黄既济、黄磐石编《紫云黄氏宗史资料汇编》（四），第47页。
[14] 《正本清流端正江夏紫云黄氏源流世系》，《泉州江夏文化》第五期，第52页。

佩、理。长子黄琼在顺帝时为尚书令,恒帝时官至司徒太尉。黄琼之孙黄琬自幼聪敏过人,才思敏捷,闻名于京师,后出任豫州牧,讨平寇贼,安定一州,政绩为天下表率,封关内侯。董卓秉政之时,征召黄琬为司徒,又迁太尉,进封阳泉乡侯。后为董卓部将李傕杀害。[15]

(三)"紫云"黄氏始祖黄守恭

紫云黄氏始祖黄守恭(629-712),字国材,号一翁。其远祖黄元方(280-375),又名黄允,字彦丰,光州固始县人,为晋安太守[16],后隐居侯官黄巷(今福州黄巷新美里),以道学倡世。关于黄守恭之父,有两种说法:一说为黄崖。黄元方后裔黄崖之子于隋末自侯官迁南安,居县治丰州东南郊(今泉州鲤城区),生守恭、守美。一说为黄芳。黄芳号竹岩,生于隋开皇庚申年(600),生三子,长子冲,次子守恭,三子守美,黄崖为黄冲次子,守恭之侄,生于上元三年(丙子,676),其后裔世居仙游。[17]当以后说为是。"守恭少习诗书,博通经史,蜚声士林,时称'郡儒'。初事货值,后务农桑,桑园七里,种桑养蚕纺绸,富甲一方。为人倜傥尚义,乐善好施,济贫扶危,咸称'长者'。"[18]

唐垂拱二年(686),守恭因感桑莲肇瑞[19],遂舍宅建寺。建殿时,曾有紫云覆地,因名"紫云大殿"。寺初称"莲花道场",开元二十六年(736)始称开元寺。寺东侧建檀樾祠,奉祀黄守恭禄位,为紫云黄氏祖庭。

据《宋人物传》,黄守恭先后垦殖桑园五百八十余亩,雇员百名,耕耘桑田;大养丝蚕,雇员三百八十余名,从事缫丝纺织。他改造手工织机,提高了丝织产量和质量。"黄守恭植桑养蚕,缫丝织绸,所织有纨、绮、缣、绨、绸、素、绫、绢等十数种,其质地有厚实挺括者,有面光滑者,有薄如蝉翼者,其品均不易粘灰尘,故泰丰织品输出波斯、天竺、大秦、勃泥、苏禄等国。每岁输帛数十万匹,于

---

15 黄既济、黄磐石编《紫云黄氏宗史资料汇编》(四),第49-51页。
16 晋安郡,在今福建东部与南部,治侯官(今福州)。
17 《正本清流端正江夏紫云黄氏源流世系》,《泉州江夏文化》第五期,第51页。
18 黄天柱《黄守恭公传略》(据《泉州市志·人物卷》、泉州江夏紫云修建会《黄守恭传略》等整理),《紫云黄氏宗史资料汇编》(四),第57页。
19 传说黄守恭有天晚上梦见一个和尚要建佛寺,故向他索要种植桑树的一块地。他不便拒绝,就出了个难题:如果桑树在三天内开出白莲花,就把地给他。过了三天,园内桑树果然开出了白莲花。黄守恭遂献地建寺。

是数十年之后,资财巨万。"可见黄守恭是一位实业家,为泉州的发展和海外通商做出了一定贡献。[20]

黄守恭急公好义,乐善好施,"一生中出米赈饥、倡立育婴堂,设药局,修学堂,驾笋江桥,铺街路,凡有益与地方者,尽力而为"[21]。工诗,善弈,好音律,尤精书法。[22]

"黄守恭元配李氏,生四子:曰经、曰纪、曰纲、曰纶;又配司马氏,生一子曰纬。公既舍宅建寺,为诸子生计,问卜于匡护,遂教子志在四方,各谋创业兴家,临别时赠与《示儿诗》(又称《认祖诗》,俗称《铙钹诗》)一首:'骏马登程往异方,任从随处立纲常。汝居外境犹吾境,身在他乡即故乡。朝夕勿忘亲命语,晨昏须荐祖宗香。苍天有眼常垂佑,俾我儿孙总炽昌。'五子奉父命徙居'五安',长子黄经居县北芦溪(今属南安县),次子黄纪居县东黄田(今属惠安县),三子黄纲居县西葛磐(今属安溪县)、四子黄纶居县南坑柄(今属同安县),五子黄纬居漳浦南诏(今属诏安县)。迄今日'五安'海内外紫云黄氏族人已达四百多万,追根溯源,共尊黄守恭为'紫云黄氏始祖'。并传有会亲诗一首:'五安五子各千秋,知是开源共一流。欲识紫云真道脉,源头始祖在泉州。'"[23]

紫云黄氏后裔广播闽、粤、台、浙、赣、港、东南亚及欧、美、澳各州,瓜瓞绵长、人才辈出,蔚为八闽望族。

(四)同安黄氏始祖黄纶公

黄守恭第四子黄纶(669-755)于唐垂拱二年(686)从泉州携眷徙往同安县金柄(即今厦门市翔安区新圩镇金柄村)定居[24],为紫云黄氏同安房始祖。黄纶公字彬夫,元配智氏。生七子八女。七子依次是文凤、文龙、文阁、文楼、文雁、文燕、文莺。文雁于唐至德二年(757)丁酉科登进士,官至监察御史,赠国公,谥

---

20 黄世春《浅谈黄守恭与海上丝绸之路》,《紫云黄氏宗史资料汇编》(四),第64-65页。
21 黄世春《浅谈黄守恭与海上丝绸之路》,《紫云黄氏宗史资料汇编》(四),第65页。
22 黄世春《浅谈黄守恭与海上丝绸之路》,《紫云黄氏宗史资料汇编》(四),第63页。
23 黄天柱《黄守恭公传略》(据《泉州市志·人物卷》、泉州江夏紫云修建会《黄守恭传略》等整理),《紫云黄氏宗史资料汇编》(四),57-58页。
24 据说,黄纶初到同安曾林,认为这里既不近山又不靠海,不是宜居之地,策驴前行,至乌山,仍不合意,继至金柄,仍觉有所不足,但驴止不前,乃定居。因村后有一山脊,笔直而上,色赤似金,故曰金柄。其周围多坑谷,故又俗称坑柄。

忠义。纶公父以子贵,受赠监察御史,其妻智氏封为一品夫人。

据金柄旧谱记载,金柄村黄氏多为文龙公后裔。文龙公生五子:武定、武科、武明、武旗、武玉,子孙兴旺,人才辈出。金柄黄氏后裔散居福建厦门、漳州、晋江、沙县、永安、桂溪、永福、安溪、建阳、永春、福清、平潭、福鼎、古田,龙海、长乐、南安、金门,浙江宁波、鄞县、温州、平阳、衢州、常山、苍南,江苏常州、开化、黄石、玉田、紫湖、玉山、西安,广东饶平、汕头、潮州、揭阳,江西横峰、兴安、贵溪、弋阳、上饶,香港,台湾台北、彰化、宜兰、新竹、嘉义、台中、澎湖、屏东、云林、台南,以及新加坡、马来西亚、菲律宾、印度尼西亚、越南、柬埔寨、德国、美国、加拿大、澳大利亚等国。据初步估计,同安房后裔约98万,其中迁居海外者15万人。[25]

图2-3　黄纶公陵园(位于厦门市翔安区金柄村)

---

[25] 黄既济整理《泉州江夏紫云黄氏源流、蕃衍与分布概况》,《紫云黄氏宗史资料汇编》(四),第107-112页;厦门市翔安区海峡两岸紫云黄氏肇伦文化源流研究会《紫云四方(同安)黄纶公的源流及其分布》,《泉州江夏文化》2011年第四期,第47页。

（五）西亭村黄姓来源

关于西亭黄氏世系，黄氏后裔黄雅各曾收集整理许多材料，可惜在其死后被焚毁。

据上店黄氏族人介绍，上店黄氏始祖是金柄村人，后到上店做生意，遂定居于此，时间应在西亭陈氏定居西亭之前，具体时间不可考。现在每年2月18日，上店黄氏还要去金柄村祭祖。一说上店黄氏系从厦门岛内祥店迁入。

上店黄氏后分居上店和后溪岩内村的埔中央社。上店黄氏现有两百多人，埔中央社黄氏现有四百多人。上店黄氏有的迁居台湾，但现在已失去联系。

官任黄氏据说是从文灶迁居而来，待考证。

官任黄氏有族人去了泰国，做生意发了财，回来后盖了兴云庙和灵护宫。庙前有碑。

第三章　环境与资源

一、地貌、土地资源与植被

西亭村有丘陵地、平原、海埭田等多种地貌类型。原有七个小山丘，自西向东依次排列，较高的是曾山（高39.4米）、福鼎山（高38.2米）、瓦山（高34.2米），有村人将七座小山称为"七星坠地"。后来小山被平，地貌有较大改变。

土壤主要为棕红色、砖红色砂质粘土、粘土质砂、含角砾粘质砂土及碎石砂土等。

围海造田以前，西亭村的土地多为山地、旱地，每人水田0.3亩，旱田0.7亩，共约1500亩。[1] 围海造田后增加约1000亩，用坂头水库的水灌溉，以种水稻、甘蔗为主。

1990年代以来，修路，园博苑、软件园、集美新区建设过程中，大量土地被征用。2010年2月，厦门市全面启动集美新城核心区建设，西亭村被划入核心区内，境内大部分土地被征用。现集美行政中心、诚毅书城、诚毅图书馆、诚毅科技馆、杏林商业营运中心、嘉庚艺术中心、市民中心、市民公园、集美塔、台湾投资区服务中心、人力资源大厦、软件园三期、园博园的一小部分、中航城 C 区、莲花新城、中交和美小区所在地都是原西亭村的土地，有些为原西亭村的滩涂和鱼池。现软件园所在地为西亭农地，与后溪相连。中航城所在地原为海滩。

早期植被已被破坏，现有植被为次生林、人工林、灌木丛、草丛、农田、果园和观赏性植被。随着近十年来大量土地被征用变为城市和工业用地，农田、果园已基本消失，而公园和公路两旁的绿化带增多，植被变为以观赏性植物为主。

---

[1] 公社化时期——80年代分产到户时的统计。

二、气候、水文

西亭村所处之地属亚热带海洋性季风气候。气候特点表现为一年只有春夏秋三季，无冬季，夏季长，秋春两季相连，既无酷暑又无严冬，基本无霜冻。全年温差不大，全年最低气温0℃以上，最高气温39℃，年平均气温21.2℃，最热月与最冷月平均气温相差不足16℃，秋温高于春温，夏季温差较小，日最高气温大于或等于35℃的天数，多年平均仅5天，秋末日最低温小于10℃的天数很少。夏季多雷雨并有台风，相对湿度大。全年多风且风力较大。

春季从2月6日到4月30日，共84天。期间天气忽冷忽热，忽阴忽晴，变化频繁，故有"春天孩儿脸，一天三变脸"之说。春季有雾天平均16日左右。2月气温较低，月平均气温在12.6-13.0℃摄氏度之间。3月气温开始升高，4月气温升幅为各月中最大，东南风增强，多有大风、雷暴雨等灾害性天气。3月10日以后常出现日平均气温低于12℃且连续3天以上的"倒春寒"现象。

夏季从5月1日到10月25日，长达178天。5-6月进入盛雨期，6月雨量最多，多为暴雨，日平均气温差最小。7月气温高，天气以晴热为主，易发生旱情。8月天气与7月同，台风出现频率最高。7、8月平均气温在28.2-28.5℃。9月气温开始下降，雨水减少，但受台风影响仍较大。10月天气干燥，雨量稀少，风力较大，气温下降快，一天中温差较大，平均气温23℃左右。

秋季从10月26日到翌年2月5日，共103天。10月下旬空气干燥，天气晴朗少云。11月气温显著下降。12月气温继续下降，一天中温差较大，早晚较冷，降水极少，气候干燥，旱季明显。1月，平均气温最低，但仍在12℃以上，日最低气温5℃的天气仅有数天。

年平均降水一般在1100毫米左右。年度降水量差别较大，最多年份达1800毫米左右，最少年份仅700多毫米。

三、动植物资源

（一）陆生野生动物

据《集美志》记载和本村老人回忆，西亭村曾经有蟒蛇，系国家一级保护野生动物。列入国家二级保护的野生动物有红隼、仓鸮、草鸮、猫头鹰；列入《濒危野生动植物种国际贸易公约》附录Ⅱ保护的野生动物有眼镜蛇；其他森林野生动物有：松鼠、山猪、豪猪、獐、狐狸、野兔、白环蛇，白鹭、燕子、喜鹊等。

由于西亭村三面环海，滩涂广大，鱼虾螃蟹等水生动物丰富，以前海边有大片的红树林，因而鸟类众多，除上述外，还有天鹅、野鸭、灰鹭、鸬鹚、海鸥、麻雀、八哥、乌鸦等。围海造田以后，大片滩涂消失，很多鸟类也随着消失，或者数量急剧减少。现在看不到天鹅和海鸥，野鸭、白鹭都很少了，目前只有莲花新城前面靠杏林湾的地方和园博苑内还能看到白鹭。

（二）水产动物

西亭村靠海，滩涂面积广大，因而水产资源丰富，既有鱼类、贝类、甲壳类、头足类、环节类、两栖类和爬行类动物，也有各种海生和淡水类植物。

鱼类主要有文昌鱼、中华青鳞鱼、日本鳀、康氏小公鱼、大黄鱼、真鲷（俗称加力鱼）、黑鲷、黄鳍鲷、二长刺鲷、石斑鱼（俗称鲙鱼）、鲈鱼（俗称花鲈）、条斑纹竹鲨等。黄刺鱼、

甲壳类有远洋梭子蟹、鲟、三疣梭子蟹、锯缘青蟹（俗称蟳）、长毛对虾、斑节对虾等。淡水中日本绒蟹、青虾、中华绒螯蟹、罗氏沼虾、南洋白对虾等。

海生贝类有皱牡蛎、近江牡蛎（俗称蚝）、泥蚶、缢蛏、花蛤、海瓜子、文蛤、泥螺、魁蚶、大竹蛏、环沟格特蛤；淡水贝类有中华田螺、背角无齿蚌、河蚬等。

海生动物还有章鱼、墨鱼、短蛸、星虫、沙蚕、鲎、水母、海蜇、海马。

淡水中还有青蛙、癞蛤蟆、中华鳖、台湾鳖、大鲵、泥鳅等。

（三）主要植物

1. 本地原有乔木

西亭本地原乔木有小叶榕、杉树、桉树、女贞、枫杨、相思树（韭菜树）、木麻黄、木荷、枫香、乌桕、黄连木、樟树、合欢、槐树、马尾松、罗汉松、侧柏、银桦、麻楝、桂花树、梧桐、刺桐、木棉等。

2. 本地原有果树

西亭本地果树有芒果树、龙眼树、荔枝树、柑桔树、柚子树、杏树、桃树、石榴树、桑树等。

3. 引进树种

近代以来，厦门各区引进了大量的外地经济林和绿化树种。随着西亭的城市化进程，近年来也种了很多外来树种。从缅甸、马来西亚、菲律宾、澳大利亚和南美洲等国家和台湾、海南、广西、云南地区引进并广泛种植的有凤凰木、依兰香、大叶桉、柚木、香桉、翻白叶树、缅甸大合欢树（火柴树）、软枝油茶、油桐、母生（又名麻生、天料、龙角、高根或摩天树）、泡桐、鸡尖、米老排、火力楠、花梨木、八宝树、山油柑、山杨梅、盆架子、假槟榔、大叶榕、苏铁等。

4. 引进绿化用灌木

引进的绿化灌木有桃金娘、黄瑞木、杜鹃、金樱子、小叶赤楠、鹅掌柴、枸骨柴、鼠尾栗（又名线香草、老鼠尾、鼠尾牛顿草）、月季、蔷薇、玫瑰、紫荆、紫薇、红豆、薄姜木、三角梅、黑面神、吴茱萸、鸡蛋花、山茶花、杜鹃花、梅花、山樱花、木芙蓉、含笑、龙船花、瑞香、木槿、扶桑（朱槿）、栀子、迎春、使君子、绣球、圣诞花、一品红（圣诞花）、昙花、富贵子等。

5. 引进绿化用草本植物

引进的绿化用草本植物有白茅、禾草、柳杉、野枯草、盐地鼠尾栗、铁芒萁（别名芒萁骨、芒萁）、五节芒、扇形铁线蕨、海金沙、茵陈蒿、山芝麻、互花米草、南方咸蓬、鬼针草、马樱丹、水仙、兰花、白兰、茉莉、菊花、荷花、百合、萱草、凤仙花、秋海棠、虞美人、鸡冠花、金银花、红掌（安祖花）、菠萝花、洋兰等。

6. 海生植物

西亭村所在海域的海生植物有海藻、海带、紫菜、江蓠、浒苔等。

7. 淡水植物

西亭村的淡水植物有莲、凤眼莲、水芋、红滞、细绿萍、水浮莲、水花生、茭白、荸荠、浮萍、空心莲子草、狭叶香蒲、水蓼等。

四、自然与人文景观

(一) 朝旭宫旁码头遗址

朝旭宫在西亭大社三角落的海边，朝东，旁边就是码头。集杏海堤建成后，海水退去，朝旭宫东边大片浅海变为海滩，再经改造成为良田，码头自然消失。但码头旧貌尚未破坏，一直留存至今。（见第一章图1-1）

(二) 集美新城中央公园

位于杏林湾路以北，东北接莲花国际、莲花首岸住宅区，东接集美商务中心以西，南接集美新城市民中心，西接诚毅图书馆、西亭社区。地铁1号线从南而北穿公园西边。总面积118496平方米，包括演艺空间、特色休憩长廊、中心广场、青少年活动区、儿童活动区、养生老人活动区、养心树林、综合运动区等。综合运动区有篮球场、五人制足球场。公园内还设置了用于夜间散步的星光漫道及全长约1公里的环形晨跑步道。

园内种植了樱花、茶花等观赏性植物。公园总体景观以疏林草地为主，点缀有凤凰木、鸡冠刺桐等大花乔木，养生区种植桂花、栀子花等香花植物，公园中心以草坪为主，周边以观赏草花为主。公园绿化率约47%，整个公园犹如漂浮于城市中的绿岛。[2]

(三) 集美新城市民广场

位于集美新城西亭中心区内，依靠中央公园，用地面积6.5万平方米，总建筑面积约12.72万平方米，包括集美文教区服务中心、集美台商投资服务中心、集美

---

[2] 叶芷蔚、周琳《厦门集美北部新城新公园年内开放》，《厦门晚报》2019-03-23。http://xm.fjsen.com/2019-03/23/content_22103026_2.htm。

区人力资源大厦。周边有灵玲国际马戏城、诚毅科技探索中心、集美塔、嘉庚剧院等文化旅游景点。

（四）集美塔

坐落于集美新城中央公园内。由国家级建筑大师、中国科学院院士齐康教授设计。集美塔以传统宝塔造型为主，同时突出浓厚的闽南传统建筑特色，为七层八面塔，由两层基座、七层塔身和塔刹三个部分组成。塔的基座部分为中心对称的四边形，自下向上，逐层分收，向上逐渐转化成对称的八边形主体；塔刹13.3米，塔的总高度79.9米，是全国第二高、福建省最高的仿古塔，底座两层将建成集美侨乡博物馆。（图3-1）

图3-1　集美塔

（五）九天湖

位于杏林湾西北，在现中航城旁，西接杏锦路，东南临诚毅南路。原是内海湾，1962年当地驻军协助杏林公社社员围海，九天而成湖，故曰"九天湖"。湖边堤岸成为西亭通往杏林工业区的道路，使西亭交通大为改善。湖内水域面积最大时有三百多亩，用于养鱼，由杏林公社经营管理。近年来，灵玲马戏城、中航城C区、大明广场等项目开发占去其大部分面积，现在水域面积仅剩一百多亩。（图3-2）

图3-2　九天湖

（六）古树

1. 朝旭宫后大榕树

位于朝旭宫旁码头，主干粗壮，需五人才可合抱，树冠巨大，覆盖朝旭宫。枝干如虬龙在空中腾跃飞舞，造型优美。高集海堤、集杏海堤未建之前，此树面朝大海，虽经历次强台风袭击，仍巍然屹立，村民视为神树。据估计，树龄在两百年以上。（图3-3）

图3-3　朝旭宫后大榕树

2. 湖内大榕树

湖内村西北角有一棵大榕树,据说有三百年树龄,绿阴如盖,非常茂盛。2016年9月15日(中秋节)凌晨三点登陆厦门的特大台风"莫兰蒂"将其树干刮倒,树枝大多折断。台风过后,村民们又将其扶了起来,锯掉小枝干,只留主干和大枝,壅土固根,用支架固定,希望能重新焕发生机,作为已经消失了的湖内村的象征,供后世子孙追怀。可惜的是,重栽后这棵老榕树还是死掉了,湖内村唯一的标志也没有了。(图3-4)

图3-4 2016年台风"莫兰蒂"过后的湖内社大榕树

3. 芒果树

在郭厝角落公庭内,树龄约两百年以上,至今枝叶繁茂。(图3-5)

4. 上店的三棵大榕树

位于原西亭小学、现村委会斜对面(靠西),苑亭路旁,三棵榕树树龄均在百年以上。(图3-6、图3-7、图3-8)

图3-5　郭厝的芒果树　　　　　图3-6　上店古榕树之一

图3-7　上店古榕树之二

图3-8　上店古榕树之三

（七）周边旅游资源

西亭村位于厦门市杏林湾西畔，三面环海，风光秀美，旅游资源丰富。

杏林湾水域面积超过6平方公里，比杭州西湖还大，涵盖湿地生态和多种珍稀树种、鸟类，整个环湾片区自然风景非常优美。2007年，建于杏林湾水域的全国最大的园林博览园正式对外开放，成为厦门旅游的新亮点。

集美新城核心区所在地即原西亭村。2010年开始集美新城建设，2014年，厦门灵玲马戏城、诚毅科技探索中心、天沐温泉酒店等环杏林湾周边旅游经营企业，以抱团发展、合作共赢为目的，成立"环杏林湾旅游联盟"，形成看马戏、泡温泉、住酒店等一条龙旅游服务产品。目前，以商务办公功能为核心，集生态公园、生活居住、文化娱乐为一体的集美新城西亭核心区已建成，成为集美的一个新的旅游景点。

1. 园博苑

位于集美与杏林两城区之间的杏林湾，四面环水，北端与西亭村官任社相接，一部分景区原属于西亭村官任社，东北与百年学府集美大学隔水相望。2005年9月7日开工建设，2007年9月建成，面积6.76平方千米，其中陆域面积3.03平方千米，由九个岛屿和两个半岛组成,其中五个为展园岛、四个为生态景观岛,由十五座景观桥相连。全园分为北方园、江南园、岭南园、民族风情园、现代园、国际园、闽台园、中华教育园、公共园、海洋文化岛和温泉岛功能区等十大园区。各园区风格各异,特色鲜明。江南园小桥流水,粉墙黛瓦;北方园雕梁画栋,尽显皇家气派;国际园凸显各国标志建筑,浓缩异域风情;闽台园风格独特,体现两岸同根同源;中华教育园展示继往开来、源远流长的教育史,成为荟萃国内各大流派园林景观的海上花园。园内岛屿岸线曲折丰富,保留了大量原生植物群落,有各种植物1500余种。园区栖息着14目38科98种鸟类。园区是水生动植物的天然港湾。园博苑集园林展示、休闲度假、文化娱乐和教育生活为一体,为全国水域面积最广、流派最多、规模最大的园博苑。2015年,在"美丽厦门新二十四景"征集活动中,"杏湾秀苑"(杏林湾和园博苑)入选厦门"新二十四景"。

经过十余年的发展,园博苑已成为节日文化旅游基地、影视拍摄基地、赏花基地、观鸟基地和体育活动基地。

在每年的重大节日期间,园博苑内都会举办各种活动和表演,如2008年在江南园举办抛绣球招亲活动、江南丝竹表演、南狮闹街、踩高跷、街边杂耍、镖局献艺和武术表演,在闽台岛闽南戏台上推出闽南地方戏曲表演;2012、2013年国庆期间举行了园博苑灯光文化旅游节以及博饼大赛、相亲大会、中秋晚会、文明小博客、随手拍、3D画展、风车展、迷你音乐节等活动;2013、2014年春节期间举办了集游园、赏花、观灯、逛庙会于一体的厦门市元宵灯会及春节花海主题展。近年来,春节、五一、六一、中秋节、国庆节等节日期间,园博苑都会举办各种主题活动。这些节日文化活动吸引了大批游客,使园博苑成了一个重要的旅游景点。

因为园博苑具有优美的园林风景,近年来逐渐成为摄影家的乐园和影视拍摄基地。2014年,景区管理处引进厦门卫视剧组进园实景拍摄歌仔戏《双面红颜》《皇帝告状》《血铸山河》《紫钗记》《路遥知马力》等,接待电视剧《不一样的美男子》入园拍摄,并建立了婚纱摄影基地。2015年,园博苑接待集美区文化馆编排的折子戏《陈三五娘》和华策影视公司《我们没有谈恋爱》剧组来园拍摄,集美阿尔勒国际摄影节也在这里举行。

2014年以来,在园博苑内相继举办了郁金香展、大地花卉展、水仙花展、荷花展、向日葵展、三角梅展、兰花精品展等专题花卉展览,参观人数众多,影响很大。

作为国家城市湿地公园、厦门市湿地保护中心，园博苑具有较大的湿地面积资源和水域，是厦门市重要的鸟类栖息地和候鸟越冬地。据统计，园博苑湿地共有繁殖鸟、冬候鸟90多种，其中紫水鸡是国家一级重点保护鸟类，二级重点保护动物有6种。每年有一千多只野鸬鹚在此过冬。傍晚时分，成群的鸬鹚飞回园博苑生态岛的壮观场面，已成为园博苑冬日的一道靓丽风景。2017年3月，园博苑观鸟长廊（位于园博苑主展岛的东护岸）对游客开放。长廊内有园区鸟类的科普图鉴和文字说明；室内观鸟厅为观鸟者提供望远镜、摄像机、液晶显示器等多种数码观鸟设备，可实现自助式观鸟。[3]

园博苑还是重要的体育活动基地。近几年举办过市民健步行活动、海峡两岸自行车骑跑两项赛暨 ROCN 厦门中心洲际挑战者资格选拔赛、万科城市乐跑赛、仕霖集团第十四届运动嘉年华——"犇奔跑，向快乐出发"活动等。

2. 厦门灵玲国际马戏城

位于杏锦路与杏林湾路交叉口以北2012年投资建设，总投资8.5亿元，总用地面积9.23万平方米，总建筑面积15.91万平方米，是厦门市政府和集美区政府重点招商的文化旅游项目，是世界首个嘉庚风格的马戏城，由国际马戏大剧院、超五星级马戏主题酒店、马戏博览主题文化广场及自然标本博物馆四大板块组成，是以马戏为主题，融国际马戏演出、马戏博览，集旅游观光、休闲娱乐、文化教育于一体的一站式大型马戏乐园旅游度假区，是目前全球规格最高、项目配套最全、规模最大的国际马戏旅游综合体。（图3-9）

马戏大剧院为马戏城核心建筑，椭圆型剧院穹顶最大跨度120米，高50米，能容纳1万名观众同时观看马戏演出。该项目2014年5月1日开始试营业，7月正式营业。2014年9月，以"世界最大马戏剧院"列入《吉尼斯世界纪录大全》。

---

[3] 吴海奎：《厦门园博苑观鸟设施升级看紫水鸡鸬鹚更方便了》，《厦门日报》（微博）2016-12-09。

图3-9　厦门灵玲马戏城

3. 大明文化广场

　　大明文化广场是集美新城核心区的集旅游、商业、休闲、娱乐、餐饮于一体的综合体，位于集美新城中心区西侧，南临杏林湾，北接九天湖北路，东西侧连接杏林湾路与新洲路。总占地面积约为9万平方米。44栋建筑采用闽台地区常见的牌楼式大街的设计方案，利用了闽南传统的水洗工艺。主体建筑是重建的具有300多年历史的祖庙——大明寺。在大明广场上，可以听到大明寺传来的悠扬的钟声——大明钟声。[4]

---

[4]　陈翠仙《厦门集美大明广场将成文化街区巧用水洗工艺》，《海西晨报》2016-08-05。

第四章 经济

西亭村原是杏林湾的一个半岛，三面临海，自然环境优美，水产资源丰富，但土地少而贫瘠，在杏集海堤建成和厦漳泉高速公路公路（经过西亭）开通之前，交通不便，十分闭塞，是个典型的渔村。在围海造田以前，土地面积很少，多为山地，水田很少。经济为以传统农业为主的自然经济，农业占90%左右，其中以粮食生产为主的种植业占绝对主导地位。

一、主要产品

（一）粮食作物

西亭村种植的粮食作物主要有水稻、地瓜（红薯、红苕）、马铃薯、大豆、花生、大芋头、高粱。

（二）经济作物

主要是蔬菜、水果、甘蔗、食用菌等。

蔬菜：有小白菜、菠菜、西兰花、萝卜、胡萝卜、芥菜、甘蓝（又名卷心菜、洋白菜、包菜、包心菜）、芹菜（又名香芹）、西芹、芫荽（又名胡荽、香菜、香荽）、生菜、莴苣（又名石苣、莴笋，青笋，菜心）、油麦菜（又名莜麦菜、苦菜）、花椰菜（菜花）、丝瓜、冬瓜、黄瓜、南瓜、小青南瓜、大葱、小葱、蒜、韭菜、生姜、芋头、茄子、四季豆、缸豆、荷兰豆、毛豆、番茄、茭白、槟榔芋等。

常见水果：香蕉、柑、桔、橙、柚、芒果、龙眼、荔枝、香橼、乌饭果、李子、椰子、黄绿苹果、杏、桃、梅、梨、杨桃、枇杷、木瓜、桑葚、番石榴等。其中荔枝树较多，多植于庄前屋后。湖内村在1980、1990年代曾大片种植荔枝树。芒果树、番石榴系从外地引进。

甘蔗：1949年以前，糖蔗就是集美的一种重要经济作物，但种植规模小，栽培技术落后，品种以本地竹蔗和果蔗为主，产量极低。50年代中后期引进"爪哇""古巴"等新品种，60年初又引进"台糖"，70年代引进"粤糖57/423"和"印度419"，1975年后又引进"闽选611"和"选3"等新品种，亩产量大为提高，种植面积扩大，1980年代、1990年代又有新的发展，在蔗田间套种豆、菜、瓜、茄等其他经济作物，使蔗田收入大为提高，成为农民收入的主要来源之一。

食用菌类：有金针菇、香菇、平菇、凤尾菇、毛木耳菇、猴头菇、杏鲍菇、茶树菇、鸡腿菇、姬松茸等、木耳。

（三）海产品

海蛎、文蛤、花蛤、对虾、鲂鲨、鲳鱼、鲷鱼等。

据村民讲，西亭村以前在集美附近的浅海里有养海蛎的一片礁石，海蛎产量很高，村民们坐小船去管理。后来疏于管理，海蛎石被其他村的人占有了。

贝壳有彩色纹理的蛤蜊，厦门俗称花蛤。味道鲜美，可干炒，做汤。"文革"前厦门无花蛤。1966年正月从福清县引进蛤苗，在集美鳌园北面滩涂养殖。不久"文革"开始，集美镇党政领导干部被造反派责令"靠边站"，大队干部也受到冲击，花蛤无人去收，因涨潮而扩散到厦门海域。1967年后厦门各处浅滩都陆续发现"野生"花蛤。西亭附近海边也有了花蛤。[1]

二、经济发展简况

1949年解放之前，村民以种植、养殖、打鱼和"讨小海"为生，无畜牧业和工业，服务业在整体经济的比例份额非常小，商业也不发达，养殖并出售海蛎是其重要的经济来源。总之，在历史上，西亭村一直是比较贫穷的，村民生计艰辛，好年景可得温饱，灾年则连温饱都不可求。

解放后，农村开始进行商业、手工业和农业社会主义改造，整个集美区的商品流通和服务业由国营商业企业和供销社经营。1956年集杏海堤建成后，原来的海变

---

[1] 陈振群：《厦门花蛤史话》，《集美文史资料》第1辑。

成了滩涂，海滩上海贝、螃蟹很多，村民常"讨小海"以补给食物，但海蛎石没有了，海蛎养殖被迫中断，村民的主要经济收入来源没有了。1958年人民公社化后，各公社在农业社集体副业的基础上，兴办农机修理、米面加工等社队企业，但规模小，产值低，收入少。1960年代，社队企业开始缓慢发展，工业、交通运输业和建筑业兴起，但农村行业结构变化不大，西亭村的经济并无显著发展。

1956年集杏海堤建成后，六十年代开始围海造田，经过淡化处理，大片滩涂变成土地，1970年开始种植水稻，用后溪水库的水灌溉。围垦的田地共5000亩左右。围海所造的田用于种水稻，刚开始的几年没有什么收成，几年后产量增加，亩产达到1000斤。西亭村从以前的缺粮村变成产粮大村，村民的生活水平得到改善。

1978年后，农村经济体制改革，农业逐步萎缩，居民们只在自己门前种点平时自家吃的蔬菜，农业生产再也不是西亭社区居民的主要收入。1980年实行联产承包责任制后，围海造田而来的水田除了种少量水稻外，主要种植香蕉、甘蔗等经济作物为主。1987-1993年期间，西亭村引进"天宝香蕉"，种植面积曾达到1000亩。其他山地也种植花生、蔬菜等经济作物和龙眼树、椰子树、柚子等果树。种植经济作物和果树比种植粮食作物收入高。

1980年代初，随着改革开放政策的推行，西亭村兴起了养殖业，主要是养鸭和淡水养殖。养鸭是西亭传统的养殖业。据说，西亭早期村民即以养鸭为主，几乎家家养鸭。1980年以后养鸭专业户渐多，成为西亭重要产业。有些鱼塘在养鱼的同时还配套养殖蛋鸭和番鸭，以蛋鸭为主，达到10万只规模。西亭村淡水养殖兴起于1980年代。西亭人将滩涂改建为鱼池，养殖甲鱼、鳗鱼、南美对虾、罗非鱼[2]、青鱼、草鱼、鲢鱼、鳙鱼、鲫鱼等。甲鱼和鳗鱼养殖需要较高的技术含量和资金投入，养殖的人较少，但收益高。养南美对虾和"四大家鱼"（青鱼、草鱼、鲢鱼、鳙鱼）的较多，每个村子越有7、8家，多采用套养的形式。南美对虾后来有改良品种，都是从外地进育苗，本地没有进行育苗繁育。据统计，1987-1993年期间，西亭养殖淡水鱼的鱼塘面积达1000亩，规模颇大，建鱼塘的村民收入颇丰。有些村民则到鱼塘或鸭舍打工。养殖业有力促进了西亭村的经济发展。90年代末，养殖业的收益下降，大多数养殖户退出。但还有一部分继续从事四大家鱼的养殖。

---

2 罗非鱼，又叫非洲鲫鱼、越南鱼、南洋鲫、吴敦鱼、福寿鱼等。杂食性，有较强的的适应性。我国于1978年从泰国引进并推广养殖。

1990年代，以家庭为单位种植经济作物、栽培果树及养殖鱼虾是西亭村的主要经济形式，同时，个体工商业也有较快发展。个体工商业中规模和影响比较大的是厦门市杏林福农牧场、黄庆平的厦门市杏林区双庆食用菌种植场和陈振龙的振兴养猪场，至1998年，这三个企业已具规模化、产业化雏形，成为厦门市小有名气的农业企业，市场占有率相当高。1998年8月，经过福建农业大学专家的论证规划，以这三个企业为基础，建立了西亭精品农业区，旨在保护农田，发展集约、规模、高效、低耗、环保的可持续农业，促进传统农业向现代农业的转型。

厦门市杏林福农牧场占地25亩，借鉴台湾先进的牧场建设经验，建成3栋牛、羊舍和1栋加工厂及酸奶生产线，引种优质高产的美国橡草，饲养奶山羊120多头，奶牛30多头，酸奶销售于厦门岛内、杏林、集美及泉州、石狮等地。至2001年，福农牧场购并长泰龙华生态农业工程公司，牧场草地面积增加到400多亩，奶牛存栏400多头，建立了产供销一条龙体系，成为厦门市最大的奶业产销基地。

双庆食用菌种植场，固定资产100多万元，占地30亩，拥有18幢1万多平方米规范化的菇房，采用床式栽培、墙式栽培和渠沟式栽培等方法生产金针菇、香菇、凤尾菇等，年产各类鲜菇近50万公斤，鲜菇销售量占厦门市市场的80%以上。

振兴养猪场总投入650万元人民币，猪舍面积11万平方米，生猪存栏数达7000多头，饲养的母猪近800头。1998年以前，该场单纯繁殖猪苗，精品农业区建立后，该厂实现了自繁自养肉猪，年出栏小猪、肉猪上万头，形成规模化养殖。

西亭精品农业区内的这三个场地理位置相互毗邻，生产废料可以相互利用、变废为宝，形成生态良性循环运行模式和生产链条。牧场和养猪场排出的粪便可作为牧草、果树的肥料，而牧草是牛羊和猪的青饲料，果树的枝干则可作为食用菌的生产辅助材料；食用菌种养产生的废料可作为牧草和果树的肥料。这种果—草—牧—菌的链条生产模式，培肥了地力，涵养了水源，形成良性循环，生态效益与经济效益相得益彰。这种生态农业生产模式，符合可持续现代农业发展方向，已成为厦门经济特区的特色农业，被列为2000年国家星火项目。[3]

由于集美新城建设用地，西亭精品农业区于2004年停产。

二十世纪八十年代至九十年代末，西亭村除种植业、养殖业和个体工商业迅速

---

3 本节关于西亭精品农业区的论述，主要参考傅益平：《厦门西亭：生态农业别有洞天》，《农村工作通讯》2001年第3期。

发展外，很多剩余劳动力或外出经商，或从事工业、建筑业和服务业，村民的经济收入有大幅增加，村民生活得到了很大改善。

至2000年，集美区初步实现从以传统农业为主的城郊封闭型经济向现代化工业为主的开放型特区经济的历史性跨越，西亭村作为厦门市城郊，经济发展模式也发生大的变化，农业和渔业不复存在。2003年，厦门市规划建设厦门国际园林博览苑（"园博苑"），征用西亭村官任社的部分土地，滩涂皆被征收，西亭村的淡水养殖业停产，养殖户得到了经济赔偿。

2008年起，西亭社区被厦门市列为集美新城核心区，规划总用地6平方公里。西亭村的大部分土地被征用，2010年开始建设。现已建设成为集生活居住、生态公园、商务办公、文化娱乐、商业休闲为一体的滨海新城区。土地被征用之后，西亭社区的经济格局和居民的生活方式发生很大的变化。首先，失地居民在经济上得到补偿，大部分居民有了存款。其次，部分居民被集中安置到"西亭安置房"住宅小区，居住条件得到改善。再次，随着居住方式的改变，原来的生产、生活方式也被迫改变，讨小海、养鱼养虾、养猪养鸭、点瓜种菜、种植果树等经济收入来源都不复存在，有些居民改变了农民、渔民的身份，成了保安、环卫工人，有些外出打工、做生意、跑运输，有的出租房屋、经营小店，还有的创业办公司、建工厂。总之，西亭村从"村"变成了"社区"，"村民"变成了"居民"，经济形态和结构发生了根本性的变化。

三、民营企业

西亭村自二十世纪八十年代以来，陆续有人创办民营企业，共计数十家，目前规模较大、效益较好的有厦门力巨自动化科技有限公司、厦门通利彩印有限公司、厦门成鑫针织有限公司、厦门亚环食品有限公司四家，陈其岳的厦门信岳市政园林工程有限公司、陈建朝的厦门聚富塑胶制品有限公司、黄江波的厦门市集美区江庆食用菌专业合作社、陈志阳的厦门意阳欣工贸有限公司、黄炳宽的厦门市农家鑫有机肥料厂、陈振勇（陈碧芳）的厦门路勇土石方工程有限公司、陈勇进的厦门市勇翔置业集团有限公司和厦门仙灵棋国际研学基地亲子庄园等也较有社会影响。

（一）厦门力巨自动化科技有限公司

厦门力巨自动化科技有限公司成立于2008年5月，董事长陈勇庆，注册资本1500万元人民币。该公司专注于精密流体控制（点胶）、运动控制、CCD 领域的交叉运用，是集研发、生产、销售和服务于一体的高新技术企业，在半导体级精密喷胶，高速、高精度运动控制以及智能 CCD 定位/检测的开发和应用等方面技术储备雄厚，也是中国触摸屏水胶贴合工艺的宣导者和领先者。该公司致力于工业过程控制系统的集成、自动化，无损检测领域高新技术产品的开发、应用和推广。多轴运动控制系统方案商。工厂占地面积4000平方米，拥有员工约120人，拥有专业的制造厂、研发中心和触摸屏工艺及设备中心。经过近十年产品研发，已推出点胶机、水胶贴合机、UV 固化、CCM 搭载机、燃料电池等丰富而专业的产品系列。公司以厦门总部为中心，对外构建辐射中国四大电子区域（华东、华南海西、西南区域）的服务分部，以便为客户提供更快的产品和服务。

图4-1　力巨科技生产车间

2012年，厦门力巨自动化科技有限公司成为贺利氏的（fusion）代理商。2013年，该公司与厦门理工学院确立产学研合作关系。2013-2015年，该公司成为广东省触控及应用产业协会"理事单位"。2014年，取得"厦门高新技术企业"证书；获

"2014-2015年度厦门市成长型中小微企业"称号；荣获"厦门市民营科技企业"称号；"全国中小企业生产经营运行监测，厦门样板企业"；与厦门大学建立产学研合作关系。2015年，通过ISO9000：2008标准质量管理体系认证，成功购入软件园三期写字楼。同年，公司成为厦门理工学院"研究生联合培养基地"、深圳市平板显示行业协会"理事单位"、中国触控协会"理事单位"。2016年获"厦门市最具成长型优秀民营科技企业""厦门市科技小巨人领军企业"，成为厦门市智能制造产业协会副会长单位，并获"厦门市守合同重信用企业"、2014-2015年度"厦门市诚信示范企业"和"福建省重质量守信用企业"。2017年公司成为福建省工业文化协会理事单位，获"2017年度集美区成长型工业企业"。2018年获"厦门市重点上市后备企业""科技型中小企业""2017-2019年度厦门市专精特新小微企业"称号。2018年，经层层筛选，力巨科技终于脱颖而出，最终成为《寻找中国制造隐形冠军·厦门卷》26家入选企业之一。

目前，公司正值快速发展期，销售业绩年均增长率30%，截止到2020年，公司营业收入已超3亿元人民币，当年净利润超5000万元人民币，三年累计净利润突破一亿元人民币。

该公司以"让制造更智能"为企业使命，以"精密流体及自动化一站式方案解决商"为己任，为更多行业的客户提供更方便、更快捷的自动化解决方案。

（二）厦门通利彩印有限公司

成立于1993年，董事长陈亚通。（图4-2）

成立之初，公司坐落于厦门市集美区九天湖路228号，员工只有20人。经过多年发展，通利彩印公司现有厂区占地30亩，拥有3万平方米的新建标准通用厂房，是一家业务范围涵盖彩印包装、无菌液态食品包材生产、进出口贸易以及相关产业链整合投资的综合性企业、厦门市安全标准化三级达标企业。公司现有员工400余人，是专业承制中高档彩色印刷包装品和液态无菌食品包材的生产厂商，主营彩印服务、彩盒彩箱制作印刷、说明书印刷、瓦楞外纸箱、精品纸盒、手提袋、食品无菌包装、纸碗纸杯、塑料制品、碗面盖材、多层复合材料等，拥有明达、正新、路达、协众、惠尔康、中绿、岑铭堂、才子、无极限等众多知名客户。在厦门和吉林通化市共有七个生产基地，具有每年超过3亿元人民币的产能和营收规模。2009年通过ISO9001认证；2015年通过GMI体系认证。

图4-2 通利彩印董事长陈亚通

通利彩印公司奉行"诚信求实、致力服务、唯求满意"的企业宗旨，全力跟随客户需求，不断进行产品创新和服务改进。公司秉承"顾客至上，锐意进取"的经营理念，坚持"客户第一"的原则，为广大客户提供优质的服务。2003年被中国包装技术协会评为"中国包装产品定点企业"；2008年、2014年被厦门市科学技术局授予"民营科技企业"；自2009年以来一直是福建省"守合同重信用企业"；2011-2014年连获"厦门市著名商标"；2011年被评为"高新科技企业"；2012年被厦门市总工会评为"先进单位"；2013年被评为"厦门市文明诚信私营企业"。

（三）厦门成鑫针织有限公司西亭分公司

2003年成立，董事长陈伍进，注册资金五十万元。2008年开始成为厦门市集美区纳税大户，每年纳税超两百万元。现年产值近五千万元。主要经营针织品染整、研发、加工、织造，销售针纺织品、服装辅料、化纤原料、服装，并从事软件系统开发。成鑫针主要加工制作蕾丝花边，弹力花边，织带，背扣等，以生产、销售花边及服装面辅料为主，配套环保染整生产线，承接不限起染量的染整加工业务。公司集花型品种设计、色彩开发为一体，拥有完整的工艺流程及丰富的生产经验。

公司秉承"诚信经营、尽忠职守、顾客至上、锐意进取"的经营理念，坚持"客户第一"的原则为广大客户提供优质的服务。

图4-3　厦门成鑫针织有限公司西亭分公司

（四）厦门亚环食品有限公司

厦门亚环食品有限公司的前身是厦门市集美区亚环蛋品加工场，创始人为陈正环。陈正环于2005年自主研发了即食咸蛋真空包装高温灭菌技术，并制定了即食咸蛋的生产企业标准，于2007年厦门首家取得蛋制品生产资格 QS 认证企业。由于安全、严格的生产工艺流程和严格的标准，受到了当时国家技术监督总局标准化委员会刘平均主任的关注，于当年10月14日对加工场进行参观指导。2010年创立厦门亚环食品有限公司，注册资金100万元人民币，于2011年12月份再次通过 QS 认证。公司地址位于厦门市集美区西亭社区下官路2号，有2500平方米的生产厂房，固定资产100多万元人民币。具有每年生产无铅皮蛋1000吨、各式咸蛋500吨的产能。以加工、销售真空熟咸蛋、无铅皮蛋、咸蛋黄、卤蛋各类特色禽蛋为主，批发零售鲜冻畜禽产品、果蔬、蛋制品。

公司在不断发展壮大过程中不忘回报社会，帮扶贫困山区人民，于2013年取得援藏企业资格，获得了西藏林芝地区米林县政府的授权，代理推广销售西藏林芝地区米林县农特产品,成功地将西藏独有的农特产品通过电子商务模式推向沿海高端城市。

公司经营品种多,销售范围广,产品已远销北京市、东南亚一带。在短短的一年时间内,用独特的直营专柜经营模式(农户+加工场+超市)在福建省内相继与乐海百货、金中华百货等各大商超合作,并博得众多客户的好评与信任,逐步树立起公司良好品牌。公司始终本着质量第一、客户至上的经营方针,不断发展壮大。

图4-4 第12届中国(厦门)国际食品交易博览会厦门亚环食品有限公司产品展示

亚环食品通过对传统制作工艺进行改良,追求长远利益,摸索出自己的一套配方。亚环食品日产松花蛋、咸蛋6000多斤。公司还在同安的凤南农场养了2000多只鸡,采用放养方法,生产土鸡蛋。如今,亚环食品已是厦门地区最大的蛋品生产厂家。公司目前有三个注册商标,专供菜市场和超市。公司开创了"九天湖""亚环""惠之冠"三个品牌,受到代理商和消费者的信赖。

第五章　文化教育

关于西亭村的历史，我们所知甚少。其中一个主要原因是历史上村里读书、做官的人甚少，没有人记载村史。检阅《同安县志》《厦门志》《集美志》等地方文献，关于西亭村的记载也很少，这说明在历史上，西亭村的文化教育欠发达。

西亭村的教育事业的发展始于近代。1921年西亭学校的落成，标志着新式教育的开始。从此，村中儿童上学的机会和受教育的程度大大提高，重视教育的观念开始在村民心中萌生、增强，村民的文化水平逐渐提高，人才也渐次涌现。

中华人民共和国成立以后，教育事业得到了空前发展。首先，1950年代初的夜校扫盲班提高了成人尤其是广大未受过学校教育的妇女们的识字水平，一定程度上改变了他们的思想观念，使他们开始重视起子女的教育来。其次，由于国家实行免费义务教育，绝大多数村民可以就近上学，因而村民的文化程度得到了大幅提高，教育观念也进一步改变。在这些受教育者中，出现了很多佼佼者，他们后来都成了各方面的优秀人才。再次，五十年代末建了幼儿园，从此，西亭村有了学前教育。虽然后来幼儿园停办二十多年，但复办后发展较快，对西亭村儿童的健康成长和教育意义重大。

改革开放四十多年来，随着国家文化教育事业的发展，西亭村涌现出一批又一批青年才俊，其中不乏考中麻省理工学院、北京大学、中国人民大学、上海交通大学、中山大学、南开大学、同济大学、厦门大学、西安交通大学、兰州大学、中国政法大学、北京邮电大学、中国科学院大学、上海外国语大学、北京外国语大学等名校的杰出人才。

可以说，今天的西亭村，已经不是昔日那个文化教育相对落后的小渔村，而是一个文化昌明、教育发达的文化小镇。

一、西亭小学

（一）发展历程

　　西亭村的学校教育始于陈氏学堂。据村民传言，西亭最早的学堂（具体时间已无从查考）办于大社陈氏祖厝（前后厝），主要用于教授大社子弟。后来其他几个村社的子弟也来大社的学堂上学。至二十世纪初，祖厝学堂已无法满足村中孩子上学的需要。1921年，为了让子孙后代有更好的学习条件，旅缅华侨陈银链首先倡议捐资筹建学校，陈锦帆、陈明屋、陈谦受等十二位先生群起支持。在他们的宣传、带动和多方努力之下，1926年8月，新的校舍落成，校址即今村委会所在地。从此，西亭村有了一座宽敞明亮的新式学校——西亭公立学校（今西亭小学）。这是当年同安县第一所农村四年制小学。学校建成后，陈银链先生聘请族亲陈清猷担任学校校长。由此，"游子不忘故土情，办学一片爱国心"的精神也随之深深地烙进了村民的心中。村里至今还保存着一张珍贵的照片，记录着当年为创建学校而做出贡献的各位西亭前辈的光辉形象及任职情况。（图5-1、图5-2）

　　正总理：陈银链

　　副总理：陈锦帆　陈明屋

　　董　事：陈光阵　陈明神　陈营厅　陈金钟　陈吉兆

　　协　理：陈谦受　陈天发　陈水鲎　黄水田　陈雨沛
　　　　　　陈则瑞　陈九狮　陈明田　陈扶鎽　陈文颜

　　正财政：陈启隆

　　副财政：陈水龟

　　书　记：陈元芳

　　募捐员：陈光汉

　　查账员：陈榜花　黄竹亭

　　参与建校工作：陈能趁　陈吉卜　陈文在　陈招品　陈福才

　　另据村民回忆，陈水泉、陈水潮、陈水转也参与了筹建工作。

图5-1　西亭公立学校创办者

图5-2　民国十三年（1924）阳历十一月西亭后厝学校侨仰校主暨诸董事员合影

1921年创办公立侨助的西亭学校,中华人民共和国成立后,改为西亭小学。

文革初期(1966-1968),西亭小学停课。1968年后,西亭小学复课。

1926-1965年,西亭小学为非完小,学校共设一至四年级,学生读完四年级后要转入锦园中心小学就读才能完成小学学业。

1966年,西亭小学改为六年制完小。

图5-3　西亭小学初级毕业班暨全体老师合影(1966年6月18日)

图5-4　西亭小学首届毕业生暨全体老师合影(1966年6月18日)

1968年，西亭小学改为五年制，直到1984年。

1970、1971、1972三年，西亭小学改为春季招生。

1971年之前，西亭小学每个年段一个班，1971年之后，每个年段有两个班。

西亭小学的生源主要是本村孩子，80年代后，开始有外来务工人员子女入学就读。

1985年，西亭小学在原址上重建新校舍。按照国家"三个一点点"的要求，由区教育局、区政府及村委会三方出资共建西亭小学。西亭村的乡亲们秉承先辈捐资兴学的优秀传统，纷纷慷慨捐资。"地质之家"[1]也慷慨解囊，出资相助。捐资名录如下：

西亭乡亲建校捐资芳名录

官　任：	陈美章	150元	陈海洋	100元	陈宗雄	100元	叶吉能	100元
	陈德平	60元	陈雅赐	50元	陈水头	50元	陈亚南	50元
	黄水世	50元	黄世宽	50元	黄峇舌	50元	黄文款	50元
郭　厝：	陈友庆	200元	陈和强	100元				
庵　后：	陈英才	800元	陈英鹊	200元	陈维钏	100元	陈兴加	100元
	陈远章	50元	陈和尚	50元	陈文强	50元	陈朝利	50元
	陈财主	50元	陈赞华	50元				
上　店：	黄庆和	100元	黄敏成	100元	黄金星	100元	黄炳坤	100元
	黄志强	50元	黄英厚	50元	黄瑞呈	50元	黄永毅	50元
	黄元德	50元	黄长发	50元	黄炳煌	50元		
三落角：	陈金宗	1000元	陈国世	200元	陈文行	200元	陈加碧	200元
	陈国营	200元	陈金停	200元	陈振定	200元	陈友育	150元
	陈高廷	150元	陈文血	100元	陈金明	100元	陈只对	100元
	陈天赐	80元	陈老婴	50元	陈建辉	50元	陈如华	50元
	陈庆仁	50元	陈高等	50元	陈金民	50元	陈经贤	50元
	陈宗评	50元	陈勇敢	50元	陈文货	50元	陈振字	50元
	陈天豹	50元	陈甘源	50元	陈朝君	50元	陈维和	50元
	陈文憨	50元	陈宗义	50元	陈海色	50元		

---

[1] 国家地矿部当年征用西亭官任五十亩左右的土地，规划建疗养院，取名曰"地质之家"，后因种种原因停建。

宅　角：	陈友利	650元	陈友恒	200元	陈金太	200元	陈启阵	200元
	陈建得	160元	陈钟运	100元	陈国华	100元	陈国忠	100元
	陈国展	100元	陈天助	100元	陈天芬	50元		
三　柱：	陈祥辉	100元	陈振昌	100元	陈武成	50元	陈天来	50元
	陈君阵	50元						
开嘴厅：	陈水城	150元	陈信忠	100元	陈颇盛	100元	陈世仁	100元
	陈英加	100元	陈大炮	50元	陈明亲	50元	陈福奎	50元
	陈国旗	50元						
宅仔下：	陈章福	400元	陈德胜	200元	陈天强	200元	陈水森	100元
	陈天意	50元	陈仁传	50元	陈天生	50元	陈貌夕	50元
	陈资本	50元	陈胜利	50元				
后　厝：	陈钟呈	200元	陈成忠	100元	陈加生	100元	陈古全	100元
	陈瓜棉	50元	陈水撬	50元	陈清洁	50元	陈德全	50元
	肖同甯	50元	温其田	50元				
湖　内：	陈丽卿	150元	陈珍菊	100元	陈文荣	100元	陈清吉	100元
	陈元成	100元	陈汉福	100元	陈宝霖	60元	陈得意	50元
	杨金龙	50元	陈天明	50元	陈宝庆	50元	吴　友	50元
	陈清琴	50元						

为了让"游子不忘故土情，办学一片爱国心"的精神代代相传，学校重建时把1926年捐资办学的三位先辈、1985年十二位建校组织理事以及重建时慷慨捐资的西亭乡亲的芳名一一列于学校教学楼二楼的墙上。当时参与重建西亭小学的理事共有十二位，他们分别是：

陈友庆　陈加碧　陈德胜　陈章福　陈水森　陈文行
陈英才　陈颇盛　陈丽卿　陈美章　黄敏成　黄志强

学校重建期间，西亭小学的学生分散在村中的祠堂、仓库等处上课。

2003年8月，厦门市实施区级行政区划调整，杏林街道划归集美区，西亭小学随之归集美区教育局管理。

2014年8月，西亭小学正式与厦门外国语学校合作办学，更名为"西亭学校"。

学校同时挂两个校牌：西亭学校；厦门外国语学校集美分校。西亭小学与厦门外国语学校合作办学之后，成为包括初中部和小学部的九年一贯制学校。学校的办学规模进一步扩大，从2014到2016年，西亭小学学生逐年增多，专职教师人数逐年增加，图书馆藏书大幅增加，硬件设施有了很大的提升。

西亭学校初中部2015年开始正式招生，规模逐年扩大。

截止2016年9月，西亭学校在校教师共有43人，高级教师1人，一级教师14人，厦门市骨干教师9人。全校共有24个班级，其中初中6个班，小学18个班。

（二）办学特色

西亭学校积极进行校园特色文化建设，并将之渗透于学校教育教学之中。西亭曾有成片梧桐林，瓦山下一带古时就称为"桐林"。"桐林"区域曾流传着"宝凫"成仙、凤凰来仪的美好传说。现在集美新城核心区有一条路就叫"桐林路"，百度地图中仍有"桐林"这个地名。西亭学校的领导根据西亭村的地域特点和梧桐的文化内涵，开发"梧桐（吾童）文化"主题建设，以梧桐象征伟岸、高洁、优雅、耿直、奉献的文化精神，将此作为西亭小学文化建设的内涵，将文化传承与学生综合素质的发展相融合，努力推进"梧桐（吾童）文化"的"四进"活动，即进课程、进活动、进环境、进师生，将校园特色文化建设渗透于学校教育教学之中。

学校编写了《梧桐家园》和《梧桐小书虫》校本教材，让学生了解梧桐的文化精神，主动追求发展，让教师了解梧桐文化精神，成为梧桐文化的传播者，为学生奠定良好的品格发展基础。

图5-5 西亭学校校园吉祥物：西西和婷婷

西亭小学在体育方面成绩斐然，篮球运动是该校的特色课程。该校班班都有篮球队，经常举办篮球赛，孩子们天天都打篮球，练就了一身打篮球的好本领。西亭小学篮球队（男子组）多次在福建省、厦门市各级比赛中获奖，表现突出。

1989年，获杏林区小学生篮球赛男子组第二名；
1989年，获厦门市首届中小学生运动会小学组男子篮球比赛第二名；
1991年，获杏林区小学生篮球赛男子组第三名；
1992年，获杏林区小学生篮球赛男子组第一名；
1994年，获杏林区小学生篮球赛男子组第三名；
1995年，获杏林区小学生篮球赛男子组第一名；
1995年，获厦门市小学生男子篮球比赛第三名；
1996年，获杏林区小学生篮球赛男子组第一名；
1996年，获厦门市小学生男子组篮球比赛第一名；
1997年3月，获杏林区小学生篮球赛男子组第一名；
1997年11月，获杏林区小学生篮球赛男子组第二名；
1997年，获福建省儿童篮球比赛男子组第一名；
1998年，获杏林区小学生篮球赛男子组第一名；
2015年，获集美区第十三届中小学生篮球赛小学女子组第八名；
2016年，获集美区第十四届中小学生篮球锦标赛小学女子组第五名；
此外，2001年11月，西亭小学还获得了杏林区第二十二届小学生田径运动会完小校组团体总分第一名。

鲜明的办学特色，丰富的校园文化，优秀的教师队伍和良好的教学效果，使西亭学校不断向前发展。

（三）西亭学校历任校长

西亭小学从1926年初创办至今的九十多年里，共有18位校长，但他们的籍贯、毕业院校、生平经历等资料大都付之阙如。现将已知信息列表如下：

西亭学校历任校长一览表

姓名	籍贯	任职时间	毕业院校	备注
陈清猷	厦门西亭	1926.9-?		
黄嘉惠	厦门西亭	1950-1952		
林　萍	厦门锦园	1952-1954		
何连枝	厦门后溪	1955.9-?		代理校长
郑时杰	厦门高埔	1956-1958.8		
邱松溪	厦门新垵	1960.9-1964.8		
曾仕福	厦门曾营	1965.9-?		代理校长
江仁孚	福建永定	1966.9-1974.8		
陈荣显	福建泉州	1974.9-1977.8		
郑全元	厦门高埔	1977.9-1985.8		
陈保庆	厦门西亭	1985.9-1990.8	厦门师范	
黄永毅	厦门西亭	1990.9-1993.8	厦门师范（三年制）	
杜志忠	厦门洪厝	1993.9-1994.8		
黄永毅	厦门西亭	1994.9-2006.8	厦门师范（三年制）	
高建成	厦门高埔	2006.9-2007.8		
邱秀红	厦门新垵	2007.9-2012.8		
邱福音	厦门同安	2012.9-2014.8		
黄宁艺	厦门后溪	2014.9-?		

二、西亭幼儿园

（一）发展历程

　　1957年，合作社高级社时期，为了让大家能够更好地投入生产，西亭村在八组（现为颍川路107号）创办幼儿园（图5-6），当时有学生约二、三十人，由陈秀丽、周莲美两位老师负责。

图5-6　颍川路107号西亭幼儿园旧址

1959年初，幼儿园搬迁至后祖厝左侧的旧房子里（现为颍川路97号之一）。（图5-7）

图5-7　颍川路97号西亭幼儿园旧址

图5-8　1959年西亭小学校董会暨幼儿园全体师生合影

1959年后半年，幼儿园停办。

1984年，郑全元担任西亭小学校长期间，在西亭小学校内办学前班，有学生二三十人。半年后西亭小学翻建，学前班搬迁至庵后仓库。新校舍建成后，学前班搬回到西亭小学内，此时学前班已扩至两个班。

1985年，由镇街及村民多方出资兴建西亭幼儿园，校舍建成后，幼儿园从西亭小学校内搬迁至苑亭路428-1，学生增至4个班。

1994年，全新配套式幼儿园落成，西亭幼儿园搬迁至祖妈路18号（现为西亭社区老人幸福家园）。

由于集美新城建设征地需要，目前西亭幼儿园又搬回苑亭路428-1。

图5-9　1984年所建西亭幼儿园

图5-10　1994年所建西亭幼儿园，现为西亭老人幸福家园

2014-2017年，西亭幼儿园在园学生达到二百多人，大、中、小班各两个班。2017年2月，集美新城幼儿园建成并开始招生，西亭幼儿园学生因此有所减少，目前在园学生仍有一百多人，小班一个班，中班和大班各两个班。

从二十世纪八十年代至今，西亭幼儿园已经走过三十五个春秋。三十多年来，西亭幼儿园不断发展，从最初的只有两位教师、二三十位孩子的学前班，发展到拥有大、中、小班各有两个班，在园儿童两百多名、在职教职工十六人的幼儿园。如今，西亭幼儿园将继续致力于建设优良教学环境，凝聚专业力量，在充满关怀、信任、尊重和包容的氛围中，使学生尽展多元潜能，成为终身学习者。

图5-11　小班孩子们跟老师一起做游戏

图5-12　家长公开课

（二）西亭幼儿园历任园长

西亭幼儿园建园至今，共有十位园长，但因资料缺乏，十位园长的信息，除姓名和任职时间外，其他基本不清楚。

西亭幼儿园历任园长一览表

姓名	籍贯	任职时间	毕业院校	备注
郑全元		1984-1985		兼任
陈保庆		1985.9-1990.8		兼任
黄永毅	厦门西亭	1990.9-1993.8	厦门师范（三年制）	兼任
杜志忠		1993.9-1994.8		兼任
罗亚萍		1994-1996		
卓海蓉		1996-1997		
罗亚萍		1997-1998		
周丽兰		1998-1999		
陈惠峰		1999-2006		副村长兼任
陈四英		2006至今	厦门师范（函授）	

三、西亭民夜校

据陈钟庆回忆，1950年，西亭村曾在祖厝办过夜校（扫盲班），时间大概是两年左右。

据陈水会回忆，1958年8月，西亭村在祖厝办"民夜校"（扫盲班），学生都是成年人，他们白天劳动，晚上上课。民夜校共有四个班级，学生一百八十二人，有五位老师，陈水会先生便是其中之一。1959年初，民夜校停办。办学期间，民夜校的教学效果良好，学生民夜校毕业可以直接上初中。在同安县民夜校各项评比中，西亭村民夜校获得第一名。

四、文体活动

赛龙舟是全国各地在端午节举行的体育活动。西亭村位于海边，地理条件得天独厚，村里各角落都自发组织龙舟队，每年端午节，都会举行或参与其他地方的龙舟赛。清初到中华人民共和国成立之前，同安县境内盛行宋江阵、舞狮子等民间体育活动，主要在春节、元宵、中秋等民间传统节日里表演，颇富地方特色，后逐渐衰落。近四五十年来，西亭村已不再开展宋江阵和舞狮活动。

打篮球是在农村开展得最普遍的一项体育活动，西亭村重视篮球运动，村民的参与度和水平均较高，自1950年代以来，在杏林、集美地区乃至厦门市的比赛中，均取得过好成绩。

1978年改革开放以后，随着社区的发展，出现了一些村民喜欢参与的新的文体项目，如打腰鼓、扭秧歌、扇舞、广场舞、打门球、打太极拳、打气排球等，村民的文体活动日渐丰富。

（一）赛龙舟

据西亭村老人回忆，大约在1958年，西亭村成立龙舟队。

1953年，陈嘉庚在集美海边建造的龙舟池中池竣工，1955年外池建成。自此，每年端午节都在龙舟池外池举行龙舟比赛，比赛的规模也进一步扩大。附近的很多村庄都曾组队参赛。据回忆，1961至1964年，西亭村龙舟队应邀参加集美龙舟赛，获得了不俗的成绩。特别是在1962年的"嘉庚杯"龙舟赛中，西亭龙舟队获得了四个小组第一名和总决赛冠军的好成绩。参加这次总决赛的运动员有：

舵　手：陈宗婴

指　挥：陈汉升

运动员：陈文增　陈文看　陈国营　陈文行　陈天世　陈泊艺　陈老婴
　　　　陈天豹　陈金太　陈朝君　陈经贤　陈其和　陈水看

其中，右手头前摇为陈国营，尾后送为陈金太；左手头前摇为陈朝君，尾后送为陈老婴。

"文革"期间,龙舟赛活动停止。1994年,西亭村再次成立了龙舟队。

(二)腰鼓、篮球、门球

西亭体育活动活跃。1961年,陈章福组建西亭第一支篮球队。篮球是村中青年喜欢的体育活动,村里还成立了青少年篮球队。为了方便大家打篮球,西亭村的每个角落都有自己的篮球场,其中有四个是灯光球场。闲暇时间,村里的年轻人都会聚在一起切磋球艺。每年正月初一至初五,村委会都会以传统的"老十组"为单位组织篮球比赛,从中选拔优秀选手组成西亭篮球队。西亭篮球队在厦门市颇负盛名,曾多次在厦门市组织的篮球比赛以及杏林街道商会组织的篮球比赛中获得第一名。

1994年,西亭村成立腰鼓队、篮球队、老人门球队,这大大丰富了村民的文化生活。

图5-13 西亭篮球队在2007年厦门市农村篮球赛中获冠军

图5-14　2007年，时任厦门市市长詹沧洲为厦门市农村篮球赛冠军队西亭篮球队颁奖

图5-15　在厦门市集美区2009年镇街篮球赛比赛中获冠军

（三）文艺表演

2007年，西亭村成立西鼓文艺宣传队，由陈荣美负责。宣传队每周一、三、五晚上集中于宝皂庙埕进行排练，积极宣传党的政策，歌唱新时代厦门的新风尚，歌唱新生活。在区运会上、在敬老院里、在欢送优秀青年参军的会场上，在村里的活动中，到处都活跃着西亭西鼓队的身影，她们的节目多次在各种比赛中获奖：

"二套秧歌"在第五届集美区运会上代表农体协参加比赛获一等奖第二名；
"厦门风"代表杏林街道参加集美区比赛获二等奖；
"太极拳"代表杏林街道获集美区24式太极拳比赛二等奖；

图5-16 2014年代表杏林街道获集美区24式太极拳比赛二等奖

此外，太极功夫扇、三套秧歌、新疆舞、西鼓表演曾多次在集美区组织的活动中参加演出。

图5-17　参加庆祝祖玛圣诞文化节表现之一

图5-18　参加庆祝祖玛圣诞文化节表现之二

图5-19　参加庆祝祖玛圣诞文化节表现之三

图5-20　参加庆祝祖玛圣诞文化节表现之四

五、敬老孝亲

敬老孝亲是西亭村的好传统。为了让村中的老人安享晚年，老有所乐，西亭村成立了村老人协会，地点就在西亭市场旁的铁皮屋。祖厝和老人协会都是老人们休闲娱乐的好去处。每年的重阳节和春节，村两委都会组织慰问老年人的活动，两个节日各给老年人（男六十岁以上，女五十五岁以上）发放一百元人民币的慰问金。

六、人才培养

（一）捐资办学、奖励学子

西亭村不仅有捐资办学的好传统，村两委对下一代的教育工作也十分重视。每年村委会都会拨出专款用于奖励村中考入大学的优秀学子。2004年以来，每年八月份村两委都会召开应届高考学生座谈会，勉励孩子们进入大学之后努力学习，毕业回馈家乡，并给每位准大学生赠送一支钢笔、一本笔记本以及两百元人民币慰问金。

（二）人才名录

新中国成立以前，西亭村人见于史料记载的很少，流传与村民口头的相关信息也很少。自二十世纪六十年代以来，通过全国选拔考试而进入大中专学校的人才，基本都有记录，这些名录可大致反映半个世纪以来西亭村的教育和人才状况。

西亭村解放后至"文革"前大中专毕业生名录

角落（组别）	姓名	就读学校	学历	备注
4组 上店	黄永宏	扬州大学	本科	1957
5组 三落角	陈甘泉	集美航海学校	中专	
6组	陈建和	集美财经学校	中专	1958
7组	陈钟庆	集美财经学校	中专	1958

（续）

角落（组别）	姓名	就读学校	学历	备注
前厝角	陈钟法	集美轻工业学校	中专	1961
	陈金璇	福州军区护士学校	中专	1961
	陈文杰	集美水产学校	中专	1962
9组 湖内	陈珍玉	福建师范大学	本科	1958
	陈彩眉	福建师范大学	本科	1959
	陈宝庆	厦门师范	中专	1963
	吴水毕	集美航海学校	中专	
官任	陈金全	厦门大学	本科	1962
	陈启阵	重庆大学	肄业	
	陈清阵	厦门化工学校	中专	

西亭村70年代入学的大中专学生名录

角落（组别）	姓名	就读学校	学历	备注
8组 后厝	陈玉琴	福建师范大学		1973
	肖东升	福建师范大学	本科	1979 初中学历，自学考入大学
9组	黄盛达	厦门师范学校	中专	1975
官任	叶丽珠	福州大学		79届
	陈嘉川	同济大学		80届

西亭村80年代入学的大中专学生名录

角落（组别）	姓名	就读学校	学历	备注
5组 三落角	陈德和	福州大学		1980
6组 宅角	陈素娟	华中工学院	本科	1981
	陈永记	福建师范大学福清分校	大专	1988
7组	陈永忠	福建师范大学	本科	1986

（续）

角落(组别)	姓名	就读学校	学历	备注
前厝角	陈勇庆	厦门水产学院	本科	1988
	陈咏梅	福建师范大学	本科	1990
	陈素珠	厦门鹭江职业大学	大专	1984
8组后厝	陈国贵	福建师范大学	本科	1988
	陈国培	厦门师范学校	中专	
上店	黄劲松	福建农林大学	本科	

西亭村90年代入学的大中专学生名录

角落(组别)	姓名	就读学校	学历	备注
2组 郭厝	陈世锦	闽江职业大学	大专	1999
3组 庵后	陈锡彬	吉林大学	本科	1999
5组 三落角	陈婵娟	福建师范大学	本科	1998
	陈艺林	福建体育学院	大专	1997
6组	陈雪玲	福建师范大学	本科	1990
	陈永成	福建师范大学	本科	1992
7组 前厝角	陈 冲	中央党校	本科	1996
	陈永锋	福建农林大学	本科	1996
	陈 超	厦门大学	本科	1997
	陈卫平	福州大学	本科	1997
	陈 亮	福建师范大学	本科	1998
	陈巍刚	厦门鹭江职业大学	大专	1991
	陈宝惜	厦门师专	大专	1992
	陈咏玲	上海轻工业高等专科学校	大专	1993
8组 后厝	陈国恩	福州大学	本科	1993
	吴召伟	厦门大学	本科	1996
9组	陈锡妮	福建师范大学	本科	1997

(续)

角落（组别）	姓名	就读学校	学历	备注
湖内	陈小月	南平师范高等专科学校	大专	

西亭村2000年高考入学的大学生名录

角落（组别）	姓名	就读学校	学历	备注
2组 郭厝	陈世添	福州大学	本科	
5组 三落角	陈娜真	漳州师范学院	本科	
7组 前厝角	陈建遵	长沙民政学院	大专	

西亭村2001年高考入学的大学生名录

角落（组别）	姓名	就读学校	学历	备注
5组 三落角	陈武进	厦门大学	研究生	
	陈艺森	集美大学体育体院	本科	
	陈颖	龙岩师范学院	本科	
	陈秀敏	南京人口管理干部学院		
6组	陈明娟	厦门鹭江职业大学	大专	
前厝角	陈景容	福建农林大学	本科	
	陈慧玲	漳州职业技术学院	大专	
8组 后厝	肖颜婷	中南财经政法大学	本科	
9组	黄晓岩		研究生	
官任	黄小鹭	福建师范大学	本科	
	陈志坚	上海体育学院	本科	
	陈慧玲	福建农林大学	本科	
	陈月云	鹭江职业大学	本科	

西亭村2002高考入学的大学生名录

角落（组别）	姓名	就读学校	学历	备注
3组 庵后	陈雪云	福建医科大学	本科	
	陈艺婷	泉州师范学院	本科	
7组 前厝角	陈小婵	厦门工业学校	大专	

西亭村2003年高考入学的大学生及研究生名录

角落（组别）	姓名	就读学校	学历	备注
3组 庵后	陈锡彬	北京大学	研究生	
7组 前厝角	陈小龙	中国政法大学	本科	
	陈景华	安徽财经大学	本科	
	陈景良	福建农林大学	本科	
	陈智	厦门理工学院	大专	
	陈景坤	漳州卫生职业技术学校	大专	
	陈爱珍	漳州工业技术学校	大专	
	陈秋谅	福建外经贸职业技术学院	大专	
8组 后厝	陈龙杰	成都体育学院		

西亭村2004年高考入学的大学生名录

角落（组别）	姓名	就读学校	学历	备注
2组 郭厝	陈素丹	华侨大学	本科	
	陈鹤岩	三明学院	大专	
	陈华锋	福建电力职业技术学院	大专	
3组 庵后	陈明骏	泉州师范学院	大专	
	陈锡玲	厦门华厦职业学院	大专	

（续）

角落（组别）	姓名	就读学校	学历	备注
	陈杏花	福建对外经济贸易职业技术学院	大专	
5组 三落角	陈飞燕	厦门理工学院	大专	
	陈志斌	厦门理工学院	大专	
	陈秀兰	武夷学院	大专	
	陈世章	福建海峡职业技术学院	大专	
7组 前厝角	陈维维	福建农林大学	本科	
	陈小娟	厦门理工学院	大专	
	陈亚兰	福建政法管理干部学院	大专	
	陈秋谅	福建对外经济贸易职业技术学院	大专	
8组 后厝	陈婷	厦门大学	本科	
	刘玉娟	漳州师范学院	大专	
	陈丽珍	福建教育学院	大专	
	陈雍君	福建医科大学海峡学院	大专	
	陈小池	泉州职业技术学院	大专	
9组	陈小纯	华侨大学	本科	
	陈小坤	江西农业大学南昌商学院	本科	
	陈双燕	厦门理工学院	大专	
	陈小娟	厦门华厦职业学院	大专	
	陈少端	漳州职业技术学院	大专	
10组	黄秀云	闽江学院	大专	
15组	陈巧明	福建对外经济贸易职业技术学院	大专	

西亭村2005年高考入学的大学生名录

角落（组别）	姓名	就读学校	学历	备注
1组	陈益龙	福州职业技术学院	大专	
	陈月明	漳州职业技术学院	大专	
2组 郭厝	陈挺志	莆田学院	大专	
	陈淑兰	河南检察职业学院	大专	

（续）

角落（组别）	姓名	就读学校	学历	备注
	陈世燕	华天涉外学院	大专	
	陈淑惠			
3组 庵后	陈毅苗	厦门理工学院		
	黄伟雄	集美大学诚毅学院	本科	
	陈秀花	漳州职业技术学院	大专	
5组 三落角	陈赟	中山大学	本科	
	陈少锋	福建农林大学	本科	
	陈燕素	福建师范大学协和学院	本科	
	陈少斌	仰恩大学	本科	
	陈秀丹	厦门理工学院	本科	
	陈红梅	厦门理工学院	本科	
	陈飞轩	漳州教育学院	大专	
	陈雄雁	福州黎明职业技术学院	大专	
	陈聪惠	交通职业技术学院	大专	
	陈小燕	漳州医学护理学院	大专	
	陈梅凤			
6组 宅角	陈景明	北京化工大学	本科	
	陈景淑	南京工业大学	本科	
	陈莉	福建师范大学	本科	
	陈海霞	集美大学航海学院	本科	
	陈海英	福建警官职业学院	大专	
	陈彦铭	厦门广播电视大学	大专	
	陈少婷	漳州医学护理学院	大专	
	陈幼梅	漳州职业技术学院	大专	
7组 前厝角	陈小萍	南开大学	本科	
	陈俊亮	福建农林大学	本科	
	陈鹏	福建中医药大学	本科	
8组 后厝	惠欣	厦门科技学院（原厦门人文学院）		
	连彩虹	福建农林大学东方学院	本科	

（续）

角落（组别）	姓名	就读学校	学历	备注
	陈淑真	厦门理工学院	本科	
	雅 玲	厦门华厦职业学院	大专	
	玲 萍	漳州医学护理学院	大专	
9组	陈丁楷	同济大学	本科	
	陈丽玲	厦门广播电视大学	大专	
	陈小云	厦门广播电视大学	大专	
	陈桂香	福建对外经济贸易职业技术学院	大专	
10组	黄维巍	华北科技学院	本科	
	黄景松	厦门理工学院	本科	
	黄惠娟	厦门理工学院	本科	
	黄世兴	厦门广播电视大学	大专	
	黄毅雄	福州商业高等专科学校	大专	

西亭社区2006年高考入学的大学生名录

角落（组别）	姓名	就读学校	学历	备注
2组 郭厝	陈欧阳舜	北京邮电大学	本科	
	陈杏福	泉州师范学院	本科	
	陈逸君	厦门大学嘉庚学院	本科	
	陈明传	厦门南洋职业学院	大专	
	陈翠芬	福建林业职业技术学院	大专	
	陈素娟	厦门兴才职业技术学院	大专	
3组 庵后	陈艺辉	北京邮电大学	本科	
	陈禄军	仰恩大学	本科	
	陈丽静	福州大学阳光学院	本科	
	陈友成	厦门理工学院	本科	
	陈宝忠	福建交通职业技术学院	大专	
4组	黄小莉	福建农林大学东方学院	本科	
	黄小夏	厦门城市职业学院	大专	

（续）

角落（组别）	姓名	就读学校	学历	备注
	黄婷婷	厦门城市职业学院	大专	
	黄姝丹	福建生物工程技术学院	大专	
5组 三落角	陈聪耀	福建医科大学	本科	
	陈艺斌	福建政法管理干部学院	大专	
6组 宅角	陈美林	福州大学	本科	
	陈小燕	厦门理工学院	本科	
7组 前厝角	陈雪雅	福州大学	本科	
	陈韡景	厦门理工学院	本科	
	陈彬彬	厦门华厦职业学院	大专	
8组 后厝	陈雍坚	厦门华厦职业学院	大专	
9组	陈贵妙	福建师范大学	本科	
	黄维雅	厦门大学嘉庚学院	本科	
	陈航永	厦门理工学院		
	陈小惠	漳州职业技术学院	大专	
	陈巧霜	厦门兴才职业技术学院	大专	
10组	黄露停	湖北襄樊学院	本科	
11组	吴博闻	集美大学	本科	
	陈少松	厦门理工学院	本科	
	陈惠丹	厦门理工学院	本科	
	陈秀玲	集美大学诚毅学院	本科	
12组	陈伟敏	福建农林大学	本科	
	陈辉聪	福建师范学校	大专	
	陈妙雅	漳州职业技术学院	大专	
13组	陈远鹏	厦门城市职业学院	大专	
14组	冯 靖	中国政法大学	本科	

西亭社区2007年高考入学的大学生及研究生名录

角落（组别）	姓名	就读学校	学历	备注
1组	陈志龙	福州大学	本科	
2组 郭厝	陈少伟	厦门大学	本科	
	陈玲燕	集美大学诚毅学院	本科	
	陈惠珊	厦门城市职业学院	大专	
	陈姗姗	福州职业技术学院	大专	
	陈紫薇	长沙航空职业技术学院	大专	
3组 庵后	陈锡彬	北京大学	研究生	
	陈鹭江	福建师范大学	本科	
	陈素珍	集美大学诚毅学院	本科	
	陈绿樱	泉州师范学院	大专	
	陈碧海	厦门城市职业学院	大专	
	陈艺松	厦门华厦职业学院	大专	
4组	黄珊珊	福建政法管理干部学院	大专	
	黄小芬	厦门华厦职业学院	大专	
	黄建福	漳州职业技术学院	大专	
5组 三落角	陈少伟	西安交通大学	本科	
	陈晓伟	福建师范大学	本科	
	陈 琳	福建警察学院	本科	
	陈小珊	福州外语外贸职业技术学院	大专	
6组 宅角	陈志君	兰州大学	本科	
	陈 丹	集美大学诚毅学院	本科	
	陈景佳	集美大学诚毅学院	本科	
	陈景亮	厦门兴才职业技术学院	大专	
7组 前厝角	陈雪华	福建中医学院	本科	
	陈亚兰	福建农林大学	本科	
	陈莹莹	厦门理工学院	本科	
	陈鹭琳	集美大学诚毅学院	本科	
	陈晓珊	福建师范大学闽南科技学院	本科	

（续）

角落（组别）	姓名	就读学校	学历	备注
	陈玉梅	厦门软件职业技术学院	大专	
	陈 雅	厦门华厦职业学院	大专	
	陈亚璇	福建财会管理干部学院	大专	
	陈亚蜜	漳州城市职业技术学院	大专	
	陈凯玲	武汉科技学院	大专	
9组	陈一郎	福建农林大学东方学院	本科	
	陈登福	厦门理工学院	本科	
	陈雅倩	厦门理工学院	本科	
	陈永春	武夷学院	大专	
	陈双滨	泉州医学高等专科学校	大专	
	陈淑娟	漳州职业技术学院	大专	
10组	黄 维	厦门理工学院	本科	
	黄维茵	集美大学诚毅学院	本科	
11组	陈少柏	厦门理工学院	本科	
12组	陈雅明	厦门理工学院	本科	
15组	陈家成	集美大学诚毅学院	本科	
	陈泉宏	福建师范大学闽南科技学院	本科	
16组	陈玉真	龙岩学院	本科	
	陈燕婷	福建经济管理干部学院	大专	
18组	黄梅雪	厦门理工学院		

西亭社区2008年高考入学的大学生及研究生名录

角落（组别）	姓名	就读学校	学历	备注
2组 郭厝	陈德武	厦门大学嘉庚学院	本科	
	陈岳龙	厦门理工学院	本科	
	陈伟婷	福建农业职业技术学院	大专	
	陈美贵	厦门华天涉外职业技术学院	大专	

（续）

角落（组别）	姓名	就读学校	学历	备注
3组 庵后	陈丽清	厦门理工学院	本科	
	陈秀妹	闽北职业技术学院	大专	
4组	黄宏伟	厦门理工学院	本科	
5组 三落角	陈义权	厦门理工学院	本科	
	陈钰淑	福建教育学院	本科	
6组 宅角	陈丽松	华侨大学	本科	
7组 前厝角	陈俊良	厦门理工学院	本科	
	陈锟	福建电力职业技术学院	大专	
8组 后厝	陈婷	厦门大学	研究生	
	陈毅滨	厦门理工学院	本科	
	陈国君	厦门理工学院	大专	
	陈雪琼	三明学院	大专	
	陈淑婵	闽北职业技术学院	大专	
	陈雪湘	闽西职业技术学院	大专	
9组	陈静怡	厦门城市职业学院	大专	
	陈巧敏	厦门城市职业学院	大专	
	陈小兰	厦门城市职业学院	大专	
	陈文风	福建电力职业技术学院	大专	
10组	黄伟婷	福建师范大学	本科	
	黄燕妮			
11组	陈辉峰	厦门理工学院	本科	
12组	陈少斌	厦门理工学院	大专	
14组	陈友成	厦门理工学院	本科	
15组	陈小丹			
16组	陈少聪	福州大学	本科	
	陈继成	泉州黎明大学	大专	
17组	陈尧奇	华侨大学	本科	
18组	黄全新	厦门理工学院	本科	

（续）

角落（组别）	姓名	就读学校	学历	备注
19组	陈志民	厦门理工学院	本科	
	黄景怀	福建师范大学协和学院	本科	

西亭社区2009年高考入学的大学生及研究生名录

角落（组别）	姓名	就读学校	学历	备注
1组	黄俊虎	闽南理工学院	大专	
	陈彩云	厦门华厦职业学院	大专	
2组 郭厝	陈智健	大连医科大学中山学院	本科	
	陈倩倩	泉州医学高等专科学校	大专	
	陈小颖	福建电力职业技术学院	大专	
	陈进财	宁德高等师范专科学校	大专	
4组	黄彬彬	福建师范大学	本科	
	黄 楠	莆田学院	本科	
	黄志勤	福建体育职业技术学院	大专	
	黄辉煌	湄洲湾职业技术学院	大专	
	黄子龙	漳州职业技术学院	大专	
	黄小洲	北京自修大学	大专	
	黄俊雄	留学		
5组 三落角	陈 赟	厦门大学	研究生	
	陈小香	厦门软件学院	大专	
6组 宅角	陈 莉	中国科学院南海海洋研究所	研究生	
	陈景容	福建农林大学	研究生	
7组 前厝角	陈竞雄	福建农林大学	研究生	
	陈巧灵	桂林电子科技大学	本科	
	陈雪萍	福建师范大学闽南科技学院	本科	
	陈婷婷	福建师范大学闽南科技学院	本科	
	陈剑鹭	福建电力职业技术学院	大专	
	陈文涛	留学		

（续）

角落（组别）	姓名	就读学校	学历	备注
8组后厝	陈媛园	福建师范大学闽南科技学院	本科	
	陈伟兵	湄洲湾职业技术学院	大专	
9组	陈丁楷	同济大学	研究生	
	陈秀丽	福建师范大学闽南科技学院	本科	
	陈维维	集美大学诚毅学院	本科	
	陈月华	厦门软件学院	大专	
	陈晓瑶	武夷山职业学院	大专	
	陈静雅	三明学院		
10组	黄舒婷	集美大学	大专	
11组	陈炳祥	福建师范大学协和学院	本科	
	陈成福	闽南理工学院	大专	
14组	陈发进	厦门理工学院	本科	
	陈雪萍	福建师范大学闽南科技学院	本科	
15组	陈小丹	厦门大学嘉庚学院	本科	
	陈小龙	厦门理工学院	本科	
	陈宗兴	福建工程学院	本科	
	陈小栋	泉州师范学院	本科	
	陈小莉	厦门华天涉外职业技术学院	大专	
	陈小强	漳州职业技术学院	大专	
16组	陈燕红	漳州师范学院	本科	
	陈丽惠	莆田学院	本科	
	陈欣怡	福建对外经济贸易职业技术学院	大专	
18组	黄艳茹	厦门医学高等专科学校	本科	
	黄金达	漳州职业技术学院	本科	
19组	陈琳	广州南大理工学校	大专	

西亭社区2010年高考入学的大学生及研究生名录

角落（组别）	姓名	就读学校	学历	备注
2组 郭厝	陈静怡	福建师范大学	本科	
	陈进宝	厦门理工学院	本科	
	陈富阳	集美大学诚毅学院	本科	
	陈志聪			
	陈佩佩	三明学院	本科	
	陈龙斌	集美大学海外教育学院	本科	
	陈淑真	厦门南洋职业学院	大专	
3组 庵后	陈艺辉	北京邮电大学	研究生	
	陈碧琦	东南大学	本科	
4组	黄俊雄	湄洲湾职业技术学院	大专	
5组 三落角	陈 滢	厦门华厦职业学院	大专	
6组 宅角	陈美林	天津外国语大学	研究生	
	陈慧萍	厦门理工学院	本科	
	陈志扬	福州职业技术学院	大专	
7组 前厝角	陈新荃	上海交通大学	本科	
	陈世东	四川音乐学院	本科	
	陈嘉鑫	厦门理工学院	本科	
	陈俊颖	漳州师范学院	本科	
	陈小涛	泉州师范学院	本科	
	陈剑茵	福建师范大学福清分校	本科	
	陈雪锦	福建师范大学闽南科技学院	本科	
	陈文涛	漳州城市职业技术学院	大专	
	陈夏玲	漳州天福茶职业技术学院	大专	
8组 后厝	陈小倩	安徽工程大学	本科	
	陈邵荣	福建江夏学院	大专	
9组	陈贵妙	福建师范大学	研究生	
	陈毅禄	莆田学院	大专	

（续）

角落（组别）	姓名	就读学校	学历	备注
	陈小娇	福建林业职业技术学院	大专	
	陈泽良	泉州信息职业技术学院	大专	
12组	陈跃彬	福建工程学院	大专	
16组	陈燕妹	福建师范大学	本科	
	陈冰兵	华侨大学厦门工学院	本科	
官任	陈慧强	厦门大学嘉庚学院	本科	
	陈智翔	福州大学至诚学院	本科	
官任	陈福成	福建广播电视大学	本科	
	陈艺苗	漳州城市职业技术学院	大专	
	陈小媚	漳州卫生职业技术学校	大专	

西亭社区2011年高考入学的大学生名录

角落（组别）	姓名	就读学校	学历	备注
1组	陈贵泉			
2组 郭厝	陈明结	天津工业大学	本科	
4组	黄江文	湄洲湾职业技术学院	大专	
5组 三落角	陈淑玲	福建农林大学东方学院	本科	
	陈小宝	厦门技师学院	大专	
6组 宅角	陈彦亭	大连理工大学现代远程教育学院	大专	
	陈凯悦	泉州轻工职业学院	大专	
7组 前厝角	王陈颖	福州外语外贸学院	大专	
8组 后厝	陈惠娟	厦门华天涉外职业技术学院	大专	
9组	陈钦悦	福建农林大学金山学院	本科	
	陈仲煜	福建水利电力职业技术学院	大专	

（续）

角落（组别）	姓名	就读学校	学历	备注
	陈纪鹏	厦门华厦职业学院	大专	
	陈婷婷	厦门软件职业技术学院	大专	
11组	陈　颖	龙岩学院	本科	
12组	陈雅雯	福州大学与阳光学院	本科	
15组	陈晓斌	福建师范大学协和学院	本科	
16组	陈燕婷	福建农林大学东方学院	本科	
	陈雅丽	漳州卫生职业技术学校	大专	
18组	黄建商	南京师范大学	本科	
	黄冠阳	厦门理工学院	本科	
	黄跃梅	漳州职业技术学院	大专	
	黄雅文	厦门软件职业技术学院	大专	

西亭社区2012年高考入学的大学生名录

角落（组别）	姓名	就读学校	学历	备注
2组 郭厝	陈欣怡	漳州城市职业学院	大专	
3组 庵后	陈欣临	福建师范大学闽南科技学院	本科	
	陈巧真	厦门城市职业学院	大专	
	陈幼玲	厦门城市职业学院	大专	
	陈静冰	厦门海洋职业技术学院	大专	
5组 三落角	陈　萍	福州大学阳光学院	本科	
	陈　洋	泉州理工职业学院	大专	
7组 前厝角	陈世南	江西科技学院	大专	
8组 后厝	陈淑芬	福州大学	本科	
11组	陈慧珊	集美大学诚毅学院	本科	
	陈成福	武夷学院	本科	

（续）

角落（组别）	姓名	就读学校	学历	备注
12组	韦辉阳	北京理工大学宇航学院	本科	
15组	陈小栋	武夷学院	本科	
	陈　诗	福建卫生职业技术学院	大专	
16组	陈　一	中山大学	本科	
	陈欣怡	泉州师范学院	大专	
	陈怡玲	厦门城市职业学院	大专	
	陈雅欣	漳州城市职业学院	大专	
	陈晓婷	漳州城市职业学院	大专	
官任	陈桂泉	福建中医药大学	本科	
	陈相成	厦门华厦职业技术学院	大专	
	叶淑娜	泉州理工职业学院	大专	

西亭社区2013年高考入学的大学生名录

角落（组别）	姓名	就读学校	学历	备注
2组 郭盾	陈晶晶	闽南职业技术学院	大专	
3组 庵后	陈思洁	厦门城市职业学院	大专	
5组 三落角	陈雅芳	福建师范大学	本科	
	陈慧晶	武夷学院	本科	
	黄艺萍	宁德师范学院	本科	
7组 前盾角	陈翔宇	闽南师范大学	本科	
	陈美燕	福建卫生职业技术学院	大专	
8组 后盾	陈嘉辉	闽南师范大学	本科	
	刘玉红	福州大学阳光学院	本科	
	陈莹莹	福建师范大学闽南科技学院	本科	
	连惠燕	厦门城市职业学院	大专	
	陈松松	厦门城市职业学院	大专	

（续）

角落（组别）	姓名	就读学校	学历	备注
9组	吴雅琪	福建农林大学金山学院	本科	
10组	黄舒凯	厦门大学	本科	
	黄卫航	宁德师范学院	本科	
11组	陈　敏	厦门理工学院	本科	
	陈政耀	太原师范学院	本科	
13组	陈丽雅	福建师范大学协和学院	本科	
	陈　虹	福建生物工程职业学院	大专	
16组	陈艳艳	福建师范大学	本科	
	陈丽丽	厦门理工学院	本科	
	陈　鹭	湖南财政经济学院	本科	
19组	陈冬育	华侨大学	本科	
	陈婷婷	闽南师范大学	本科	

西亭社区2014年高考入学的大学生及研究生名录

角落（组别）	姓名	就读学校	学历	备注
1组	陈志勋	龙岩学院	本科	
	陈华源	福建师范大学闽南科技学院	本科	
	陈雅婷	厦门理工学院	大专	
2组 郭厝	陈俊升	闽南师范大学	本科	
3组 庵后	黄月纯	集美大学诚毅学院	本科	
	陈丽婷	闽南师范大学	大专	
5组 三落角	陈泽宇	福建师范大学	本科	
	陈思彬	河南理工大学	本科	
6组 宅角	陈惠燕	厦门城市职业学院	大专	
	陈彦慧	福州软件职业技术学院	大专	

（续）

角落(组别)	姓名	就读学校	学历	备注
7组前厝角	陈新荃	中国科学院大学	研究生	
	陈俊松	福建医科大学	本科	
	陈 芳	福州外语外贸学院	本科	
	陈舒怀	宁波职业技术学院	大专	
	陈 臻	闽西职业技术学院	大专	
8组后厝	陈巧萍	安徽医科大学	本科	
	何陈隆	集美大学	本科	
	连远德	厦门理工学院	本科	
	陈江垠	厦门理工学院	本科	
	陈雅真	泉州幼儿师范高等专科学校	大专	
9组	陈凯伦	福建师范大学闽南科技学院	本科	
	陈伟城	厦门城市职业学院	大专	
	陈少岳	厦门海洋职业技术学院	大专	
	陈 昕	厦门安防科技职业学院	大专	
10组	黄 艳	厦门理工学院	本科	
11组	陈雅倩	福建师范大学协和学院	本科	
	陈慧萍	泉州幼儿师范高等专科学校	大专	
12组	陈世云	福州幼儿师范高等专科学校	大专	
16组	陈佳荧	华东政法大学	本科	
	陈艺辉	厦门理工学院	本科	
19组	陈建聪	厦门城市职业学院	大专	

西亭社区2015年高考入学的大学生及研究生名录

角落(组别)	姓名	就读学校	学历	备注
1组	陈锡守	华侨大学	本科	
	陈佳珺	中国文化大学	本科	

(续)

角落（组别）	姓名	就读学校	学历	备注
2组 郭厝	陈若馨	福建江夏学院	本科	
	陈宇祥	三明学院	本科	
	陈 欣	福建师范大学闽南科技学院	本科	
	陈世迪	厦门海洋职业技术学院	大专	
	陈巧玲	泉州黎明职业大学	大专	
3组 庵后	陈家威	厦门理工学院	本科	
	陈耀庭	厦门理工学院	本科	
4组	黄润州	北京大学	本科	
	黄 鑫	厦门医学高等专科学校	大专	
5组 三落角	陈 馨	三明学院	本科	
	陈雅雯	厦门高级技工学院	大专	
6组 宅角	陈燕燕	福建农林大学东方学院	本科	
	张佳欣	福州外语外贸学院	本科	
	陈毅鹏	厦门软件职业技术学院	大专	
7组 前厝角	陈文文	华侨大学	本科	
	陈 逸	天津职业技术师范学院	本科	
	陈佳璐	漳州卫生职业学院	大专	
	陈世鹏	泉州工艺美术职业学院	大专	
	陈小玲	湄洲湾职业技术学院	大专	
	陈 莹	厦门南洋职业学院	大专	
8组 后厝	陈伟评	福州大学至诚学院	本科	
9组	陈 鹭	上海外国语大学	本科	
	陈 静	厦门大学嘉庚学院	本科	
	陈佳秀	厦门医学高等专科学校	大专	
	陈福连	厦门海洋职业技术学院	大专	
11组	吴博闻	华侨大学	研究生	
	陈政扬	北京理工大学	本科	

（续）

角落(组别)	姓名	就读学校	学历	备注
12	陈雨晴	厦门城市职业学院	大专	
13组	陈晓嫱	闽南师范大学	本科	
16组	陈妤	北京外国语大学	本科	
	陈茜	福建工程学院	本科	
	陈丽君	厦门理工学院	本科	
	陈景堃	厦门理工学院	本科	
	陈本钧	厦门城市职业学院	大专	
18组	黄君明	厦门工学院	本科	

西亭社区2016年高考入学的大学生及研究生名录

角落(组别)	姓名	就读学校	学历	备注
1组	陈格平	东北大学	本科	
3组庵后	陈欣凯	华侨大学	本科	
	林艳婷	福建师范大学协和学院	本科	
	陈凯鹏	厦门海洋职业技术学院	大专	
5组三落角	陈艺帆	厦门理工学院	本科	
	陈春艳	武夷学院	本科	
6组宅角	陈伯建	麻省理工学院	本科	
	陈弘量	厦门大学嘉庚学院	本科	
7组前厝角	陈嘉铭	福建信息职业技术学院	大专	
	陈宇	福建农业职业技术学院	大专	
8组后厝	陈玉鹭	厦门理工学院	本科	
	陈琳琳	福建师范大学协和学院	本科	
9组	陈雅雯	闽南理工学院	本科	
	陈雨涵	泉州黎明职业大学	大专	
11组	陈翔	湖南科技大学	本科	
15组	陈奕滢	大连外国语大学	本科	

(续)

角落（组别）	姓名	就读学校	学历	备注
16组	陈 一	中国人民大学	研究生	
	韦辉阳	北京理工大学	研究生	
	陈欣蕾	福建师范大学	本科	
	陈新宇	福建农林大学	本科	
	巫雯琦	仰恩大学	本科	
	陈 云	闽南理工学院	本科	
	叶德安	厦门城市职业学院	本科	
	陈智森	漳州理工职业学院	本科	

西亭社区2017年高考入学的大学生及研究生名单

角落（组别）	姓名	就读学校	学历	备注
2组	陈晓缘	漳州城市职业学院	大专	
6组	陈璟娴	武汉理工大学	本一	
8组	陈逸昕	厦门大学马来西亚分校	本一	
	陈家宏	集美大学	本一	
	陈洁怡	吉林大学珠海学院	本二	
9组	陈依晴	福建师范大学福清校区	本二	
	陈鸿铭	厦门工学院	大专	
11组	陈慧军	厦门大学	本一	
14组	黄锦茹	天津工业大学	本一	
朝旭路	陈晓凡	厦门大学马来西亚分校	本一	
	陈钰珏	上海外国语大学211（保送）	本一	
	陈景煌	厦门理工学院	本一	
	陈彗雅	泉州师范学院	大专	
	陈源平	泉州经贸职业技术学院慈山分院	大专	
官任路	陈婷婷	厦门大学马来西亚分校	硕士生	
	陈冬妍	集美大学	本一	

（续）

角落（组别）	姓名	就读学校	学历	备注
上官路	陈桂泉	福建中医大学	硕士生	
	陈逸思	泉州信息工程学院	本二	
	黄扬	泉州信息工程学院	本二	
	黄天宇	福建水利电力职业技术学院	大专	
下官路	叶思贤	东北师范大学	本一	
妈祖路	陈颖萱	黎明职业大学	大专	
颖川路	陈琪	福建师范大学	本二	
郭厝	陈劲泓	宁夏理工学院	本二	
	陈小露	厦门华天涉外专业技术学院	大专	
后山路	陈翔宇	泉州信息工程学院	本二	
思明区莲岳里66号405室	陈睿彬	芝加哥艺术学院	本一	

西亭社区2018年高考入学的大学生及研究生名单

角落（组别）	姓名	就读学校	学历	备注
1组	陈雅杰	厦门工学院	本二	
5组	陈怡	齐齐哈尔大学	本二	
	陈晓雅	福建师范大学协和学院	本二	
7组	陈越	华北电力大学	本一	
	陈永煜	福建农林大学	本一	
	陈靖瑜	厦门工学院	本二	
	陈翔	集美职业技术学校	大专	
8组	陈心怡	厦门软件职业技术学院	大专	
	陈巧敏	工商旅游学院	大专	
9组	陈艺庭	海峡商贸学院	本二	
	陈巧玲	泉州理工职业学院	大专	
10组	黄维钦	厦门工学院	本二	

（续）

角落（组别）	姓名	就读学校	学历	备注
11组	陈政耀	吉林华侨外国语学院	硕士生	
11组	黄毅龙	龙岩学院	本二	
11组	陈 颖	工商旅游学院	大专	
13组	陈伟鹏	信息与智能机电学院	大专	
14组	陈宗涛	厦门理工学院	本一	
16组	魏震君	中南大学	本一	
17组	陈志超	漳州理工职业学院	大专	
18组	黄来明	美国加州大学——伯克利	本一	到香港参加美国考试卷，美国直接录取
	黄若岚	福州外语外贸学院	本二	
上店	黄冬奕	四川音乐学院	本一	
颖川路181号	苏艺	云南大学	本二	
朝旭路306号	张佳丽	福建商学院	大专	
湖内	陈欣隆	福建农林大学金山学院	本二	

第六章 人物

一、人物传略

陈增保

陈增保公，字茂传，号应运，又号达明。陈氏属漳州南院派的殿前支派，陈增保为南院殿前派二十六世，为陈兰公次子（兰公有翁保、增保、杰保三子）。《新嘉坡颍川公所十六周年纪念特刊》[1]第七章《族谱》记载：店前派二十六世增保公分灌口西亭。据传，明朝时期，陈增保从殿前迁居杏林，始居大社，于此开发繁衍，被视为西亭陈姓始祖、开基祖。

此后，陈氏人丁兴旺，繁衍迅速，子孙分居大社、庵后、郭厝、官任、湖内、桐林各地。据南院后裔迁台第九世、台北陈世坚所持家传族谱记载，陈增保公"神主在祖祠，墓在沾头山（一载沼头山），分居前厝，建祠西官浔，正月十五日及冬至作三房祭祀"。育有三子：长子德昌、次子街昌、三子世昌。

长子德昌，一说官居督粮道（存疑），德昌之后世居大社；次子街昌、三子世昌从大社移居郭厝。"文革"中被毁、1994年重建的郭厝陈氏宗祠"孝思堂"至今仍供奉有始祖陈公街昌、三房祖陈公世昌的牌位。其中，街昌公无后，世昌公入赘郭家而未改姓，故郭厝后来并无郭姓。后增保公五世孙、世昌公重孙遗安迁居湖内，被奉为湖内始祖。

陈朝初

约生于清咸丰三年（1853），卒年不详，泉州府同安县安仁里十四都连厝保西亭乡后厝人（今西亭村）。

---

[1] 即《陈氏族谱》。

陈朝初自幼家贫，清光绪三年（1877），偕族亲陈银链、陈虎狮南渡缅甸仰光谋生。兄弟三人勤俭持家，从店员杂工做起，稍有积累之后，便联合创办"永茂"商号，从事胶园经营、玉石开采等。在他们的精心经营下，"永茂"很快发展成为包括仰光主店、新彪遵分店、仁安羌分店等三家分公司在内的远近闻名的商号。陈朝初因年龄稍长，主要负责仰光主店事务。陈朝初交游甚广，与时缅甸侨商徐赞周、庄银安等皆过从甚密，其为人性极纯厚，专以排难解纷、济困扶危为己任，埠中人士无不以善人目之，在缅甸侨界深孚众望。

陈朝初虽身在异国，却心系中华。究心商业之外，他还重视教育，乐谋国事，积极支持中国旧民主主义革命，凡事关祖国，向其募捐，无不慷慨解囊。

甲午战争后，孙中山倡革命。胡汉民、汪精卫相率入仰，帮助筹备组织中国同盟会分会。清光绪三十四年（1908），缅甸中国同盟会宣告成立，年近花甲的陈朝初深受感召，欣然入会，投身革命，与徐赞周朝夕策画，入会底号为2286。时缅甸中国同盟会以益商学校作为机关所在地，益商学校由徐赞周于1905年创办，陈朝初与魏声亩、庄银安等十二人皆为该校董事。益商学校表面上标榜开通民智，实际是革命党人秘密议事之机构，学校办学经费常年不敷，幸有众多华侨捐资助学，其中，逐年经费担负最多者，首推陈朝初。民国成立以后，益商学校改名为中华共和学校，陈朝初与陈甘敏、徐赞周、雷荣南为学校创办人。

1911年1月，陈朝初与徐赞周等发起成立缅甸华侨兴商公司，后改为缅甸华侨兴商总会，作为同盟会缅甸分会的后盾，团结广大华商，支持祖国革命。武昌革命爆发后，为筹募大量军费，支持国内的辛亥革命，1911年10月11日，缅甸同盟会在仰光成立筹饷局（亦称"囚粮局"），陈朝初等人任筹饷局财政，协助徐赞周悉心筹画，至1912年，他还担任缅甸中国同盟会财政科科员一职，积极参加同盟会活动。当时，在筹饷局的呼吁和筹划下，缅甸广大侨胞无视清政府驻缅甸领事没收华侨财产的严重威胁，不分民族、乡土之别，团结一心，大家积极捐款捐物，表现出无比的爱国热忱，筹饷局一个月之内募得捐款四十万缅盾，直接寄往革命军政府，以极大的财力、人力和物力支持祖国的光复大业，为辛亥革命的成功和推翻满清政府做出不可磨灭的贡献。陈朝初不仅宣传得力，还慷慨解囊，带头输捐，其一人输财赞助国内革命之需，就以万盾计，其眷恋故土、热心革命，堪为楷模。

陈银链

陈银链，生于清咸丰五年（1855），卒于1927年4月27日，享年七十二岁。泉州府同安县安仁里十四都连厝保西亭乡后厝人。西亭学校校主。

陈银链生长在海边的小渔村，自小就有极强的求知欲，曾在乡镇私塾书馆上学，通过学习《三字经》《千字文》等启蒙性的古文，对"仁义礼智信"的处世为人之道有较深的理解和体会。他对社会公益之事极为关心，少时经常就村里大小村务向乡里长老建言献策，虽童言稚语，却有一定的见识，因此被村人亲切地称为"憨链"。光绪三年（1877），受"下南洋"风气影响，陈银链随乡人南渡缅甸，勤勉创业，与族兄弟陈朝初、陈虎狮联合开创"永茂"商号，从事胶园种植、胶片购销和矿产开采等行业，逐渐发展成为当地华人巨商。

陈银链二十二岁与郭厝女子郭朝专成婚，婚后育有剪绒、奉还二女。赴缅后先后又育二男：长男雨沛、次男启隆。郭氏过世后，续娶缅甸当地女子妈渺、妈孟，继育有三男二女，即三女金蓉、四女金莲、三男启恭、四男松柏、五男继志。

（一）勇闯南洋，经商致富

闽南人历来有到海外谋生的传统。由于地理上的关系，闽南人到海外谋生主要集中在东南亚一带。西亭地处杏林湾内之半岛，三面环海，村民多以讨海或海涂养殖为生，粮食产量严重不足，海田所得不足以果腹。加之清末民初，闽南一带军阀混战、土匪滋扰，社会动荡，民不聊生。而与此同时，南洋各国始于19世纪下半叶的大规模开发，如矿山、铁路以及种植园等的建设或设立，急需大批劳力。因此，包括西亭人在内的大批同安人互相提携，南渡谋生。

根据西亭村里老人介绍，西亭人"下南洋"的目标地主要集中在缅甸、印尼、马来西亚等国。与闽南多数村庄一样，西亭村也有不少"番客"，其中尤以"仰光客"为多。19世纪40-50年代，已有厦门人前往缅甸经商或定居。19世纪70-90年代，由于厦门至仰光的轮船开航，前往缅甸变得更为便捷，于是乎移民缅甸者也愈众。根据赖特·阿诺德（Wright Arnold）*Twentieth Century Impressions of Burma: Its History, People, Commerce, Industries, and Resources* 一书的记载，当时仰光与中国有固定的海上航班，且航班数量一直增加，故而华侨人数迅速增长。单是厦门籍华侨林振宗经营的航运公司就有"双美""双春""双安""双国"等轮船往返于仰光与厦门、汕头、香港、新加坡之间。每趟航程均能从厦门、汕头带走两千个苦力。

陈银链早年南下缅甸谋生，趁的就是这次移民潮。

1877年，陈银链与陈朝初、陈虎狮结伴从官任村出发，搭乘三桅木帆船，经过长达半年的漂渡，冒死冲过七洲洋险域，历尽艰辛抵达缅甸仰光。初至缅甸，陈银链先寄居于百尺路殿前村旧友陈天赐之兄陈宗信创建的"永会发"公司，不但在店里当店员做杂工，有时还要到种植园从事树胶种植工作。

陈银链做事踏实认真，能吃苦耐劳，从小就有着不一般的经商天赋。生长在海边的他从小就在风浪中锻炼成长，家庭经济贫困，他常常与村里的小伙伴一起讨小海，抓点小鱼小虾，做成油炸虾饼、蚵煎等小吃，向来往的客人兜售，以贴补家用。到缅甸后，他更加认真肯干，加之天资聪颖，又勤学肯问，很快就积累了丰富的工作经验并小有积蓄。

当时，正值英国殖民主义者与印度之间爆发争夺缅甸的战争，时局较为混乱，土地收购较为方便，见此情景，陈银链抓住时机，当机立断，以历年积攒下来的工资为本钱，和陈朝初、陈虎狮合作，在仰光市开创"永茂"商号，投资发展胶园种植、初生态胶片的购销以及锡、玉石等矿产的开采。在他们的勤勉经营下，"永茂"商号很快就走上正轨，生意也日有起色。不久之后，又在曼德勒市的新彪遵和仁安羌开设分店，加上原来的总店，由三个合伙人分别掌管。其中，陈银链主要分管新彪遵分店的业务。就这样，一穷二白的陈银链，靠着自己的勤劳坚韧和聪明才智，终于在缅甸站稳脚跟，并逐渐融入当地。

陈银链等人善于在时局中寻觅商机。1914年，第一次世界大战爆发，橡胶、锡矿砂等战争商品需求量剧增，价格飞腾，他把握机遇，在缅甸毛淡棉附近不断扩大橡胶园种植面积，大力发展橡胶种植。经过多年的努力，"永茂"商号生意越做越大，逐渐发展成为在缅甸开设有近四十家分店的大公司，公司旗下拥有橡胶园一千一百英亩，相当于鼓浪屿面积的三倍，种植胶树十二万株，日产胶乳达两千磅（约一千公斤），全园创值高达两百多万盾（印币），获利甚丰，成为当地远近闻名的华人巨商。

一战结束后，胶价接连下跌，加之受世界经济危机的影响，且公司经营缺乏科学管理人才，又时常受各缅邦势力恫吓勒索、当地土著排挤、赖账等，公司于1960年1月收盘告终。

(二) 根叶情深，魂系祖国

晚清末年，内忧外患，中华民族到了危亡之际。华侨因身处海外、遭遇种族歧视，更能深切感受到祖国富强对自身地位的直接影响，因此，在孙中山领导的以推翻封建帝制、建立资产阶级民主共和国家为主要目的的辛亥革命中，华侨成为最早觉醒的力量，在反帝、反清斗争中，他们纷纷捐资捐物支持革命，在辛亥革命史上留下光辉的一页。陈银链虽常年生活在异邦，但始终不忘关心祖国，他在创业伊始、资金尚不十分宽裕的情形下，仍积极带头捐献白银一万两，用以资助共和革命，在旅缅华侨中起到了重要的首发推动作用，因功勋显著，获颁共和国爱国陆级银质奖章和奖状。

身居海外的华人华侨均十分重视中华语言文字的传承，陈银链也不例外。20世纪初期，为了培养后辈爱国爱乡的热情，排除殖民主义教育残毒，他毅然决定将年轻一辈送回国内，先后在厦门的私立集美学校、同文书院、养元小学、慈勤女子中小学等校接受华文教育。为了给晚辈们创造良好的学习氛围，也使其父母免除后顾之忧，陈银链还特地与时居鼓浪屿的旅缅华侨陈春水、苏四海、林宗礼、陈吉兆等人取得联系，在鼓浪屿黄家渡滨海地带购房集居。对于这些回国求学的孩子，陈银链均给予无微不至的安排，不仅亲自以书信训示，教诲不断，还指派返厦疗养的长子陈雨沛担任监护人，贴身照顾孩子们的饮食起居，及时向在缅甸的家长汇报情况，在厦的诸位宗亲叔伯，也不时前来探视，督促学习。

村民回忆，虽然因为种种条件的限制，陈银链自下南洋后未能时常亲自回乡省亲，但始终对家乡怀有深深的眷恋之情，也许是出于日后叶落归根的考虑，也许是希望后代能够长留家乡、不再漂泊，他在西亭村还留有一幢二层小楼（图6-1、图6-2）。据门口两侧壁画题款，此楼建于光绪三十年（1904，甲辰）。解放后，陈家亲人陈金珍女士由鼓浪屿返乡，房子曾由其居住代管。

图6-1　陈银链的二层小楼

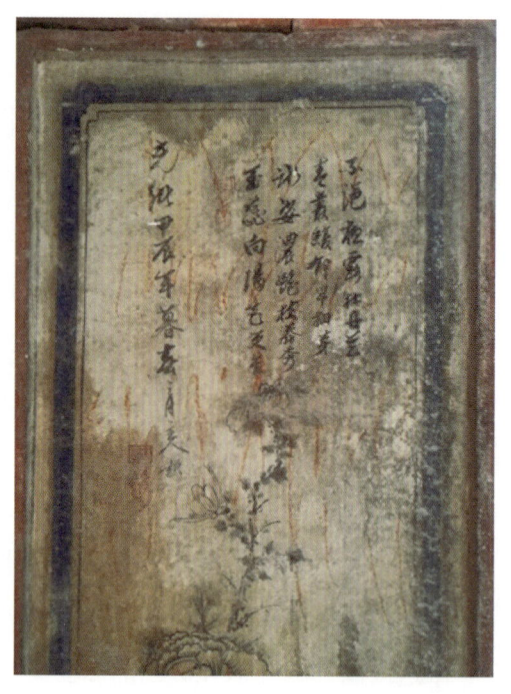

图6-2　陈银链的二层小楼侧墙上的画及题款：光绪甲辰年暮春三月主人题

(三) 慷慨捐资,兴学报国

陈银链热心家乡教育事业,民国十年(1921),他在缅甸呼吁西亭旅缅乡亲捐资兴办西亭学校(小学),设立西亭学校董事会。

陈银链的捐资兴学源于他的爱国爱乡情怀。"国家之富强,全在乎国民。国民之发展,全在乎教育",陈嘉庚把教育提高到救国图强的高度,实际上,这是包括陈银链在内的广大海外华侨的共识,他们将教育视为自己应尽的职责。而陈嘉庚重义轻利的思想也同样在陈银链身上体现得淋漓尽致,"金钱如肥料,散播才有用",对他来说,花园洋房、金钱珠宝,只是身外之物,唯有为家乡人踏踏实实做事情,才可被家乡人永世铭记。

陈银链幼年读书甚少,加之长期侨居海外,白手起家,多年的经商生涯,也使其饱受缺少文化之苦,深知教育的重要性。因此,在事业有所成就之后,陈银链首先想到的就是兴学报国。

西亭学校创办之前,陈银链就曾数度回国,捐建私塾学馆,聘蔡琼全、陈相遇

（贮）等乡里科举人士为塾师，招收本村孩子入学。但私塾毕竟规模小、场地局促，因此只有少数男童才有机会接受教育，无法普遍满足本村孩子的教育需求。加之塾师识见、精力难免有限，因此，陈银链希望能在家乡兴办一所小学，以解决村里孩子们的教育问题。民国十年（1921），陈银链独资创建西亭学校，是为同安县所属农村中的第一所四年制小学。他聘族亲陈清猷任校长，免除家族少年学生一切学杂费用并发送书本免费供读。在西亭学校创办过程中，在陈银链的带动及其精神的感召下，陈锦帆、陈明屋等十三位西亭海外乡亲也纷纷慷慨解囊，并成立西亭学校侨仰董事会，负责学校建设事宜。其中，陈银链为正总理，陈明屋、陈锦帆为副总理。所捐善款由缅甸送回国内，由村里陈水泉、陈水潮等乡亲代为管理，并协力完成学校筹建工作。民国十五年（1926）八月十五日，西亭学校校舍建竣投用，寄学陈氏祖祠的师生搬进宽敞明亮的新校舍。因德隆望重，陈银链被西亭学校董事会诸董事员推为西亭学校"校主"，深受西亭后人尊崇。

此后多年，陈银链均定期由海外汇款回国充作西亭学校的办学费用，直至政府接办。西亭学校的创办大大改善了当时家乡宗族子弟上学难的问题，满足了家乡人民对教育的迫切需求，对于扫除文盲，提高西亭后裔的才智水准，贡献不可谓不大。当前村里不少上了年纪的老人，在回忆起自己的孩童时代时，都对陈银链校主充满深深的感恩之情。

（四）扶贫济困，热心公益

陈银链虽久居海外，却心系桑梓。1918年前后，事业有成的陈银链回到家乡，见到村里的祖祠破旧不堪，为追本溯源、弘扬祖德，他积极带头资助家乡翻修祖祠，独自负担半数的修建费用。为了维持宗祠的日常支出，他又让人在祖祠后面的山地开辟果园，收购种植了龙眼、荔枝、桃、李、梨等数百株果树，雇工看管，果园所得，悉数纳入宗祠公产。

陈银链始终坚持仁爱待人，他曾经常跟后辈分享自己的做人准则，他说："人生之道，仁义而已。""仁"即仁爱，"义"即义务，他这一生之所以能成就大事业，除了不计私利、义务对事外，很重要的一点，就是能够仁爱待人。不仅对家人如此，对乡亲、同事、员工乃至社会上的普通民众，也皆能仁爱相处、尽量给予帮助。他曾托人对家乡的宗族家谱进行收集、登记，厘清族亲之间的辈分关系，并进一步了解及诸族亲的生活状况。族亲中凡生活贫困者，其向宗祠典、借、贷一概免计利息。不仅如此，对属于孤、贫、寡的族亲，陈银链还每月安排定额补助，以补充其子女受教育费用开支、抚养子女成人、成家。仅此一项，受益族亲不在少数。

如今，乡人回忆起陈银链，还清晰地记得与他有关的一座修路石碑。历史上，西亭村地形三面临海，北与后溪接壤。后溪镇的圩市是乡里物资交流中心和商品集散地，西亭通往后溪圩市的山路崎岖难行，每逢圩日，村民往往都得冒着风雨、顶着炎日奔波十几里路前往后溪赶圩，出行十分不便，与外界也渐趋隔绝。

陈银链见家乡乡亲出行困难，便慷慨出资购买石料，延请工匠修建了一条长达五里的石路，并在路旁修建六角路亭以供路人休息。据村民回忆，石路修成之后，还在路边立了一座石碑，碑上记录出资人姓名、捐赠数额以及修路始末，以示对陈银链功德的表彰和纪念。这条乡村石路，西亭一些年长者孩提时代还曾走过，对石碑也还有模糊记忆，它一直陪伴村民进出，直至1930年政府修建了宽阔的车路，才逐渐淡出人们的视野。如今，虽然随着城市化进程的演进，西亭村的面貌早已发生翻天覆地的变化，西亭村出入的通道也已十分畅达，当年的修路石碑也早已不知去向，但海外游子对家乡的深深眷恋以及村民对陈银链先贤的感激，仍深深烙刻在西亭乡亲们的心底。

陈雨沛

男，西亭后厝人，西亭小学校主陈银链长子。生于1881年，卒于1929年。

1881年，陈雨沛出生于缅甸。由于陈银链所负责的分店地处缅甸中南部内陆城市曼德勒市的矿区郊县新彪遵为热带山区，卫生环境极差，疟疾丛生，其母因水土不适，在生下次男启隆后不久便因病去世，雨沛、启隆兄弟由缅甸籍继母妈渺、妈孟协助抚养成人。

1924年，缅甸经济渐衰，陈雨沛与胞弟陈启隆奉命共同襄理"永茂"商号店务。之后雨沛因健康原因离职回国，在位于鼓浪屿福州路91号的别墅休养，店务则由启隆和族亲清云、清德经营管理。此时适逢其父陈银链派送家族少晚辈回国接受华文教育而急需成人监护，为免除各位家长的后顾之忧，雨沛在疗病之余，毅然承担起监护人的职责，一面照顾孩子们的饮食起居，一面及时向身在缅甸的家长汇报学习和生活情况。此外，回国以后，陈雨沛还不顾身体病痛，与启隆一起，积极协助父亲做好家乡西亭学校的建设工作，亲自担任西亭学校董事会——侨仰董事会协理，勉力为之，为西亭学校的创建和管理做出重大的贡献。

陈雨沛一生娶妻三人。初娶林然，二人育有三男一女：长女金再，长男清波，次男清溪，三男清汉；继娶杨玉兰，育有一男二女：次女雪娥（素娥），三女雪芬，四男清雪（肇庆）；后又娶妻林最。1929年9月15日，陈雨沛因病在厦门逝世，享年四十九岁。身后归葬家乡西亭。

陈如切

印尼华侨，生卒年不详，约于新中国成立后去世。

陈如切约于19世纪末20世纪初南下印度尼西亚。印尼岛屿众多，自然条件优越，十分适合燕类栖息繁衍。得天独厚的自然资源，加上纯熟的饲养技术，生产出来的燕窝质量上乘。陈如切瞄准商机，出资在岛上修建厂房，从事燕窝生意，在当地享有"燕窝大王"的美誉。除经销燕窝外，他还利用印尼产量巨大的甘蔗种植优势和较为成熟的制糖工艺，从事蔗糖生意。

目前，陈如切家族已无后人在西亭居住生活，其后代多定居印尼，其侄儿陈万彩、陈锦发、陈万俊等亲人也相继赴印度尼西亚工作、生活。

陈三皇

缅甸华侨，生卒年不详。西亭村三落角人。婚后育有三子，其中，陈琪平在国内生活，长居西亭，余皆不详。陈琪平育有儿子陈振南和女儿陈秀丽。

陈三皇早年偕胞弟陈为笔，约于十九世纪后期由西亭前往缅甸谋生，开办碾米厂，从事米业经营。他从当地人手中购买稻谷，加工后再高价售出，生意红火，事业有成。二十世纪三十年代，陈三皇从缅甸回国定居，民国二十六年（1937）冬，亲自在西亭村开工修建住宅，工程历时一年，于次年冬天竣工。西亭陈三皇宅位于西亭社区朝旭路160号，中西合璧，楼体为二层红砖西式建筑，外表及内部装饰则多富于闽南民居特色，被村民称为"红楼"。陈三皇在此居住直至新中国成立之后过世。

陈为笔

陈为笔,缅甸华侨,生卒年不详,约于新中国成立后去世。西亭村三落角人。

陈为笔早年与胞兄陈三皇南下缅甸,靠开办碾米厂起家。事业有成之后,陈为笔在厦门岛购置房产,又命其子携款回乡建房,待房屋建成、娶妻完婚之后复又出洋。解放前,约于二十世纪三十年代,陈为笔夫妻携长子陈三川、次子陈启明(营)正式回国定居。回国后陈为笔夫妻长居厦门岛内。

西亭陈为笔宅位于今西亭社区朝旭路157号,建于民国二十六年(1937),略早于陈三皇宅。建筑中西合璧,既有西式建筑风格,又不乏闽南民居特色。

黄水田

男,生卒年不详(据族亲提供信息推测,约生于19世纪后期,卒于20世纪40年代末)。西亭村上店社人。黄水田早年南下缅甸谋生,从事牙科医师职业。其技艺精湛,凡有龆龀龋蛀、疏密不齐者,经其手术,靡不白皙可观。黄水田赋禀义侠,为人正直,具有强烈的社会责任感,在仰光埠素以热爱祖国著称,深孚众望,被视为仰光社会改进运动之先锋。

二十世纪初,黄水田在缅甸仰光积极参加和支持同盟会,开展反清革命活动。清光绪三十四年(1908)缅甸中国同盟会成立后,黄水田于次年加入缅甸中国同盟会并被选举为同盟会参议员,为当年所添举的十五名福建籍参议员之一。此后曾任缅甸中国同盟会候补庶务、工艺科科员和交际科科长等职。

1908年,缅甸中国同盟会创办之初,为唤醒民心,开通民智,促进海外华侨民族意识的觉醒,在仰光创办缅甸同盟会机关报《光华日报》及设置"觉民阅书报社"宣传革命。作为缅甸中国同盟会重要成员,黄水田积极参加书报社活动,曾在演说社发表"救祖国必先革清政府之命"等讲演,向当地华侨讲解国内形势、宣传反清爱国思想。经由他们的努力,当地大批华侨纷纷加盟,同盟会组织不断得以壮大。1909年,因宣传革命思想而被迫停刊的《光华报》重新开办,是为第二《光华报》,黄水田曾继任该报经理一职,与前、后任经理陈仲赫、陈汉平携手,带领全体同仁与君宪派人士展开笔战,开展宣传鼓动工作。一时之间,同盟会势力更张。

辛亥前后,为帮助国内革命筹措经费,海外华侨不遗余力,积极募捐助饷。

1911年10月11日，缅甸中国同盟会在仰光成立筹饷局，全赖黄水田等同盟会成员呕心沥血，精心谋划，四处奔波，方得以在短时间内募齐民军饷糈，为辛亥革命的胜利做出巨大贡献。

黄水田十分重视中国文化的传承和弘扬。中华民国建立之后，由于受孙中山鼓励侨胞创办学校、培养具有民族思想的人才观点的影响，缅甸华侨办学开始蔚然成风，华文教育学校相继成立。黄水田于1918年起先后创办振乾、振坤、乾坤幼稚园三校（后合并为乾坤学校）并担任董事，负责担负学校办学全部经费。自1924年起，该校教学全面转为国语教授，为中国传统文化在缅甸的传承起到了积极作用。除在侨居地积极创办华文学校外，黄水田还积极支持、参与国内家乡的学校建设。1921年家乡西亭小学创办之际，他带头捐款并呼吁海外同乡捐资办学，被选为西亭学校侨仰董事会协理。

1937年"七七事变"爆发，日本全面发动侵华战争，这增加了黄水田的民族危机感，他冒着生命危险，毅然回国定居。回国后，黄水田始终坚守在宣传抗日的第一线。他常常在中小学校等青少年学生聚集的地方做抗日的宣传鼓动工作。在后溪珩山小学，他发动王建中等思想进步的青年学生组织抗日救国联盟宣传队，带领学生深入街头巷尾张贴标语，分发传单，高唱抗日歌曲、表演抗日话剧等，以唤起民众的爱国热情，积极支援抗战。据颛蒙叟编著的《集美史略》中《集美古今概略》一文记载，黄水田宣传号召能力极强，擅借助节奏明快、歌词通俗易记的歌谣形式宣传抗日，灌输爱国思想，如今在集美大社一带的老一辈人中仍流传着黄水田当年留下的闽南语抗日歌谣："和着脚步向前走，提起胸膛免惊吓。／咱那要活着爱打拼，咱那要赢着爱刻苦镇定。／日本那是侵占咱的土地，大家起来拼命到底。／三千个同胞大家同生死，集美永远是咱的。"此外，黄水田还将闽南农村演戏酬神的风俗与宣传抗日有机结合，他时常奔走于西亭及周边村庄，借演出前的有利时机上台发表讲演，劝诫乡民"男子不要抽烟枝，女子不要点胭脂"，呼吁节约开支，捐款救国。他宣传抗日不分年龄大小，不放过任何宣传抗日的机会，就连与邻居孩子友善，送孩子纸飞机玩具也不忘教育其要"买飞机，打日本"。1938年5月，日军侵占厦门，厦门岛内不少民众逃往同安、集美等地避难，对上门求助的民众，黄水田也无不尽力给予接济与帮助。

黄水田一生积极宣传革命，热心教育事业，一生未曾娶妻生子，约于二十世纪四十年代末在西亭家中去世。其去世后，为表彰其抗日救国的爱国精神，时灌口镇国民政府特派专员负责其后事处理，为其主持召开追悼会以示哀悼，并拨给湖内村附近地块作为其墓葬之用。

回国期间，黄水田曾在西亭和鼓浪屿居住，在两地皆置有房产。其位于西亭的两间旧房曾委托其侄儿黄瑞呈代为照管，1952年土改时因其已过世，故登记于黄瑞呈名下。而鼓浪屿的房产则情况不详。据黄水田侄孙、黄瑞呈之子黄炳煌回忆，其父黄瑞呈1942-1949年间在厦门某人力车行帮工期间与黄水田联系密切，并曾受邀前往其位于鼓浪屿的别墅做客。但因为社会、历史等诸多方面的原因，加之未有子嗣，该别墅今是否得以留存、位置何处、现况如何等，皆随着斯人远逝而成为难弥之憾。

陈清波

男，西亭学校校主陈银链长孙，陈雨沛长子。生于1903年5月17日，卒于1992年1月9日，享年九十岁。西亭后厝人。

据西亭村老人回忆，陈清波为人低调儒雅，二十世纪二十年代大学毕业后在厦门经营恒利米绞（碾米厂）。门市开设在当时商铺云集的鹭江道，工厂则设在小学路一带，当时曾聘请西亭村民在碾米厂帮忙。恒利碾米厂是厦门经营粮食行业的顶盘商，资力雄厚，在厦门颇负盛名，就连西亭村一带所食用的粮油，也多由恒利商号经销。据《厦门市志》（2004）第三册卷二十六载，恒利米绞解放前夕因海运受阻、稻谷输厦维艰而歇闭，解放后方才复业重开。1953年底实行粮油统购统销后，可能转为国营。

据西亭村陈德胜老人回忆，陈银链在西亭留有一小楼给陈清波和陈肇庆（陈雨沛第四子，陈清波同父异母弟，原名陈清雪），新中国成立后陈清波回西亭村省亲，陈德胜曾与其见面。通过交谈得知，陈清波长住于家族统一购置的位于鼓浪屿福州路91号的别墅。此外，陈清波似还在厦门另建有私家园林。据陈佩真《厦门指南》载，二十世纪三十年代中叶，厦鼓两岸有不下数十私人园林，陈清波的邃园便是其中之一。另根据《厦门工商业大观》中的描述，大略可知邃园位于外清保顶释仔路35号，地处石泉山山麓，花林幽美，后建有网球场，且临近厦门远近闻名的石泉（又称磊泉）以及小石泉（又称龙泉、冽泉、琮琤泉），泉水清冽甘甜，晶莹如玉，适合泡茶品茗。只是此处所指邃园主人陈清波与西亭籍陈清波是否为同一人，尚有待继续考证。

据西亭村前书记陈育平回忆，其曾听前杏林区区委书记郑德法提起，陈清波和陈嘉庚素有交情，两人曾合影留念，惜年代久远，相片不传。在陈嘉庚的引领下，在其祖辈、父辈的言传身教下，陈清波在厦门积极组织、参加社会公益活动。据相关资料记载，1935年，陈清波与私立鼓浪屿医院主要倡办者、后来的院长林遵行先生一起赴缅甸仰光为新院的修建募捐。同时，他还积极参政议政，据民国《厦门市志》卷十三人文志和2004年《厦门市志》第二册卷十三等文献记载，抗战胜利后，国民政府恢复厦门市政府建制，遂着手筹组厦门市临时参议会。民国三十五年（1946）2月16日，经福建省政府圈定，陈清波以"碾米厂老板"身份当选厦门市临时参议会临时参议员，积极参与厦门市政活动。与前文所述相同，因史料匮乏，且未能与陈清波后代确认此事，以上所记各事未能确认确为西亭籍陈清波所为，故姑且记之，以待方家考证。

二十世纪二十年代，陈清波与大学校友李德鑫（生于1904年10月10日）成婚，二人育有三男二女：长男乃新，长女如美，次男国治，三男国平，次女如真。1992年1月9日，陈清波在鼓浪屿家中去世，去世后在与其父陈雨沛合葬一处，后迁往岛内薛岭。

黄嘉惠

黄嘉惠（1905-1974），男，西亭上店社人。大学文化程度，曾任西亭小学校长、锦园中心小学副校长等职。

黄嘉惠自小好读书，早年就读于西亭小学，后考入厦门大学中文专业（两年制），毕业后在西亭小学担任语文教师。20世纪20年代，黄嘉惠与同在西亭小学任教的女教师林庆凤结婚，二人育有三子一女，分别为黄永清、黄英莲（女）、黄永宏和黄永毅。

二十世纪三十年代，黄嘉惠南渡缅甸，以教授中文谋生。因水土不服，几年后即辞职回国，回西亭小学任教。1947年，因工作突出，成绩显著，被提拔为西亭小学校长。1957年，调任锦园中心小学副校长。1960年，调至曾营小学担任教师。因身体原因，1961年提前退休。任职期间，黄嘉惠一边教书，一边还要耕种家里的田地。他兢兢业业，数十年如一日，无论是对待教学工作还是管理工作，皆勤勉有加，在教育教学方面均取得显著成绩，为厦门农村小学教育做出突出的贡献，深受学校、家长和学生的广泛好评。

黄嘉惠学识渊博，个人素养很高，精通中文，在英文方面有一定的造诣。工作劳动之余，尤好书法，写得一手好毛笔字。每逢村里乡亲上门求写对联或是南洋书信，皆欣然允诺，从不推脱，深得乡人敬重。

黄国安

男，医学博士。生于1915年9月10日，卒于2005年4月15日。兄弟姐妹七人，排行第二。西亭上店社人。

黄国安出生于马来西亚霹雳州，七岁返回西亭。自幼聪敏过人，学习成绩优异，西亭小学毕业后升入集美中学就读。早年祖父与父亲皆因肺痨早逝的经历，使他体味到有病无医的痛苦，立志学医济世，中学毕业后毅然选择到福州协和大学选修医学预科。1938年以优异的成绩考入世界闻名的私立北平协和医学院（今协和医学院）并获该校奖学金。1945年医科毕业后在北平同仁医院工作。同年11月15日与林庆华女士成婚，翌年因女儿出生返回家乡，任职于福建漳州协和医院。后到广州江村纽西兰长老教会医院照顾村民。

黄国安医术高明，且医德高尚，他屡起沉疴，很多被重病困扰多年的病患皆慕名前来求医，而他对病患也不分贫富贵贱，皆一视同仁，精心救治，对于西亭乡亲或是其他家庭困难的患者更是热心相助，减免诊疗费用。黄国安的族弟黄炳煌常听父辈回忆起，黄国安在国内医院工作期间，基于慈悲之心，为更多地救济难民，参加了国民政府行政院善后救济总署组织的救济等工作，凭借自己过硬的专业能力为善后救济工作的开展献出了自己的一份力量。

黄国安为人善良正直，事母至孝。1951年，奉母命举家南迁马来西亚，定居槟城。初就职于槟城总医院，后获中英奖学金基金会（Sino-British Fellowship Trust）奖学金资助，赴英伦继续深造，获医学博士学位。回来后被派往大山脚医院任院长。而后自创黄国安诊所。

黄国安为人淡泊，事业有成而不忘公益。担任大山脚青商会赞助人达十余年之久，1968年被选为槟城医生公会会长。他竭力赞助教育事业，对大山脚中小学也鼎力予以支持。另外，他还帮助大山脚卫理公会建堂，长期担任大山脚长老会长老并支持建筑宗教教育所、多方支持新加坡神学院等，表现出强烈的社会责任感，对许多年轻人影响尤为深厚。

黄国安身在海外却心系桑梓，对家乡的亲人十分记挂，出国后不久，就想方设法帮助兄弟姐妹迁居马来西亚。二十世纪六七十年代，国内经济还不发达，群众生活相对困难，黄国安还与家乡亲人长期保持书信联系，多次汇款回国用以置办农具、贴补家用等，尽己所能接济家乡亲人。

黄国安极其宠爱儿女孙辈。其一生育有二子一女，女儿生于1946年，大学攻读天文学专业；长子学医，后定居日本；次子则为迁居马来西亚后出生。黄国安家庭生活幸福而安宁，其平素虽安静少言，但却兴趣高雅，喜爱音乐，尤爱古典音乐，时亦奏小提琴以自娱。与儿孙辈一同嬉戏游乐、沉浸音乐之中，是他一生中最美好的时光。

二十世纪八十年代初起，儿女纷纷出国定居，2004年3月，黄国安也举家离开马来西亚，迁往美国，与女儿一家同住于纽西兰州。2005年4月15日，因病在美国逝世。

陈清建

男，革命烈士。生于1921年7月，卒于1952年8月。

陈清建1921年7月出生于杏林西亭的贫苦农民家庭。新中国成立后参加革命斗争，曾任农会会员、民兵队队员，参加了支援前线、清匪反霸斗争和福建前线的海防斗争。1950年3月，在海南岛参加中国人民解放军，任中国人民解放军第38军113师339团三营七连战士。

抗美援朝战争爆发后，随所在部队编入中国人民志愿军，于1950年10月随部编入中国人民志愿军第十三兵团，首批赴朝参战，在朝期间参加了第一至第四次战役、1952年春夏巩固阵地作战。1952年8月，在朝鲜江原道铁源郡地区阵地防御作战中壮烈牺牲，终年三十一岁。

陈德胜

陈德胜，男，1927年8月15日生，西亭前厝角人。1955年加入中国共产党。

陈德胜出身贫苦，幼年饱尝生活磨难。出生仅十七天，父亲就因病过世，母亲又因思念成疾，无力抚养孩子，故陈德胜自小便由干娘抚养成人。七岁起，陈德胜便开始帮家里干活，学着讨小海、拾柴火，以贴补家用。十四岁母亲去世，陈德胜被亲戚收留，以种地、讨小海、剥海蛎为生。二十二岁结婚，婚后不久分户另过。

新中国成立后，陈德胜参加西亭乡民兵队，1950年起参加"土改""土检""土整"工作。"土检"工作结束后，任西亭乡民兵队队长，除讨海、种田外，每日组织民兵训练，轮流到海防前线站岗、巡逻，防止海匪侵袭、破坏。1955-1957年，全国农村掀起合作社的浪潮，在短暂的互助组之后，西亭也先后组织初级农业生产合作社、高级农业生产合作社，陈德胜任民兵队长。1957年，取消乡村建制，政社合一，西亭和锦园合并成立锦亭乡。民兵队收归乡里由专职领导统一管理，陈德胜改任副乡长（西亭）兼副大队长，主管生猪养殖、供销合作等后勤工作以及裁缝、理发等家庭副业。1959年实行公社化以后，任灌口公社锦亭大队副大队长，1959年末，西亭、杏林、孙厝三个大队合并成立"水产养殖厂农业管理区"，陈德胜任管理区副主任，分管西亭大队，仍主要负责后勤工作。1963年，杏林人民公社成立，陈德胜被任命为西亭大队书记。之后除"社教""清队"期间履大队长职责（无任命）、主要分管生产外，其余阶段均任大队书记至1984年退任。

担任西亭大队书记以来，陈德胜始终履职尽责，率先垂范，想群众之所想，实实在在地为村民服务。二十世纪六十年代，全国开展"农业学大寨"活动，陈德胜响应号召，带领村民平整土地、兴修水利、开荒种田、养猪积肥，忙得连正月初一都顾不上休息。

西亭自古地少人多，生产的粮食不足以供应村民日常生活需要，村民只能利用西亭三面环海的优势，通过讨小海、挖海蛎等获取少量海货，或自行四处挑担售卖，或有外乡商人专程来村收购，以换钱籴米。因为粮食难求，很多村民多以番薯充饥，或是米少薯多，生活十分艰难。1971年前后，适逢杏林湾大开发，陈德胜带领村民向大海要田地。当时还处于特殊的历史时期，财力物力均十分有限，且技术也比较落后，但陈德胜带领大队干部及全体村民克服了种种困难，创造了几乎不可能完成的奇迹。在开发海田的过程中，陈德胜以身作则，为修筑防洪堤，他亲自扛着竹竿，冒着生命危险下海勘察、标注海界。堤坝建成后，又组织各生产队发动群众按照劳动力分配田地，造田平整，仅此一项，就为西亭增加田地一千余亩。之后，又设法修建立交式引水渠，从后溪引来淡水，使一千多亩农田得以灌溉。事后回忆起来，陈德胜说："那一段时间我白天干活，晚上就四处勘察，寻找合适的灌溉水源，真的做得很辛苦。"但辛苦是值得的，陈德胜个人的辛苦，换来的是村民温饱问题的解决，西亭村由原来杏林最穷的"无粮"村变成富饶的粮仓，成了受表彰的典型。

1977年，陈德胜还组织村民赴广东佛山参观考察香蕉、甘蔗种植，此次考察使他大受启发，考察归来，他带领村民沿防洪堤栽种香蕉，还带头动员村民种植香蕉、甘蔗等，帮助村民增加了收入，极大地改善了村民的生活。

陈德胜对西亭的教育工作也投入了很大的精力。任职期间，他就十分关心村里小学生的读书问题。二十世纪六十年代末期，西亭尚未通电，村民生活极不方便。他见村里孩子放学回家做作业都要靠点煤油灯或蜡烛照明，对视力影响极大，便多方联系，终于于1971年从杏林架线入村，使西亭家家户户都通了电，孩子们夜晚就着微弱的烛光做作业的情景成为历史。

陈德胜为西亭服务近四十年，1984年离任后，仍退而不休，继续从事老人协会的工作，继续为西亭的发展发挥余热。除了做好老人协会的常务工作外，他对西亭学校的办学尤为上心，多次被原杏林区关心下一代工作委员会、原杏林区教育局聘为西亭学校校外辅导员。西亭学校始建于1921年，校舍年久失修，如不及时修建，随时有倾圮危险。为此，陈德胜顶着烈日四处奔波，为学校争取重建经费。在他的努力下，从杏林区政府、地质部筹集到大部分建材、资金，剩余的缺口，则动员村民踊跃捐款。1982年2月，西亭小学重建工程开工，为不影响工程进度，陈德胜不顾家人反对，用为儿子准备的两万元贷款先行支付工程队工资，使工程得以顺利进行。1982年8月，小学校舍正式建竣，重建期间暂寄庵后祖厝上学的孩子终于得以搬进宽敞明亮的教室。不仅如此，他还十分重视学生的学习和成长，每年积极参加学校的"六一"儿童节活动，参加大学生座谈会，语重心长地教导学生们要读好书、做好人。

作为西亭的老党员、好书记，无私的付出也给陈德胜带来了荣誉。1995年2月，陈德胜被厦门市杏林区人大常委会评为"优秀人民代表"；1998年6月，被中共杏林区委员会授予"1997-1998年度优秀共产党员"光荣称号；2003年7月，当选厦门市杏林区杏林镇"荣誉党员"；2006年，厦门市集美区老龄工作委员会又授予其"先进老年志愿者"表彰。

黄永清

男，西亭上店社人。生于1927年，卒于1982年。中共党员。

黄永清少年时代就读于集美中学。1937年"七七"事变之后，因战乱影响，集美中学内迁安溪继续办学，黄永清在安溪县城完成中学学业后考入集美师范学校，毕业后在东孚鼎美小学任教。就学期间，经老师介绍，加入中国共产党。解放战争时期加入中共地下党组织，长期从事党的秘密工作，积极开展地下斗争。

新中国成立以后，黄永清参加了灌口区土改工作队，因立场坚定、积极肯干，且文化程度较高，被任命为土改工作队秘书。1952年土改结束后，曾任同安县第五区公所副区长、第八区公所副区长。1955年任后寨区公所副区长。1956年任策槽区公所副区长。1958年同安县撤销原乡建制，成立人民公社。黄永清曾于1959年任莲花公社社长。翌年，全县将原七个公社合并为四个公社，改任策槽公社副社长。1960年代初调往厦门市委农村工作部工作。"文革"结束后，调任福建九龙江北溪引水工程指挥部政工组长。1980年5月1日，北溪引水工程顺利通水，基本解决了厦门长期存在的用水困难。

黄永清建国前就参加了革命工作，为国家解放事业披肝沥胆，解放后又始终奋战在革命和建设事业的最前线，一生为党为国奋斗不休，为西亭村村史上第一位离休干部。1982年，因积劳成疾，在厦门去世，终年五十五岁。

黄永清生前育有二子一女，长子黄奋辉，现任厦门市公安局打击走私工作处处长；次子黄奋强，现任厦门市翔安区委书记；女儿黄奋华，高级会计师，现任职于厦门市房地产股份有限公司。

陈章福

陈章福，男，缅甸归侨，西亭前厝角社人。1928年11月出生于缅甸，2006年卒于西亭。

陈章福的祖父早年背井离乡，远涉重洋到缅甸谋生，多年来历经艰辛，事业渐渐有成。其父在缅甸出生并娶当地人为妻。陈章福五岁（1934年）时，身为长子的父亲遵照父命，与妻子携二子一女回乡照顾家庭。之后不久，其父返回缅甸，留下妻子在国内照顾子女。

陈章福从小在后溪替人放牛，十八岁参军，曾担任奚光禄的警卫员、警卫班班长，后曾任同安县人民政府公安局审讯股、劳教股股员等职，分管劳教、预审、逮捕、起诉等工作。1952年11月15日，加入福建省中苏友好协会，成为协会会员。1955年，鹰厦铁路开始动工，由于工期短、任务重，需要抽调人员参加铁路修建工作，受上级委派，陈章福与其战友叶明煌奉命带领竹坝劳改农场劳改队两千余人前往支援鹰厦铁路建设，叶明煌任队长，陈章福任支部书记。在不到两年的时间里，陈章福与其他管教干部、劳改犯人以及其他修路工人，移山填海，架桥开隧，克服重重困难，为鹰厦铁路的修建做出了不可磨灭的贡献。1956年底，鹰厦铁路全线通车，陈章福回同安县报到。

1958年8月，同安县划归厦门市，原政府各单位人员实行分流，为照顾家人，陈章福放弃了前往江苏、甘肃等省的工作安排，回西亭村务农。1958-1963年，陈章福历任前场乡锦亭大队书记、灌口公社锦亭大队书记、农业管理区西亭大队书记等职。据陈章福家人介绍，其间厦门海洋渔捞公社成立之后，陈章福还曾担任渔捞公社社长。1963年调任杏林农场（原厦门市围垦农场）书记兼场长直至退休，其间其工资由厦门市财政划拨。

陈章福一生工作勤恳，为人耿直，曾多次获各级各类表彰，家里曾藏有相关证书，惜今已散佚。其妻林柏英，祖籍集美内林，生于新加坡，为新加坡归侨，归国后曾在天津某高校求学。二人育有三子一女。

陈水会

陈水会，男，农历1933年8月18日生，2018年12月因病去世，西亭前厝角人。高小文化程度。西亭村文化老人，曾师从著名芗剧艺术家邵江海学习歌仔戏。

陈水会家境贫寒，兄弟姐妹七人，幼年饱尝生活磨难。其父亲早年以贩卖猪肉为生，后因身体原因无法继续劳动。陈水会八岁上小学，就读于西亭学校。十一岁因家贫只读了两年半就辍学回家务农，以放牛、犁地、耕田为生计，与仅大自己四岁的姐姐共同负担起一个十口之家。十四岁，姐姐出嫁后陈水会便独自扛起养家重担。二十岁经舅母介绍与西亭隔壁白石村女子结婚。二人育有二子一女。次子陈忠游毕业于集美中学，现任厦门市道教协会理事；女儿陈荣美能歌善舞，为西亭社区文艺骨干。

陈水会自小多才多艺，表演天赋极强。长大后自学成才，会二胡、月琴等多种乐器，能自编自导自唱自演。1948年，著名芗剧艺术家邵江海到西亭村演出，见陈水会学戏聪明好学且悟性高、先天条件好，就教他唱戏，二人曾同住二十一日。经邵江海悉心指点，陈水会学习了《新雪梅》《彭戬求寿》等邵氏自创剧目。二人虽未行正式的拜师大礼，但却结下深厚的师生情谊。之后二人曾在龙海相聚，师生共叙深情。1949年上半年，西亭村组建宋江阵、舞狮队表演队，邀请外地拳师邱书志前来教习。陈水会也加入了表演团队，白天劳作，晚上刻苦训练，很快就领会宋江阵阵法和舞狮技艺。此后一边继续深入学习，一边担任村舞狮队教练，向村民传授这些传统技艺直至建国后不久宋江阵表演团队解散。

1954年，同安县组织开展党在过渡时期"总路线"的学习和宣传活动，陈水会被选拔参加"总路线"学习训练班，利用自己的文艺特长，将学习内容编写成快板词，以通俗易懂的形式宣传党的政策，收到良好的宣传效果。1955年，被推选为西亭大队宣传代表，负责大队的宣传工作。

1955年4月参加中国人民解放军，在原中国人民解放军原公安第十三师（1955年7月15日改编为平潭守备师）服兵役，为建国后西亭大队首批应征入伍的青年。当时西亭大队同批入伍的还有陈天助、陈天生、陈金不、陈乌裁、郭福全（后浦人，当时后浦属西亭大队）等五人。入伍不久，陈水会即被视为新兵骨干予以重点培养，抽调至司部教导营参加集训。回连队后被任命为连队给养员，负责连队的后勤给养工作。服役期间，随部队参加了平潭建岛工作。1957年，时任福州军区司令员兼政治委员叶飞、时任福州军区副司令员皮定均视察平潭岛防务期间，曾获接见并与领导亲切握手。1958年3月退伍复员。

退伍回乡的当年，受厦门市水产局指派，陈水会曾前往大连学习海带养殖。学成归来后便在位于厦门曾厝垵的海带养殖基地从事海带试养工作。1958年8月，西亭村成立"民夜校"，陈水会回乡任教，主要担任第三册教材以及音乐、舞蹈课程的教学。民夜校授课时间设在晚上，在校期间，陈水会与其他四位教师一起，兢兢业业，克服重重困难，就着微弱的煤油灯光开展教学。在他们的努力下，夜校教学效果良好，曾在同安县同类学校评比中获第一名。1959年初，民夜校停办，陈水会回家务农至今。其间曾于1980年跟随叔父学习道教，2005年加入"厦门市道教协会"，曾被推选参加福建省道教协会全省代表会议。

陈水会老人性格开朗，年近九旬之时虽早已赋闲在家，但对音乐、戏曲的钟爱仍一如从前。他不时地会在自家院子或是村里陈氏祖祠门前拉上一曲自创的二胡小调，跟村民们拉呱闲聊、谈笑风生。音乐，不仅丰富了他的生活，也给西亭村民们带来了无限的乐趣。

陈国营

男，1937年10月生。西亭大社人。曾任西亭知青农场场长。

陈国营出生于普通农民家庭，少时以讨小海、种田为生。为人聪颖干练，20世纪70年代，任西亭生产队政治队长、副业队长，分管队里的治安和副业生产工作。1972年前后，受村委会委派，曾带领村里的外派工作队参加九龙江北溪引水工程江东引水渠的建设，任北溪引水工程杏林指挥部西亭民工连连长。因其性格外向、组织管理能力强，在村民中享有极高的威望和良好的口碑。1975年前后，随着大批知识青年上山下乡，来自周边厦门造纸厂、厦门市糖厂、厦门侨星化工厂、集美中学、杏林医院、厦门电解米厂等十三家单位八十余名知青被安插到西亭村安家落户，陈国营因为政治思想素质过硬、生产生活经验丰富、作风正派，被指派担任西亭知青农场场长，分管知青工作。

1978—1979年，绝大部分知青回城之后，陈国营曾受聘在乡人的砖厂担任厂长，之后还曾租用砖厂厂房，自行购置了针织机，开办针织工厂，从事棉纱布生产，兼做一些小生意。应回城从事鳗鱼养殖的知青林鲁正的启发，他加盟养殖场，以养殖厂厂长的身份在西亭摸爬滚打数年，并于2001年再次创业，与该知青合作经营饲料销售直至2008年土地被征用。陈国营还是西亭村龙舟队的主力队员，20世纪60年代，曾多次与其他队员代表西亭参加集美校友会举办的端午节龙舟比赛，并于1962年荣获团体总冠军。

知青工作繁琐复杂而又责任重大，在担任西亭知青农场场长的几年里，陈国营兢兢业业，切实做好"上山下乡"的知青的安置工作。首先面临的是知青住房问题。知青初到西亭，先是被暂时安置在被当地人称为"红楼"的马来西亚华侨陈只莱家空置房屋，因人多房少、住宿条件简陋，生活极不方便。出于改善知青住宿条件、保证知青人身财产安全的考量，同时也为了更便于统一管理，在陈国营的努力奔走下，村里利用政府下拨的知青安置费用，在大队部对面专门修建了一幢"知青楼"，用以集体安置这些知青。知青楼为二层小楼，楼上楼下各有房十间，房间均宽敞明亮。知青楼的修建使知青们的住宿条件得到了明显的改善，解决了知青们的住房问题。（图6-3）

为解决知青们的吃饭问题、安定"军心"，村里特地划拨了九十亩海田、四十亩旱地给知青队，用以发展生产。为此，陈国营将知青划分成不同的小组，各小组各有"专攻"，种田、种菜、养猪、种植白木耳等各司其职，并挑选得力人员担任组长，将管理权下放给组长，组长负责其所在小组的生产、生活管理活动并向场长负责。就这样，在这一百多亩荒滩和山地上，陈国营以身作则、亲自示范，手把手地教会知青们种地、养猪的技能。在他的悉心教导下，这些刚来时几乎没接触过农活的城里年轻人，在下乡的第一年里就获得大丰收，不仅实现生活自给自足，基本解决温饱问题，而且还成了郊区"农业学大寨"的典型，引来远近乡民的赞叹和羡慕。

担任西亭知青农场场长期间，陈国营以自己的真诚和热情赢得知青们的信任和爱戴。为了更好地做好知青管理工作，他索性搬到知青点与知青们同吃同住，想方设法与知青拉近关系，在生活上给予他们无微不至的照顾。同时，他也十分注重知青们的思想教育工作。农作劳动体力消耗巨大，而这些知青大多为二十出头的年轻人，正处于长身体的阶段，长期处于农村缺油少肉的艰苦生活环境中，加之年轻人难免"顽劣"，因此，部分知青"偷"抓老乡鸭子、"偷"挖花生、番薯等农作物的情况时有发生。为保护知青，以免日后升学、返城受阻，陈国营本着仁爱之心，一边帮知青向老乡求情，以写检查、赔钱等方式将大事化小、小事化了，使这些知青免受纪律处分，一边又与知青谈心、交流，加强知青队伍的政治思想教育和遵纪守法教育，使其思想观念真正发生深刻的改变。作为西亭知青农场的场长，陈国营见证了西亭知青"上山下乡"的全过程，也与他们结下深厚的情谊。这些知青回城后，均与其保持密切的联系，他们多次筹办聚会活动，重返西亭，为的就是能再次见到这位当年的"老场长"。

据村民陈荣美回忆，1971年的一天，在集美排洪闸建设工地，一辆拖拉机因为躲避倒在马路上的拉土板车而掉进了路边的水里，拖拉机手和另一名男子也随拖拉机一起掉了进去，其中一名男子受伤。陈国营见状，立即跳进水里，将二人营救上岸，挽救了两个生命。陈国营的勇敢令人赞佩。

图6-3　1975-1979年西亭村知青住所

黄永宏

男，1938年10月生，民盟盟员，西亭上店社人。大学学历。历任扬州大学农学院动物科学系教授、硕士生导师。国务院政府特殊津贴获得者。

1957年，黄永宏由厦门考入苏北农学院畜牧系就读。1961年大学毕业后，分配到青海省畜牧兽医科学院工作，从事羊的育种研究，参加育成了青海毛肉兼用半细毛羊新品种。1983年，调回江苏农学院（原苏北农学院，1992年与其他院校合并组建为扬州大学）。

黄永宏长期从事动物科学与技术的教学、科研、开发及扶贫工作，曾任中国畜牧兽医学会养羊学分会理事长、名誉理事长等职，为全国知名养羊专家。先后主持、参加科研项目12项，在青海、江苏及三峡地区等多地组织开展"北羊南移"、山羊育种等科研工作，在羊的遗传、育种及推广领域做了一系列开拓性工作，取得重要成果。其中，"中部中高山地区发展优质高产养羊业的研究"获国家"八五"科技攻关重大科技成果奖；"青海半细毛羊育种研究"获青海省科技进步一等奖；"响水县农村经济综合开发和技术推广"获国家教委科技进步三等奖。这些科研成果相继在全国范围推广应用，取得了巨大的社会效益和经济效益。任职以来，先后发表论文30余篇，出版《肉羊饲养技术》《巧养波尔山羊》《养羊技术实用手册》《肉羊高效生产技术手册》等多部著作，具有重要的学术意义和应用价值，为各级畜牧科技人员和农业院校师生开展科学研究提供了很好的借鉴。

在取得丰硕科研成果的同时，黄永宏还十分重视高校教学工作，着力于畜牧人才的培养，不仅亲自从事"养羊学""家畜繁殖学""实验动物学""家畜生态学"等专业课程的教学工作，还担任硕士研究生导师，带领学生开展各项科学研究，为本学科培养了一大批优秀人才。曾获"江苏高校先进科技工作者""江苏农业开发先进个人一等奖"等荣誉表彰。

黄永宏的妻子为其大学同班同学，二人育有二子一女。退休后，其对家乡的思念与日俱增，多次回福建厦门省亲，并一度欲与子女返乡生活，以实现叶落归根之夙愿。

黄炳煌

男，农历1943年10月27日生。西亭上店社人。高小文化程度。曾任厦门市集美区杏林街道西亭社区关心下一代工作委员会常务副主任。

黄炳煌小学就读于西亭小学和锦园小学。1957年考上集美区灌口中学，因家境贫寒未能继续求学，辍学回村务农。1958年成立人民公社，生产队实行集体劳动、统一分配的政策，按社员出工干活所得工分进行分配。期间黄炳煌任生产队记分员。1966-1976年任西亭生产队会计，并兼任西亭革命委员会生产队三组政治队队长，负责生产队的政治宣传工作。"文革"结束后担任生产队出纳，负责生产队记账、报账工作。无论是记工分还是从事财会工作，工作内容都十分繁杂，责任也很重大，关系到每一位乡民的切身利益，黄炳煌始终认真细致，从不言累，默默地把各项工作做到最好。

黄炳煌热心社区公益事业，关心青少年健康成长。2006年起，他应邀参加到西亭社区的日常管理工作中，任西亭社区关心下一代工作委员会常务副主任，配合社区和学校做好下一代与老人工作。

黄炳煌十分重视学校教育工作。积极协助小学通知适龄儿童上学，按时将通知书送到每家每户。为解决困难学生"上学难"的问题，黄炳煌每年都要花费大量时间，针对社区弱势群体现状，开展入户走访，对其家庭情况逐一进行调查，确定重点帮扶对象，每年都为多位困难学生争取困难补助，让每一个孩子都有书可读。每年高考结束，关工委都要组织中考、高考考生召开座谈会，做好各类学校录取信息采集，配合社区做好考生奖励工作，教育、鼓励学生继续努力，更加严格地要求自己，博于学问、志于成人。一到寒暑假，他就协助西亭小学开展夏令营活动，聘请专家前来讲课，组织学生参加爱国主义思想教育和安全、法制等教育。为更好地做好"关心下一代"的工作，黄炳煌还开拓思维、创新载体，鼓励、引导学生走出校门，参与校外组织的活动。任职期间，经与学校沟通，组织学生投稿参加"海峡冰心杯"全国青少年写作大赛。关工委规定，得奖者除获主办方奖励外，还将获得社区额外奖励，大大鼓舞了学生的参赛热情。

黄炳煌身为老人，关心老人，积极组织开展老年服务工作。他对社区特困病残老人的情况了如指掌，经常配合民政部门上门探访慰问，联系医生入户为病残老人检查身体，建立健康档案，切实帮助他们解决生活困难。村里每年多次的老人健康监测，他也都能协助通知到位，并做好现场组织工作。协助社区组织老人参加文体娱乐活动，使老人老有所乐、老有所为，保持身心的健康。此外，2011年还积极参与西亭宝凫庙的拆迁、改建等工作。

多年来，黄炳煌积极投入帮扶孤老、关心下一代的社区服务工作，不辞劳苦，无私奉献。点滴善行，汇聚成德，其关爱之心使其赢得社区居民和领导的充分肯定，也促进了社区的文明和谐发展。在其努力下，西亭社区关工委于2008年荣获集美区"关心下一代工作'五好'达标关工委"称号。

陈友庆

男，生于1946年11月4日，卒于2012年4月，享年六十六岁。西亭郭厝人。中共党员。

陈友庆出生于西亭村普通农民家庭，家有弟兄三人，他是长子。自幼好读书，西亭小学毕业后考上集美中学就读。初中毕业后，曾于1964-1967年在杏林公社社办农场务农。1967年，适逢"清队"运动，陈友庆回到西亭村参与村共青团工作，兼负责村委会文字材料工作。陈友庆热爱学习，喜欢阅读写作、推敲文字，经他之手写出的各种文件、材料，其章法之讲究、用词之严谨，均广受好评。

1971-1984年任西亭大队大队长，主要分管西亭教育工作及知青工作。在教育工作上，尽己所能，支持、帮助西亭学校的发展；在知青工作方面，他善待来村"上山下乡"的八十余名知识青年，积极推进知青楼的建设和知青食堂的开办，帮助解决知青们的食宿问题，深受知青们的爱戴和尊敬。自1985年任西亭大队党支部书记起，陈友庆历任大队党支部书记、西亭村党支部书记达四任十五年之久，直至2000年主动让贤，退任村党支部委员。

陈友庆工作认真负责，善于思考，乐于为村民排忧解难，在村民中享有极高威望。在村委会工作期间，他团结、带领村两委成员做好西亭各项工作。1992年，陈友庆积极筹划新村部建设，修建村部大楼，改善村委会办公条件；接引自来水进村入户，使村民们全部喝上放心的自来水，极大方便了村民群众的生产生活；推动西亭幼儿园建设，改善教育教学条件，促进西亭村学前教育的发展。1994年，沈海高速公路建设需征用土地，他密切配合上级，做好征地拆迁工作，确保工程如期动工。1997年，在他的谋划下，与时任村长陈育平合作，实施苑亭路水泥路面硬化改造，改造后的苑亭路改变了西亭村的面貌，西亭村村民实现了"抬脚踏上水泥路，出门坐上公交车"的美好梦想。此外，他还曾协助陈德胜书记，做好建设西亭小学的重建工作。即便退了休，也并非在家颐养天年，而是退而不休，继续负责村里老人协会的工作。陈友庆常说，"集体的工作如果没做好，我晚上就睡不着觉"，为了西亭的发展，为了村民生活水平的提高，他数十年如一日，一心扑在工作上，无私奉献，赢得了上级机关和广大群众的一直好评，1980-1990年代他屡获殊荣，多次当选厦门市人大代表。

陈友庆品德高尚，不计较个人得失。为了培养年轻人，使西亭村有更好的发展前景，他未到年龄却主动让贤，让年轻人接棒担当重任。从村党支部书记的岗位上光荣退下之后，他依然热心村里事务，发挥参谋、助手作用，对新一任书记、村长热心传授经验，主动做好"传帮带"，"扶上马后再送一程"，待工作步入正轨之后方安心退任，其心胸之宽广、度量之宏大，体现了优秀共产党员的忠诚、干净和担当，也得到上级党委、政府的高度评价和肯定。

在生活中，陈友庆孝顺父母、关爱兄弟、善育子女。其敬老爱幼的精神获得了村民们的交口称赞。

黄庆和

男，1948年9月生，西亭村上店社人。1981年加入中共党员。曾两度被评为厦门市劳动模范。

黄庆和七岁入学，就读于西亭小学初小部和锦园小学高小部。小学毕业后考入集美中学初中部，1961年因家庭经济困难辍学回家务农。1978年起任西亭大队第四生产队队长。1981年，加入中国共产党。任期期间，他身先士卒，带领队员积极发展食用菌种植，探索农村致富之路。

黄庆和从1972年起就开始在生产队从事蘑菇栽培，1978年改革开放之初，农村实行家庭联产承包责任制以后，黄庆和就开始自行栽培食用菌。他敢闯敢干，在党的富民政策指引下，利用自己的土地和向生产队队员租借来的土地，成立厦门市杏林区庆和食用菌场，大力发展食用菌种植。2002年与杏林区政府合作建立杏林区菜篮子食用菌基地。2011年更应国家政策的要求，与其子黄江波等人合伙创办厦门市集美区江庆食用菌专业合作社。三十多年来，黄庆和大力发展食用菌种植，靠种植食用菌致富，成了远近闻名的食用菌种植大户。

与传统的靠天吃饭的菇农不同，黄庆和十分重视科技的力量，依靠科技致富。早在二十世纪七十年代，为了种好菌菇，他勤学好问，想方设法找到集美中学生物老师林玉鹤，虚心向他求教。开办了自己的菌场后，他更坚信现代农业必须要有科技的助力，多次前往福建省亚热带植物研究所、三明市真菌研究所、厦门大学生物系等科研单位参观学习，引进高新技术。从事菌菇种植以来，黄庆和栽种过金针菇、平菇、茶树菇、鸡腿菇、姬松茸等众多食用菌品种，经过反复调研，1985年起，开始锁定反季节金针菇种植。黄庆和的金针菇种植采用冷库栽培技术，他不断加大技术投入，投资近八百万元人民币用以建设冷库、添置设备，进行大规模的工厂化生产。冷库栽培技术打破了以往金针菇种植仅限于12月至来年2月的时间限制，全年皆可生产，每年栽培的反季节金针菇可达一百多万袋，产值近三百万元人民币。金针菇种植占地面积小、产量均匀，经济效益也较传统栽培方法大为提高，庆和食用菌场很快就发展成为带动杏林区食用菌发展的龙头企业。2004年西亭土地征用前，庆和食用菌场的金针菇、平菇日产最高均可达五六吨，占到当时厦门市食用菌市场七成左右的份额。此外，黄庆和还扶危济困，热心公益，吸纳周边农村剩余劳动力就业，帮助解决了七十余名村民（多为大龄农村妇女）的就业难题，为促进当地经济的发展做出了自己的贡献。

因社会贡献突出，黄庆和曾多次被评为"杏林区'同富裕，共发展'带头人""杏林区先进共产党员"，于1982年、1999年荣获"厦门市1982年度劳动模范""厦门市（1996-1998年度）劳动模范"等荣誉称号。

陈友利

男，1949年12月14日生。西亭宅角社人，初中文化程度。1986年起，他先后创办鳗鱼养殖场、机砖厂、利祥酒店等企业，对西亭村的经济建设和发展做出了一定的贡献。

西亭村经济较为薄弱，村民收入不高，加之当时信息渠道不畅，村民就业极为困难。二十世纪七十年代，为帮助村民寻找就业途径，提高生活水平，由西亭大队牵头，组建了企业队，任命陈友利为队长，组织村里富余劳动力抱团外出务工。企业队人数众多，多时达数百人，成员覆盖面广，村庄几乎所有的人家都有人员参加。每到农闲时节，陈友利就千方百计与周边的厦门糖厂、厦门玻璃厂、火车站等企业、单位取得联系，寻求务工机会，带领村民外出务工，并负责企业队日常事务的管理，使农民工务工得以有组织、可持续地发展，有效拓宽了村民增收致富的渠道。在担任企业队队长期间，陈友利尽心尽责，为村民和用工企业搭建对接平台，实现劳动力输出有组织，就业更精准，收入有保障。他对每一个队员都十分关心，尤其对年纪较小的队员更是照顾有加，尽量避免给他们安排重活、粗活，而是先让他们从事一些较为轻松的工作，在劳动实践中带领年轻人逐渐成长。即便对下放到西亭知青农场的知青，他也从不拒绝，尽量为他们提供一些增加工分之外的收入的机会。在他的领导和带动下，西亭企业队内部团结一致，在杏林一带远近闻名。

陈宗雄

男，1954年8月5日生，西亭官任社人。厦门著名农民书法家，现为福建省书法家协会会员、厦门市书法家协会会员。

20世纪50年代，陈宗雄出生于西亭村一户贫寒农民家庭，家里世代以务农为生。1961年进入西亭小学就读，小学开设的书法课程培养了他对书法的浓厚兴趣，也使其自此与书法结下了不解之缘。为了写好书法，陈宗雄在课上抓紧一切机会向老师讨教，课后便躲在家里刻苦练习。1969年考入杏林中学后更是全身心扑在书法上。为了更好地提高自己的书法水平，他省吃俭用，从家里给的每周五角钱的生活费中挤出大部分来，用以购买与书法有关的书籍、碑帖等，废寝忘食地学习、临摹，无论寒暑，终日不辍，硬是凭着自己的努力练出了一手好字。在校期间，凡学校开办宣传专栏需要有人抄写板报，陈宗雄都是当然的不二人选。中学毕业后，因为突出的书法技能，陈宗雄曾在西亭大队担任宣传工作。20世纪70年代末，国家基本建设项目北溪引水工程左干渠厦门段开始施工，急需宣传方面的人才，陈宗雄被抽，调至引水工程指挥部从事宣传工作，直至1980年工程完工。

之后十余年，为了养家，陈宗雄尝试了很多工作。改革开放伊始便离职下海从事个体经营，成为最早一批敢于"吃螃蟹"的个体工商户，通过贩售材料、跑运输等，赚得了人生中第一桶金。1986年，他曾在地质矿产部疗养院下属的华地公司担任业务员，也曾回乡从事水产养殖、开办纺织厂等。

生活的重担必须承担，但陈宗雄心中对书法的热爱却始终不曾废止。在繁重的生活、工作压力下，他仍每天坚持练字，每天少则一个小时，多则六个小时，有时经常是凌晨三点多钟趁着夜深人静的时候起床练习书法，从不懈怠。2010年，经朋友引荐，陈宗雄结识了中国书法家协会会员吕俊瑶，并经由其推荐，加入厦门市书法家协会，后又于2012年加入福建省书法家协会。其作品曾入选《两岸书法家百副春联集》《第三届全国楹联书法篆刻大赛作品集》《中国行书选集》等书法作品集。

不仅自己热爱书法，陈宗雄还致力于中国传统文化的弘扬，他总结多年的习字经验，自编书法教材，2010-2018年，先后在西亭小学、集美第二小学、杏东小学、锦园小学等学校开设书法兴趣班，义务为小学生上书法课。2018年起转而在家中创办工作室"摇篮书屋"，招收厦门当地及外地的学生学习书法。其教授的学生有多人次在市、区各级比赛中获得嘉奖。

教授书法之余，陈宗雄不忘以自己的书法特长回馈社会。逢年过节，他总是积极响应各级政府及厦门市书法家协会的号召，带领学生深入西亭、锦园、曾营等各大社区，现场挥毫泼墨，为市民题写春联，送上节日的祝福，既弘扬了传统文化艺术，也大大丰富了广大民众的文化生活，营造了喜庆祥和的节日氛围。

陈才吉

男，1955年11月生，西亭庵后社人。西亭社区孝老爱亲模范。

陈才吉自幼由集美西亭村一户普通农民家庭收养，幼年就读于西亭小学，高小文化程度。小学毕业后回家务农，以种田、帮人挑石头等帮助家里维持生计。20世纪90年代，他向朋友学习了菌菇种植技术，在家种植金针菇。三、四年后，又尝试自行开店贩售服装。后因其为人老实本分，工作踏实肯干，被西亭附近的某加油站聘用工作至今。

陈才吉的父母一生勤劳，除务农外，包产到户后其父陈吉成还曾改做米粉生意，每天挑着重担走街串巷换米粉，辛苦养家。由于长期的辛苦劳作透支了身体，陈才吉的父母均体弱多病，尤其是进入耄耋之年后，更是双双卧病在床，生活无法自理。作为家中独子，照顾父母的重担就完全落在了陈才吉的肩上。陈才吉深知父母养育自己所付出的辛苦和艰难，与妻子林丽环一起，数年如一日，悉心照顾父母，不仅日常生活起居照顾得妥妥帖帖，更在精神上对老人倾注亲情的关爱，无怨无悔，极尽孝心。

两位老人瘫痪在床，行动不便，吃喝拉撒都在床上，又不愿意离开自己的老屋，陈才吉一家就在自己家里做好饭菜，每天按时送到父母床前，无论寒暑，风雨无阻。父亲身体不好，进食不便，陈才吉就耐心地喂饭喂汤，有时一顿饭喂下来，需要花上个把小时。除送饭喂饭外，每天还面临着端屎端尿、翻身按摩、洗澡洗衣、剪手指甲、脚趾甲等琐碎而繁重的事情，但他们没有丝毫埋怨。照顾父母的同时，陈才吉还在加油站上班，肩负着养家的重担。加油站的工作经常需要值夜班，半夜十二点下班成了当时工作的常态，可即便再迟，陈才吉也会第一时间赶回家中看望父母，帮父亲洗澡、换衣服、量血压等，经常忙到下半夜把一切都安排妥当后才放心休息。就这样数年如一日，陈才吉一家无怨无悔地坚持照料父母亲的起居生活，家里也收拾得整齐明亮。有乡亲关切他们照顾老人的辛苦，陈才吉却从不言累说苦，只是淡淡地说："做人就是这样的啊，照顾好老人是应该的，是我做儿子的责任。"

陈才吉的妻子林丽环长期罹患糖尿病，自己身体也不太好，二十三岁由杏林西滨山后张村嫁到西亭后，被丈夫的孝道深深打动，义无反顾地帮助丈夫担起了整个家庭的重担。她一边尽心尽力照顾丈夫、照料家庭，养育一双儿女，一边与丈夫一起无微不至地照顾公婆，老人胃口不好，她便一日三餐变换各种花样，给他们做可口的饭菜；婆婆想剪头发却苦于行动不便，她二话没说，背着婆婆到街上的理发店理发。在父母的言传身教下，两个儿女也十分孝顺懂事，经常帮着家里照顾祖父祖母。2012年，陈才吉的母亲生病住院，一边是住院需要全天陪护的病人，一边是瘫痪在床完全无法自理的老人，陈才吉的儿女担心父母分身无术，就主动向单位请假，轮流到医院陪护祖母、照顾家中卧病在床的祖父，有时家里实在忙不开，就连几岁大的小孙女，也会懂事地帮大人给曾祖父送饭。

都说"久病床前无孝子"，陈才吉家境并不宽裕，家庭担负着重担，但一家人却始终恪守孝道，齐心协力，坦诚面对，凭借坚强的毅力，克服重重困难，以照顾好父母为己任，数年如一日，直到2013年、2015年母亲、父亲分别辞世。爱在心中，重在行动；孝是大德，落于点滴，陈才吉以其平凡却深邃的爱对待父母，其对父母的孝顺，感动了周围的乡亲，在西亭传为美谈。2014年，为引导社区居民传承中华传统孝道文化，进一步推进社区精神文明创建工作，陈才吉作为社区居民的先进榜样，得到了西亭社区的充分肯定并获张榜表彰。

黄保和

男，1956年11月生，集美西亭官任社人。厦门大学副教授。2016年退休。

黄保和1980年从福州大学毕业后，分配到厦门大学信息科学与技术学院计算机科学系任教，历任公共计算机教学部主任、教育部高等学校文科计算机基础教学指导委员会委员等职。同时还曾先后兼任全国高校计算机教育研究会理事、全国高校计算机教育研究会财经管理分会副理事长、福建省计算机教育研究会副理事长等职务。

黄保和主要从事计算机应用的教学及研究工作，带领公共计算机教学部全体教师进行计算机基础教学的改革，先后有两门课程被评为精品课程，其中"计算机应用基础"为福建省精品课程，"C语言程序设计"为厦门大学精品课程。2005年，课题"公共计算机课程教学改革的研究与实施"获福建省教学成果二等奖。从教三十多年来，黄保和先后出版《计算机基础知识》《数据结构》《大学计算机上机实验》《计算机应用基础》《计算机应用基础实验指导和例题精解》《C语言程序设计》

《计算机应用基础（第二版）》《计算机应用基础实验与题解（新版）》《VB程序设计及数据库应用》等多部专著教材，其中，《计算机应用基础》一书被国家教育部列为"普通高等教育'十一五'国家级规划教材"。

陈亚通

陈亚通，男，农历1959年12月17日生，西亭前厝角人。现任厦门通利彩印有限公司董事长。

陈亚通出生于集美西亭的一个普通农民家庭，高中文化程度。1969年就读于西亭小学。1972年考入杏林中学，学习刻苦认真，学习成绩名列班级、年段前茅。1976年高中毕业后回乡务农。1981年购买了拖拉机、汽车等跑长途贩运。1989年改行经营针织厂，生产棉纱布。1993年，与妻弟陈忠志合股创办厦门通利彩印厂。1997年8月28日，在厦门市集美区市场监督管理局注册成立厦门通利彩印有限公司。2004年，在集美区九天湖路购买土地，建厂搬迁。新公司占地面积2万平方米，厂房总建筑面积达2.7万平方米，生产条件较之前大为改善。2005年收购修正药业集团下属印刷厂，创办通化翔海印刷厂。2008年购置100亩土地，新建了厂房2万平方米，创办了通化利通彩印有限公司。之后又创办通化利融包装有限公司，形成了包括彩印印刷、铅印、包装物品、胶印、印刷专用设备及原辅料销售，以及医药文化包装产品设计、生产等在内的专业分工精细、产品门类齐全的彩印包装产业链，为修正药业、万通集团、东宝药业等30余家大型医药产业集团提供了良好的包装配套服务。

在企业经营过程中，陈亚通始终坚持技术、人才优先的经营原则，不断创新，加大技术、设备投入，及时引进先进的技术和设备。目前，公司已拥有德国进口的全开、对开四色罗兰印刷机，大全开双色罗兰印刷机以及全自动覆面机、UV上光、磨光、模切、糊盒、装订、折页等相应的成型配套设备。公司还加强科技研发力度。据不完全统计，公司2013-2015年新增六项国家版权局"计算机软件著作权"登记证书，2009-2016年获国家级专利15项。

经过二十多年的苦心经营，厦门通利已经发展成为地跨南北，下辖厦门聚鼎印染有限公司、厦门万泰来包装有限公司、吉林省通化翔海印刷厂、吉林省通化利通彩印有限公司、吉林省通化利融包装有限公司等多家企业的综合性包装印刷企业。

截至2015年，厦门通利彩印有限公司实现年度生产总值近3亿元人民币，年纳税金额1000多万元人民币。

陈亚通教子有方，一子一女皆为高材生，长子陈小龙2009年毕业于中国政法大学法律系，现任厦门通利彩印有限公司副董事长，工作业绩出色；女儿陈小评毕业于天津南开大学国际经济贸易专业，现从事财务工作。

在个人事业取得成功的同时，陈亚通并未忘记西亭的父老乡亲。早在公司草创之初，他就大量招收西亭及其周边村庄的村民进厂工作。这些工人，进厂之后经过一系列的集中培训和学习，很多都成了企业的骨干力量，在厂里一呆就是几十年，有些还随着公司的进一步扩展一同前往东北通化分公司。在厦门通利彩印有限公司中，西亭本村的员工占全公司员工总数的三成以上，大大解决了西亭年轻人的劳动就业问题，对西亭可谓贡献巨大。

对社区公共事务及公益事业，陈亚通也是一直热心关心，资助不断。他积极协助村老年休会组织各种活动并积极参加。凡闻西亭有需要资助之公益项目，他也无不尽力而为。有时遇到社区组织开展篮球、拔河等文体活动需要经费或是修路需要筹款等，往往不等社区领导开口，陈亚通就已经主动出资帮助。陈亚通对西亭社区及其乡亲们均有较大的贡献，也因此赢得了乡亲们对他的认可和信任。2016年被村民推选为社区老年协会会长。

黄奋辉

黄奋辉，男，黄永清长子。1960年生于厦门同安。祖籍西亭上店。

大学曾就读于中国人民公安大学。毕业后分配到厦门市公安局工作，历任厦门市公安局刑事侦查支队办公室主任、厦门市公安局反恐怖工作处处长等职，2015年8月起任厦门市公安局打击走私工作处处长至今。

陈育平

陈育平，曾用名陈育藤。男，中共党员，1961年11月8日（农历十月初一日）生，西亭大社人。1978年毕业于厦门市杏林中学。高中毕业后回家务农，参加西亭企业队，跟着队长陈友利等人到杏林周边的工厂打工，到糖厂拉甘蔗渣，到火车站当搬运工，到玻璃厂安装水管。

1982年，他拿出自己多年打零工的积蓄，购买了一辆手扶拖拉机，跑起了运输。活多了就拉来邻村有拖拉机的村民一起干。几年后，拖拉机换成了农用车，运输业务也越来越繁忙。后来在西亭与后溪交界处承包了一座石山，期间，他还协助父亲建厂房，从上海、台湾等地分批购入购置了针织机、针织经编机，发展针织工业；又从安徽买来棉纱，自行生产棉纱布。他利用自家的运输优势，将自己工厂和其他村民生产出来的棉纱布一起运往泉州晋江、石狮销售，获利颇丰。

1997年5月参加村委选举，被推举为西亭村村长。甫一上任，除日常行政工作外，他首先把通公路、通公交、通电话等重要民生问题提上议事日程。1998年8月，从杏林村口到西亭小学门口的水泥路（苑亭路）动工建设，1999年元月竣工，9月1日，公交路线正式通车，极大地改善了西亭村的交通状况。同年，他建议邮电局采用"先拉线安装，再分期付款"的模式为西亭村村民安装电话，使村电话用户普及率达到90%多，西亭村也因此被评为杏林镇"电话明星村"。之后西亭村的经验被宣传推广，整个杏林镇就按照陈育平设计的这个模式发展起来，到1997年6月25日，杏林镇电话用户普及率高达每百户101.4部，成为厦门第一个"电话明星镇"。西亭村道路改造工程竣工通车以及电话通讯的普及，为西亭村日后的发展奠定了坚实的基础，村民们逐步告别闭塞，走向市场，从而大踏步走上致富之路。

自1997年担任西亭村村长以来，陈育平兢兢业业，为西亭村的发展殚思竭虑。工作态度细致而认真，讲究工作方法，以身作则，任劳任怨，不计名利，与村委会班子成员紧密团结，默契配合，注重培养年轻干部，扶上马后再送一程，体现了共产党员的高风亮节。

他善于处理难题。1997年刚到任村长，就因为沈海高速路围网牵涉到西亭村的土地而多方协调。2003年底集美北大道建设，2005年厦门园博苑建设，2010集美新城核心区建设，他都参与了艰难的征地拆迁工作。一方面，他带领村两委，走街串户宣讲，把道理讲深讲透，不断加大征地宣传力度，做好村民的思想工作，用新城建设的规划和前景，引导村民服从国家建设，使广大村民接受新的居住生活方式，而并非只是目光短浅地锁定拆迁补偿款；另一方面，他们还兼顾公共利益和个人利益的平衡，主动与政府磋商，积极为村民争取尽可能多的、合理的补偿标准，以保护村民的合法权益，使村民能够真正得到实惠。同时，为避免村民"坐吃山空"，除货币安置、住宅安置外，陈育平等人还积极探索各种新型的安置方式，加强对村民的技能培训、引导村民转产转业，重视"造血功能"的增强，使被征地村民真正享有长远的生活保障。陈育平说，村里预留了大约100亩地理条件优越的地段作为村庄建设发展用地，村里初步规划用来经营商场，今后其有望成为村民的"聚宝盆"。

2000-2015年，陈育平连任四届西亭村党支部书记。他始终把村民装在心里，所以村民们也信任爱戴他，对他的工作给予了很高的评价。陈育平为西亭村服务了近二十年，也收获许多的荣誉：曾荣获杏林区优秀共产党员（2001）、杏林区"优秀党务工作者"（2003）、杏林区人大"创先争优"优秀人大代表（1994、2011、2012）、厦门市"同发展、共富裕"工程实施工作先进个人（1999-2002年度）、杏林区"优秀党务工作者"（2003）、集美区创建全国文明城市先进个人（2005）、集美区"优秀共产党员"（2006）等。但他说："什么奖杯，都比不上村民的口碑。"

陈育平十分注重西亭历史文化根脉的传承。在他的呼吁和奔忙下，西亭社区启动村志的编修工作，其目的是抢救、保护村落文化，让后人知道自己的根脉。村志编修工作困难重重。西亭社区几乎没有什么先期的历史文化资料留存，所以需要挨家挨户走访，方能了解到西亭村的历史、文化、教育、经济、民俗等方方面面的信息。在编写人员四处采访、调查期间，陈育平带领着调查人员，走村入户，查阅资料，走访有关人员，考察村容村貌，组织召开村民座谈会，不辞辛劳，还亲自带着工具丈量建筑物尺寸、亲笔撰写部分回忆资料。为了一些史料的考证，他一丝不苟、呕心沥血，甚至利用海外乡亲回乡认祖、省亲的机会，虚心向他们请教，为村志资料的搜集、汇总提供了强有力的支持和帮助。在他的带动下，不少村民也都行动起来，为村志的编纂工作献策献力。《西亭村志》的编纂，陈育平居功至伟。

陈勇进

陈勇进，男，1962年4月12日生，西亭前厝角人。小学就读于西亭小学，1976年初中辍学后，在厦门市围垦农场（杏林农场）从事农业生产。曾在杏林公社运输队、杏林区政府驾驶班担任驾驶员。1991年停薪留职后开始自主创业，曾从事针织布制造销售、鳗鱼养殖等行业。2002年起先后创办仙灵棋农牧休闲农庄、东南矿业有限公司等企业，现任厦门仙灵棋国际研学基地亲子庄园董事长、东南矿业有限公司董事长。1994年任西亭村村长，1996年任杏林街道西亭社区居委会主任等职。曾获集美区"全国人口普查先进个人"表彰。

黄思明

男，黄永宏长子。1962年11月27日生于青海省西宁市，祖籍西亭村上店。

黄思明1983年毕业于西安空军工程大学毕业，历任南京军区装备部团参谋、正连职助理员、副团职助理员。1997年转业至南京市广播电视局，任科技处副处长、处长。多次获嘉奖。

黄奋强

黄奋强，男，黄永清次子。中共党员。1963年5月生于厦门同安，祖籍西亭村上店。在职大学学历。厦门大学法律硕士专业毕业后到厦门湖里区检察院工作，曾任缉私科科长、副检察长。后调至杏林区工作，任区委常委、政法委书记。

2003年，厦门市行政区划调整，黄奋强前往新设的翔安区工作，曾任厦门市翔安区委副书记、纪委书记、政法委书记、翔安区人大常委会主任等职。在区人大任职期间，黄奋强认真履职，坚持将强化经济监督、强化民生监督、强化"三农"工作监督作为重要工作目标，尤其是将增进民生福祉、促进民生改善作为自己工作的重中之重，增强监督工作实效，坚持督促政府做好翔安区失地农（渔）民的就业安置、学校办学条件改善以及满足群众看病需求等工作，为翔安区的快速发展作出了积极贡献。

2016年7月，因工作成绩突出，升任厦门市翔安区委书记。上任后，黄奋强带领区委班子牢记使命，把主要精力放在深入调研、狠抓落实上，解放思想、开拓创新，进一步深化供给侧结构性改革，努力培育经济发展新动能，推动翔安区走上高质量发展的道路。始终牢记为人民服务的宗旨，坚持"民生优先"的原则，加快补齐民生社会事业短板，全面提升教育、医疗等公共服务水平，并结合翔安区实际，持续推进美丽乡村建设，打造"高颜值的生态花园之城"，以提升城乡环境"宜居度"，切实增强人民群众"获得感"。

黄 澄

黄澄，男，黄永宏次子。1968年3月生于江苏省扬州市，祖籍西亭村上店。

黄澄1991年8月毕业于中央财经大学（原中央财政金融学院）西方财务专业，

获经济学学士学位。2006年8月就读于外交学院国际关系专业,获法学硕士学位。

1991年大学毕业后进入中华人民共和国外交部财务司工作。1994年5月-1997年11月,赴中国驻牙买加大使馆工作。1997年12月回国,任外交部财务司三等秘书。2001年3月至2004年5月,派驻中国驻维也纳联合国代表团、中国驻斯洛伐克大使馆,任二等秘书。2004年6月-2007年9月,任外交部财务司一等秘书、副处长。2007年10月-2011年11月,任中国驻洛杉矶总领事馆办公室主任、领事。2011年12月-2015年3月,任外交部财务司处长。2015年4月起,由外交部派出,担任上海合作组织秘书处(北京)专家。

黄劲松

男,1969年12月生,西亭上店社人。中共党员,大学学历,农学学士。

黄劲松1987年就读于福建农学院,1991年大学毕业后在厦门市杏林区农委工作,历任杏林区农委区划办副主任、综合科科长。2001-2003年,历任杏林区政府办综合科科长、副主任。2003-2011年,历任集美区政府办副主任、主任。2011年调至集美区杏滨街道,任街道办事处主任。2015年,黄劲松调任福建自贸试验区厦门片区管委会办公室副主任(正处级)。2016年5月,提任福建自贸试验区厦门片区管委会办公室主任(副局级)至今。

其子黄润洲,1997年9月3日生。品学兼优,2003-2009年就读于原杏林区曾营小学,小学毕业后以优异的成绩考入厦门市外国语学校,2015年考入北京大学生命科学学院。在校期间,荣获2016-2017年度"三好生",并获颁"金龙鱼"奖学金。

陈勇庆

陈勇庆,男,1970年10月1日生,西亭前厝角人。现任厦门力巨自动化科技有限公司董事长、厦门智造协会副会长。

陈勇庆出生于西亭村的普通农村家庭。其祖父是惠安人,年轻时来到西亭当木匠,之后便留居西亭,1978年从位于厦门江头的厦门郊建二队退休。陈勇庆的父亲自小成绩优异,从锦园小学毕业后考入集美水产学校(两年制)继续学习,因家庭经济困难,1962年辍学回乡从事木匠行业。受父亲影响,陈勇庆从小也十分喜欢读书,1982年从西亭小学毕业后以优异的成绩考入集美中学,1988年中学毕业后,以高出分数线五十多分的成绩考入厦门水产学院（今集美大学水产学院）机械制造工艺专业，是当时西亭为数不多的大学生之一。1992年大学毕业后，到美国ITT工业集团下属的ITT科能（厦门）电子科技有限公司工作。其间还曾与新加坡留学归国人员创立的特盈自动化科技（厦门）有限公司合作，研发生产点胶机。2008年辞职，创办厦门力巨自动化科技有限公司。

近十年来，我国对制造业尤其是对智能制造非常重视，智能制造自动化的发展处在一个技术不断更新突破的时代。陈勇庆响应国家号召，以敏锐的洞察力预见先机并紧紧把握住时代机遇，始终秉承"让制造更智能""科技改变未来，为改变而来"的使命，十年来专注于点胶工艺及自动化控制技术的潜心钻研，不懈精耕细作，以先进的精密点胶技术及生产自动化解决方案，帮助客户更好地提高生产效率和自动化生产水平。作为创新驱动公司的当家人，陈勇庆十分注重新产品、新技术的创新研发。在他的努力下，到目前为止，力巨公司已经拥有了一支专业技能过硬、行业经验丰富、创新意识强的资深专业研发团队，技术研发人员在企占比高达60%。公司还与厦门大学、厦门理工学院等建立产学研合作关系，联手对自动化技术在电子制造业的应用展开多学科的研究，通过与实际生产的转化，提升了在电子行业原创性技术领域的研发实力。同时，陈勇庆还注重研发人才的培育，与多所高校开展形式多样的校企合作项目，如成立厦门理工学院"研究生培训基地"及学生实践基地，在软件园三期购买近两千平方米的办公场地构建力巨-厦大研究院等，持续不断地投入和拓展新的人才培养模式，为公司智能制造的发展培养和选拔更多优质储备人才。

陈勇庆非常重视人才。在外部招聘方面，陈勇庆积极推行合伙人制度，吸引行业高端人才，使人才招得进、留得住。对于公司里诸如软件公司设计人员、车间主管等重要岗位的骨干人才，陈勇庆拿出公司股份，按照每人5%的比例加以分配，大大提高了他们的工作积极性，使他们安心工作，真正参与到企业的发展中来，和公司同呼吸、共命运，从而有效避免了人才的流失。

内部培养方面，陈勇庆尊重每一位员工的个性和需求，唯才是用，始终致力于建立学习型的组织，制订了全面的员工培养计划，采用定期聘请专家召开讲座、派遣员工外出考察学习等多种方式，努力为员工创造人才成长的平台，也为力巨的可持续发展提供了更多的可能。除"合伙人"制度外，陈勇庆还根据公司不同发展阶段的实际，采取增加平时工资、年终额外奖励资深员工等行之有效的手段，提高员工的薪资福利。

陈勇庆始终以产业新技术、新产品的方向为导向，根据市场方向、根据客户的需求潜心专研，不断进行产品创新。多年来，他坚持与3C消费电子及平显行业大客户保持密切的技术互动沟通，紧跟国际新型产品和技术的发布，对市场趋势进行预测，提前投入技术研发。在陈勇庆及其公司研发团队的努力下，目前力巨公司已取得发明专利十一项，实用型专利二十三项，软件著作权二十八项，另有十八项在申请专利。公司以点胶贴合为起点，已经形成了包括水胶贴合、指纹设备以及UV固化等专业而全面的产品系列，其中有不少产品技术在全国均处于领先水平。

此外，陈勇庆还多线并举，积极尝试涉足农业以及民用市场，开发更多的自动化生产设备。例如，专门针对沿海地区海带加工销售行业研发的海带打结机就是陈勇庆在布局民用市场上的一次尝试，也取得不俗的成绩。

力巨公司先后获得"高新技术企业""厦门创新型企业""厦门市科技小巨人领军企业""2017年度集美区成长型工业企业""2018厦门市重点上市后备企业""科技型中小企业"等诸多荣誉。2018年，经层层筛选，力巨科技终于脱颖而出，最终成为《寻找中国制造隐形冠军·厦门卷》二十六家入选企业之一。

陈伍进

陈伍进，男，1971年生，西亭大社人。现任厦门成鑫针织有限公司董事长。

陈伍进出生于普通农民家庭，家里世代务农。小学就读于本村西亭小学，学习成绩优异。1986年从集美中学初中毕业后进入福建机电学校（现为福建工程学院）求学，就读于工业企业电气化专业。陈伍进就读的福建机电学校，办学历史悠久，可溯源至1896年由末代帝师陈宝琛、著名闽绅林纾等创办的"苍霞精舍"，1980年被评定为全国重点中专学校，机电专业向来是该校的传统老专业。1989年中专毕业，被分配到华林织造有限公司工作，一开始担任车间生产技术员，后来做销售。做事踏实，为人低调，很快脱颖而出。20世纪90年代后期，恰逢国有企业改革，2002年元旦，陈伍进正式下岗，开始自主创业。2003年，在杏林台商投资区正式创办厦门成鑫针织有限公司，主要从事花边及内衣材料和生产、销售以及承接染整加工业务。

创业的过程艰难而又曲折。公司厂房几经搬迁。2003年准备将公司的经营重心逐渐地转移回西亭。2006年，他利用自家的宅基地，将之翻建成厂房，创办了厦门成鑫忠针织有限公司西亭分公司，总部仍在杏林，某种程度上也实现了他回乡发展的梦想。

之后，陈伍进大展拳脚，主动出击，布局从原料、设计、织造、染整、服装等环节在内的针织服装全产业链。目前，该公司已发展成为拥有厦门成鑫忠针织有限公司、厦门成鑫忠针织有限公司西亭分公司、诚信忠（南靖）针织有限公司等多家分公司，150余名员工，公司年产值近5000万元人民币的综合性企业，连续多年被评为集美区纳税大户。公司目前的产品主要包括服装材料和服装成衣两大块，服装材料销往全国各地，服装成衣目前主要以出口加工、销售为主，但也已经申请了自己的品牌和商标。其中内衣已经开始试水内销市场，向专、精方向发展，主攻真丝类内衣等高端产品。

陈伍进还投资了厦门聚晟兴观光休闲有限公司、善臻见文化传播（厦门）有限公司，致力于多元化发展，经营领域已涵盖织造、染整、观光农业、文化传播等众多行业领域。近年来，有感于当前中国社会在经济迅猛发展的大背景下出现的一些社会道德缺失的问题，同时也得益于集美新城营商环境和文化氛围的改善，陈伍进敏锐地觉察到国学教育中蕴含的无限商机，在做了细致的市场调研后，他依托集美文教区的文化资源，与西亭社区居委会合作建设"三千小童"孔子文化学院，希望以德育夯实人才根基，通过加强青少年国学教育，潜移默化地教化人心，培养人格，为社会培养有价值的人才，同时也为厦门的文教事业尽一份自己的力量和贡献，真正实现"实体经济＋文化教育产业"的双赢局面。"三千小童"孔子文化学院于2018年12月8日正式开放。

陈伍进不以追求经济利益为唯一目标，在追求企业自身发展的同时，还积极履行企业社会责任，坚持依法办企业，守法经营，按章纳税，2008年起，就被评为"集美区纳税大户"。多年来，他始终秉承诚信原则，生产的产品质量优良、价格实在，赢得了业界和消费者的广泛认可，同时也为社会增加了就业机会，体现了企业的良心。

保护环境是每一个企业都应该尽到的责任，纺织服装企业作为全球污染最严重的行业之一，普遍面临着节能减排、防治污染等严峻的问题。厦门成鑫忠针织有限公司属于纺织服装企业，自然也不例外。陈伍进对环境保护十分重视，他无时无刻不在关注着企业环保的把控问题，始终将环保生产、清洁生产放在工作的首位。2012年，在上级部门还没有出台明确的指导意见之前，成鑫忠就已经把发展科技、保护环境、实施清洁生产提上公司的议事日程。在污水处理方面，早在建厂之初，公司就已斥重资配备了污水处理设施，严格按照规程生产，并定期实施检查，确保达标排放。为预防污染事故发生，还建立健全污染事故预防设施，并加强管理，以防控各类事故的发生。在工业废气污染方面，也按规定安装了工业废气净化装置，并注意及时升级换代。此外，还不断改善生产技术水平，公司的生产以前主要是烧重油，污染很大，2012年起公司花大力气进行改造，全部改为烧天然气，从而大大减少了排放污染，在环境保护方面有了较大的提升。

在承担对企业员工的责任方面，陈伍进也毫不松懈。除了努力实施清洁性、安全性生产，改善员工工作环境外，还努力提高工资待遇水平，增强对员工的培训和培养，使人才落地生根，为公司发展提供充足的人才资源。陈伍进的公司里有不少五十多岁的"老"员工，在企业一呆就是十几年，按现行《劳动法》规定，年龄超过五十周岁的员工，不能在单位继续参加企业职工基本养老保险，针对这种特殊情况，陈伍进宁愿自愿多掏腰包购买商业保险，也要给予这些员工最基本的保障。在他的努力下，企业员工爱厂如家，真正做到与企业共进退。

陈正环

男，1973年3月生，西亭村官任社人。现任厦门亚环食品有限公司总经理。

陈正环出生于农村家庭，父亲在村里供销社工作，母亲在家中务农、操持家务。1981年就读于西亭小学，1989年杏林中学毕业回家务农。陈正环生性坚强、头脑灵活。回乡后，他满心憧憬地开始了自己的香蕉致富梦，却因遭遇台风梦碎。台风过后，原本长势喜人、丰收可期的香蕉树毁倒殆尽，一年的心血毁之一旦。在抱头痛哭一场之后，陈正环深刻地意识到，不能靠天吃饭，必须主动出击。于是他一边务农，一边寻找机会，并不顾家人的阻挠，硬是从少量的生活费中挤出车资，搭乘公交外出考察市场、寻找机会。其间，他做过小生意，将农村随处可见但却不值钱的田螺卖到城里，做成人生中第一笔生意。他还涉足个体运输业，1989年，在家人的支持下购买了手扶拖拉机，替附近的砖厂运送泥料。

进入1990年代，恰逢许多浙江人来西亭开办养鸭场，头脑灵活的陈正环借此便利，做起了肉鸭贩售生意。因见市场上鸭蛋销路不错，又转而在杏林白泉市场承包摊位，专门经营鸭蛋批发，从此与鸭蛋结下不解之缘。1997年，在摸爬滚打了几年之后，陈正环与妻子一起开设家庭作坊，转向发展咸蛋、皮蛋等的加工生产，之后一路艰辛向前。2005年正式创办厦门市集美区亚环蛋品加工场；2007年成功申请"亚环"品牌商标；2008年通过食品生产许可证QS认证，企业发展逐渐步入正轨。经过几年的发展，目前企业已发展成为拥有2500平方米生产厂房、年生产无铅皮蛋600吨、各式咸蛋180吨，年产值1000多万元人民币的专业化公司，并更名为厦门亚环食品有限公司。公司产品的销量也与日俱增，在省内外均有较好的销路，并随着国家"一带一路"建设项目的发展，走出国门，远销到东南亚一带。

产品质量是企业发展的根本保证，正如公司办公室墙上悬挂的那块牌匾上所写的四个大字——"诚信如金"，陈正环的成功离不开他的诚信经营。为了做良心食品，陈正环严把质量关，早在公司成立之初就在厦门市质监局的帮扶和指导下建立了产品检验实验室，还与集美大学合作，在引用19项国家标准的基础上，制定了自己的生产标准，并严格参照规范执行。这在当时对于像亚环蛋品加工场这样一个家庭作坊式的微型企业来说简直是不可思议的，对此，2009年国家标准化管理委员会刘平均主任在率督察组来厦检查工作时，在专门视察了陈正环的企业后给予了充分肯定和高度评价。正因为始终秉持"诚信"二字，所以陈正环不以获取利润为企业经营的唯一目的，始终坚持脚踏实地做企业，从不轻易跟风生产"网红"食品。2006年，当高利润的"苏丹红"咸鸭蛋充斥市场时，他始终坚持质量第一、客户至上的经营方针，宁可销量减少，也要确保产品质量，绝不随波逐流。"诚信"经营，是他做企业始终恪守的原则，也是他永远不变的信念。

技术革新是企业发展的持续动力。在关注产品质量的同时，陈正环十分关注蛋品加工技术的变革。以咸蛋为例，由于当时市面上销售的多为传统工艺研制的咸鸭蛋，研制周期长，腌制过程无法精确把控，产品难以满足现代消费者对食品安全、营养和风味等的消费需求。为此，陈正环对传统腌制加工技术进行了革新，经过坚持不懈的试验、摸索，自行研发出真空熟咸蛋生产工艺，使"亚环"牌咸鸭蛋的生产品质和生产效率均得到大幅提高，产品迅速从众多品牌中脱颖而出，成为厦门蛋品加工行业的佼佼者。此外，陈正环还不断扩大产品种类，除咸蛋、皮蛋、咸蛋黄等传统品类外，还根据市场的需求，开发无铅皮蛋、咸蛋黄酱等新型产品，供应给超市、餐饮、烘焙等相关企业。

在发展事业的同时，陈正环也不忘承担社会责任，回馈社会。在其公司中，约有三分之一的员工为西亭村居民，其中尤以四十岁以上的中年女性为多。公司在招工时优先考虑西亭本村村民，在一定程度上帮助西亭社区解决了部分群众的就业问题。陈正环还注意带动周边农民共同增收致富，2014年，他联合农户，组建厦门欣亚环家畜养殖专业合作社。合作社实行"公司＋农户"的模式，在同安区购置山地，经营鸡鸭猪羊等家禽家畜的饲养等项目，由公司提供种苗、技术和信息，指导农户养殖，再由公司收购产品。规模化养殖和产业化经营使养殖的专业化程度大大提高，公司和养殖户各自的优势都得到了更大程度的发挥，双方的利益也均有较大提升，农业增值、农民增收、企业增效，可谓一举多得。不仅如此，有时为了最大限度地保障农户们的利益，陈正环甚至不惜采用保价收购的方式，宁可自己少赚钱，也要确保农户少受损失。

十余年来，因诚信经营，锐意创新、开拓进取，不忘回报社会，陈正环赢得社会的广泛认可和尊重，福建电视台海峡视点栏目、厦门集美视听在线栏目等多家媒体曾专门对其进行采访报道。

黄　蓓

女，黄永宏之女。1973年6月出生于江苏省扬州市，祖籍西亭村上店。

黄蓓于1992年以优异的成绩考入厦门大学经济学院会计系，在校期间学习刻苦认真，品学兼优，各学年均获一等奖学金，1996年曾获颁"光华奖学金"。毕业后保送厦门大学研究生院会计系继续攻读硕士研究生，1998年8月赴美留学。2000年5月从美国南卡罗来纳州克莱姆森大学商业和行为科学学院经济学系毕业，获经济学硕士学位。现定居美国。

大学毕业后，黄蓓于2000-2006年在汤姆森路透社任高级税务分析师。其间，2005年更凭借过硬的专业水平，考取美国德克萨斯州执业注册会计师证书。2006年至今，任多家公司及个人税务顾问。2007-2012年，进入中国上市公司中兴通讯美国分公司，任财税总监。2012年从中兴离职后，担任美国上市公司环泰税务总监。2015年至今，在法国上市公司赛峰航空集团任美国及北美部地区税务总监。

二、人物表录

（一）西亭后裔从事公职人员一览表

西亭后裔从事公职人员一览表

角落（组别）	序号	姓名	工作单位	职务（职称）	备注
官任社 1组 10组 14组 15组 18组 19组	1	陈立祥	厦门市海事局	正处级	
	2	陈伟强	厦门监察局	副处级	
	3	陈海建	海沧区农林水利局	正处级	
	4	陈金田	厦门市东渡港务局	科级	
	5	陈 吉	杏林区经贸委	科级	
	6	陈美忠	灌口镇财政所	科级	
	7	黄保和	厦门大学	副教授	
	8	陈远新	集美区执法局灌口中队	中队长/科级	
	9	陈文煌	集美区卫生局卫生监督所	综合科科长	
	10	陈灵芬	集美区信访局	副处级	
郭厝社 2组	1	陈鹤岩	曾营小学	教师	
	2	陈慧芳	曾营小学	教师	
	3	陈进财	灌南小学	教师	
	4	陈杏福	西滨小学	教师	
	5	陈更生	厦门十中	教师	
庵后社 3组	1	陈明华	海沧区老干局	局长/正处	
	2	陈和钦	翔安区土地局	局长/正处	
	3	陈艺婷	杏南中学	教师	
	4	林素芬	厦门十中	教师	
上店社 4组	1	黄嘉惠	西亭小学	校长	
	2	黄永清	同安县人民政府	同安县第五区公所副区长、第八区公所副区长等	
	3	黄永宏	扬州大学	教授/享受国务院津贴	

（续）

角落（组别）	序号	姓名	工作单位	职务（职称）	备注
上店社 4组	4	黄永毅	西亭小学	校长	
	5	黄奋辉	厦门市公安局	刑侦支队办公室主任／正处级	
	6	黄奋强	厦门市翔安区	区委书记／副厅级	
	7	黄思明	南京广播电视局	正处级	
	8	黄 澄	外交部	正处级	
	9	黄劲松	厦门自贸区	办公室主任／正处副局级	
	10	黄巧巧	后溪中学	教师	
	11	黄彬彬	后溪小学	教师	
三落角 5组	1	陈志坚	集美区文体局	副处级	
	2	陈素珠	厦门市自贸区	正处	
	3	陈章油	厦门市公安局	正科	
	4	陈海宾	厦门市供电局	所长	
	5	陈少霖	广东省佛山市特警大队	大队长／正科	
	6	陈 林	泉州市晋江市公安局	职员	
	7	陈雅明	厦门理工学院	教师	
	8	陈 颖	厦门华侨中学	教师	
	9	陈秀玲	集美区新源小学	教师	
	10	陈宾隆	厦门十中	教师	
	11	陈振溪	厦门十中	教师	
	12	陈 赟	厦门大学	教师	
	13	陈 璐	厦门市金山小学	教师	
	14	陈海兵	海沧区供电所	所长	
宅角社 6组	1	陈永记		高级教师	
	2	陈永成		高级教师	
	3	陈国志	厦门十中	教师	
	4	陈金双		教师	
	5	陈志君	工商银行杏林支行		

（续）

角落（组别）	序号	姓名	工作单位	职务（职称）	备注
宅角社 6组	6	陈国忠		教师	
	7	陈海英	泉州女子劳教所		
	8	陈团利	海沧中学	教师	
	9	陈友恒	杏林乡政府	乡长	
	10	陈雪玲	厦门大学	管理学院书记/正处级	
前厝角 7组	1	陈钟庆	厦门冶炼厂	厂长/会计师	
	2	陈钟法	山西省太原卷烟厂	科长/工程师	
	3	陈文杰	霞浦县三沙冷冻厂	副厂长/工程师	
	4	陈素娟	厦门市物资公司	一汽经理	
	5	陈国典	锦园小学	校长/高级教师	
	6	陈建本	杏苑小学	教导主任/高级教师	
	7	陈咏梅	集美大学工商管理学院	副教授	
	8	陈薛蕙	曾营小学	高级教师	
	9	陈永锋	厦门市农业局	科长	
	10	陈卫平	集美区后溪镇	镇长/正处	
	11	陈素珠	厦门华伦厂	统计师	
	12	陈巍刚	杏林外商投资服务公司	工程师	
后厝社 8组	1	陈民安	杏西小学	教师	
	2	肖东升	厦门第十中学	教师	
	3	陈国贵	集美中学	教师	
	4	陈国培	锦园小学	教导主任	
	5	陈亚芬	锦园小学	教师	
	6	陈国恩	厦门市建设局	科员	
	7	吴召伟	厦门市地税区	副主任科员	
	8	陈颜婷	集美大学诚毅学院	教师	
湖内社 9组	1	陈世界	海沧区人大	人大副主任	
	2	陈东旭	永春森林公安局	警员	
	3	邱松溪	碧溪小学	教师/校长	
	4	陈宝庆	锦园小学	教师/校长	

（续）

角落（组别）	序号	姓名	工作单位	职务（职称）	备注
湖内社 9组	5	黄盛达		教师	
	6	黄晓岩	兴才学院	教师	
	7	陈锡妮	曾营小学	教师	
	8	邱美珍	石康小学	教师	

（二）西亭后裔创业情况一览表

西亭后裔创业情况一览表

负责人或法人代表	企业名称	主营业务活动（或主要产品）	注册资本（万元人民币）	地址
陈四英	厦门市集美区西亭社区幼儿园	幼儿教育		厦门市集美区祖妈路18号
陈伍进	厦门成鑫忠针织有限公司西亭分公司	加工、织造、销售：针纺织品、服装辅料、化纤原料、服装。	50	厦门市集美区杏林街道西亭村南山路6号
黄江波	厦门市集美区江庆食用菌专业合作社	组织采购、供应社员所需的生产资料、组织收购销售社员生产的农产品	124	厦门市集美区杏林街道西亭村上店65号第四层
陈碧芳	厦门路勇土石方工程有限公司	承接土石方工程（不含开采）；仓储（不含危险化学品、监控化学品及易制毒化学品）；国内货运代理；搬运及装卸服务；建筑工程施工；汽车租赁（不含营运）。	1000	厦门市集美区杏林街道西亭居委会祖妈路73号
陈毅榕	杏林镇西亭村中心卫生所	全科医疗		厦门市集美区杏林街道西亭村祖妈路1号
陈正环	厦门亚环食品有限公司	果品批发；蔬菜批发；其他预包装食品批发；其他农牧产品批发；果品零售；蔬菜零	100	厦门市集美区杏林街道西亭

（续）

负责人或法人代表	企业名称	主营业务活动（或主要产品）	注册资本（万元人民币）	地址
		售；预包装食品零售；蛋品加工；其他未列明农副食品加工；其他未列明食品制造。		村下官路2号
陈志阳	厦门意阳欣工贸有限公司	批发零售：五金交电、日用百货、建筑材料、包装材料、纺织品、纸制品、化工原料（不含危险化学品和监控化学品）；体育用品、橡胶制品加工制造（由分支机构经营）。	100	厦门市集美区杏林街道西亭村9组
陈其岳	厦门信岳市政园林工程有限公司	市政道路工程建筑；道路货物运输（不含危险货物运输）；粘土及其他土砂石开采；其他建筑材料制造；其他未列明土木工程建筑（不含须经许可审批的事项）；土石方工程（不含爆破）；房屋建筑业；公路工程建筑；建筑装饰业；其他道路、隧道和桥梁工程建筑；管道工程建筑；未列明的其他建筑业；水源及供水设施工程建筑；建筑物拆除活动（不含爆破）；建筑工程机械与设备租赁；其他未列明的机械与设备租赁（不含需经许可审批的项目）；园林景观和绿化工程设计。	1600	厦门市湖里区禾山街道岭下西路260号旭日辽海国际大厦9B
陈忠志	厦门通利彩印有限公司	包装装潢及其他印刷；其他纸制品制造；经营本企业自产产品的出口业务和本企业所需的机械设备、零配件、原辅材料的进口业务，但国家限定公司经营或禁止进出口的商品及技术除外；房地产开发经营；书、报刊印刷；本册印制；装订及印刷相关服务；记录媒介复制。	636	厦门市集美区九天湖路228号1-2楼
陈亚通	通化利通彩印有限公司	包装装潢及其他印刷；其他纸制品制造；经营本企业自产产品的出口业务和本企业所需的机械设备等。	1000	通化市东昌区金厂镇金厂村
陈忠志	通化利隆包装有限公司	包装印刷	1000	通化市东昌区金厂镇金厂村

（续）

负责人或法人代表	企业名称	主营业务活动（或主要产品）	注册资本（万元人民币）	地址
陈忠志	通化翔海印刷厂	胶印、彩色印刷、包装物品加工。	100	通化市修正路36号
陈友利	利祥酒店			
陈建朝	厦门聚富塑胶制品有限公司	塑料薄膜制造；工程和技术研究和试验发展；塑料板、管、型材制造；塑料丝、绳及编织品制造；泡沫塑料制造；塑料包装箱及容器制造；日用塑料制品制造；其他塑料制品制造；日用及医用橡胶制品制造；其他橡胶制品制造；经营本企业自产产品的出口业务和本企业所需的机械设备、零配件、原辅材料的进口业务，但国家限定公司经营或禁止进出口的商品及技术除外；其他未列明批发业（不含需经许可审批的经营项目）；其他机械设备及电子产品批发；文具用品批发；农用薄膜批发；其他化工产品批发（不含危险化学品和监控化学品）。	2280	厦门市集美区杏林北二路28号
陈勇进	厦门市勇翔置业集团有限公司	房地产开发经营；对高优农业、工业的投资；电子产品的生产、销售（生产仅限合法设立的分支机构经营）；蔬菜、花卉的种植及销售。	1300	厦门市集美区莲花新城龙亭三里3号201室
陈勇进	厦门仙灵棋国际研学基地亲子庄园	果树、食用菌种植；提供观光休闲等。	100	厦门市集美区灌口镇大枋洋
陈勇庆	厦门力巨自动化科技有限公司	研发、加工、销售：自动化设备、精密电子设备；设计、开发：工业自动化软件及提供技术服务；经营本企业自产产品的出口业务和本企业所需的机械设备、零配件、原辅材料的进口业务等。	1500	厦门市软件园三期诚毅北大街5号1202单元

（三）西亭寿星名录

西亭70岁（含）以上寿星人数统计数据表

（截至2018年12月31日）

	一组	二组	三组	四组	五组	六组	七组	八组	九组	十组	性别比例 男	性别比例 女
90周岁以上	3	3	/	2	2	/	6	2	2	4	8	16
80-90周岁	14	16	7	5	23	3	11	14	10	10	45	68
70-80周岁	25	26	10	11	40	27	29	30	23	15	111	125
合计	42	45	17	18	65	30	46	46	35	29	164	209

西亭80岁（含）以上寿星名录

（截至2018年12月31日）

	80-90周岁（112人）	90周岁以上
一组	陈忠孝　周母猪　周美杏　陈老福　陈福气 陈成宗　高宝贝　陈清阵　林宝要　周玉珍 林　甘　巫允清　陈美德　陈吉丕	林秀进　周水心　郭　富
二组	陈金在　陈文加　陈水笔　陈亚义　陈赞成 陈朝鹿　林亚珠　陈文九　周欢喜　蔡端美 林菜花　高美凤　黄笑花　陈文忠　周美华 林美甘	林月品　林花痛　林速娥
三组	陈文如　陈江汉　张　铅　林　唇　黄乌有 黄昂迷　陈和尚	
四组	黄文姝　贾晋碧　陈　英　黄英莲　黄敏成	周菜瓜　高金针
五组	陈文泉　陈老婴　陈泊艺　陈水法　陈其和 陈利嘴　林碧珠　林碧珍　林理加　黄爱治 黄美莲　林素珍　蔡美珍　傅　绸　蔡　艺 陈金不　陈国营　高清锦　苏宝华　陈永吉 黄海莲　陈其力　陈金双	陈文态　陈仕成
六组	林清玉　卢妈纯　杨美容	
七组	陈祥辉　吴素兰　杨秋菊　王碧华　连金枝 陈美章　陈美福　黄秀月　陈胜忠　郭树兰 陈秀枝	陈德胜　陈顺忠　陈道兴　周金晟　黄大石 黄加治

（续）

	80-90周岁（112人）	90周岁以上
八组	高莲叶　周不甘　叶吉花　张仕木　陈育仁 陈钟程　蔡玉珍　陈秀玉　林金蕊　黄锦华 陈巧勤　陈宗超　陈自强　蔡碰	陈钟喜　王秀梅
九组	陈文伟　陈明德　李良才　周玉仙　杨玉凤 刘金治　林铅　谢莲秀　郑淑英　陈珍菊	陈元成　陈来守
十组	黄亚来　周美羡　黄武盛　黄老态　陈玉叶 陈金富　陈金刁　陈莲珠　林玉对　周网流	陈素廉　林扁　李四月　高爱莲

附：西亭知青农场人员名录

（据1998年10月6日聚会所留材料整理）

场　　　长：陈国营

副 场 长：陈文行

村委书记：陈友庆

指导农民：陈水撬　陈文恁

回乡人员：陈凤鸣

带队干部：陈泉发　程复华　江明坤　刘春景　陈加生

知　　青（76人）：

刘千方	吴经茵	关长环	陈婉瑜	周骁	朱奕丹	陈丽真	陈丽珠
余清厦	余清跃	王易志	蔡榆影	林鲁正	任秀治	林美珍	李振煌
程秀卿	苏志裕	李淑琴	周清海	林义福	陈重义	陈国进	庄永嘉
勇嘉斌	汪嘉熙	林玉慈	林玉千	杨建全	陈明英	杨培森	陈文彬
曾丽宝	陈逸明	钱伟敏	洪文娟	刘桂凤	沈淑清	陈秀岚	叶丽珍
林仁亮	林水福	杨先增	王珊	郭丽娜	施兴白	珲琼	郑奕研
尚维克	魏志毅	于少华	丁东凤	郑振兴	林比娜	汤宜军	肖文发
陈联福	陈团治	高新民	李伟谦	庄辉煌	黄小榕	李素华	陈炳虎
李天源	陈泰祥	李毓娟	陈鲁民	白维琴	张黎媛	卢秀华	曾焕明
刘亚欣	吴永河	陈苏萍	郑秀华				

第七章　民间信仰

一、西亭村的民间信仰

宗教是在一定历史阶段形成的精神现象。由于人们的生活需要，这种精神现象逐步衍生出相应的社会实体，并且形成了巨大的影响力。由于宗教的产生、发展，与各个时代和地域的社会经济文化状况密切相关，具有浓厚的时代性和地域性特征。

闽南素有"好巫尚鬼"的传统，鬼神无处不有，宫庙随处可见，神灵头绪纷繁。西亭村的宗教就呈现出显著的闽南特色，主要以组织相对松散、缺乏较为完善的思想体系，但却在民众中广泛存在、并产生巨大影响的民间信仰为主。村里民间信仰种类繁多，以地方神祇为中心，将佛、道、儒等因素相糅合、分化又互相勾连，构成了复杂完备的神灵体系。民间信仰是西亭村最普遍的民俗事象，在20世纪90年代中后期得到普遍的恢复——以宫庙重建和活动复兴为主要标志。各村的宫庙基本都由老人协会管理，修缮和活动经费来自村民的添油香资。主要神灵信仰包括保生大帝、祖妈、辅顺将军、广泽尊王、王公、王公娘、注生娘娘、土地、观音、玄天上帝、玉皇大帝、王母娘娘、祖师、哪吒、清水祖师、三平祖师、关帝、张天师、阎罗天子、姑妈婆、城隍、大使爷、二使爷、王爷、赵子龙、有应公、玄坛爷、五谷仙帝、虎爷等三十余种。建立的宫庙达十多所。可以肯定地说，这些见于宗教典籍和神话传说中的众多神灵，以各种方式对村民们的日常生活与精神生活产生着重要的影响。

民间信仰具有显著的实用功利性。西亭村的许多宫庙中，除了奉祀的主神之外，还往往配祀有数量不等的其他神灵。这是因为，对于广大乡野村民来说，信仰的功能主要服务于人们在现实生活中的实际需要，祈求风调雨顺、五谷丰登、升官发财、驱邪避恶、人丁兴旺、科场夺魁，或者在遇到水旱灾难、兵荒马乱和各种困境之时能化险为安、获得神灵护佑解救。而最受到村人们信赖和膜拜的，往往就是那些不断以各种"灵验"的效果满足了村人需要的神灵，香火旺盛，信众如云。相较于制度化的宗教，西亭村的民间信仰总体上表现出贴近民间、深入生活、富于乡土气息的草根性、人情味，在村民们的日常生活和公共空间、公共事务中占有举足轻重的地位。

中国文化在发展过程中保留了浓厚的宗法观念，强调慎终追远，敬祖穆宗。中国人的身份认同首先是以家族血缘为基准，在认祖归宗的血缘脉络中来确认自己的存在。此外，广泛存在于乡村社会的则是从远古宗教演变而来的神祇崇拜。祖先崇拜和神祇崇拜，构成了西亭村民间信仰的主要方面。

（一）祖先崇拜

祖先崇拜是指对祖先亡灵的崇拜，它以血缘关系为基础，是受血缘观念支配的宗教意识和有关活动。它脱胎于远古宗教的鬼魂崇拜，但却突出了对于与生者具有血缘关系的祖先亡灵的特殊崇拜，并在后世发展出了一套完整系统的祭祀仪式，用以表达对先祖恩德的缅怀、追慕，并以此达成对家族血缘关系及其伦理秩序的认同，强化家族成员的凝聚力。宗族仪礼是围绕宗族生活而产生的各种仪式和礼节。这些仪礼主要表现为：家族内部的集体祭祖活动、族谱编修管理、祠堂的整修、人生仪式、以及宗族宗亲之间的往来。祭祖活动是维系本村同宗关系，建立外部宗族关系的最主要手段。在祭祖活动组织有序的西亭村，村民的社会关系比较和谐，村内共公共事务能够得到妥善的处理，村庄清洁齐整，在周边村落中很有威信。

通过家族性的拜祭仪式，所有家族成员被高度地统一于血缘脉络的整体中，各就其所，各安其责，井然有序。祖先崇拜主要通过各种仪式得到表现。随着城市化进程的推进，西亭村的祖先崇拜的仪式和规制不如以前那么严格，或进行一些局部的变通，但各家各户还是相当重视，各种祖先祭拜的仪式仍被保存下来。这些仪式包括家祭、墓祭和祠祭。

1. 家祭

家祭是在家中居所对祖先进行的拜祭仪式。西亭村各户居民逢年过节和每月初一、十五，均要祭拜祖先。四个主要节日元宵、中元、冬至、除夕的祭拜规格比较隆重。家庭中每逢婚嫁、生育、升学、盖房等重大事务，皆行祭拜之礼，祈福禳灾。而月初和月中祭祀的供品及形式相对简单，一般为家常饭菜或水果糕点，由主妇上香行礼即可。重要节日与重要大事，则需由家长率领全家行上香祷告跪拜之礼。祭祀后，全家分食供品，享用祖先赐给的福胙。定婚前要举行"合婚祭"，将写有男女双方生辰八字的红纸压在祖龛香炉下，请祖先审察。三天之内，家无灾祸，亦无吵架、打破碗盆之类不吉事情发生，表明祖神同意这桩婚事，即可完婚。

2. 墓祭

墓祭是在先祖墓地举行的祭拜仪式，分为家庭墓祭和合族墓祭两种。前者以家庭为单位，祭祀对象一般是家长的祖、父两代，时间为清明、中秋和十月中，供品为应时果品、糕点、香烛、金银纸等。由家长率家人来到墓地，先清除墓地及周边杂草；如是土冢，要适当添土、拍实。祭拜时，先陈列供品墓碑前，家长焚香祷告，敬酒献礼，家人按辈分依次行三跪九叩礼。礼毕，烧金银纸，燃放鞭炮，墓祭结束。合族墓祭为祭祀家族共同祖先，由各房派人参加。祭祀仪式由司仪主持，族长焚香敬酒，颂读祭文，内容多为追怀祖先恩德，激励后辈上进之语，然后依序跪拜。合族墓祭祭祀仪式声势浩大，合族人众肩抬猪、羊、鸡、鸭、水果、酒等丰盛祭品，沿途举旗奏乐，浩浩荡荡。

3. 祠祭

在各姓宗祠举行，时间多在元宵、冬至，仪式繁简有别。世居望族祠祭仪式郑重烦琐，主祭、引唱、通唱、司乐等执事一干人事齐备。主祭古为嫡传长子，后多由族中有声望的长者担任。行祭日，执事者点燃香烛，陈列供品，族亲按辈分男左女右排列阶下。祭祀过程按引唱、通唱提示进行。其程序为：参神、盥洗、请祖、初献礼、奉馔、读祝文，亚献礼、奉馔、献帛、三献礼、奉馔、侑食、荐饭、献茶、诵嘏词、饮福受胙、化帛、烘祝文、辞神、请祖、撤馔。以上每一程序均要行礼，三次献礼要三奠酒三祭酒，一跪四拜。饮福受胙意为接受祖先的恩赐。执事者代祖考取神案之酒赐与主祭者，主祭者跪饮后，四拜、平身，然后分供品与族人。祭祀结束后，阖族宴饮。

（二）神祇信仰

西亭村民间信仰种类繁多，现有宫、庙、庵等十余处。供祀的神祇有保生大帝、辅顺将军、三位祖妈、天公、土地公、广泽尊王、注生娘娘、王公娘及各姓王爷等，以主祀保生大帝的庙宇为多。

1. 保生大帝

保生大帝又称大道公、吴真人，姓吴名夲，北宋太平兴国四年（979年）三月十五日生于泉州府同安乡白礁乡（现属漳州市）。保生大帝从小天资聪颖，潜心医理。其父母因病早逝，使他立志学医济世。他初拜蛇医为师，后云游四方，求教于当世多位名医。结合各家各派，潜心钻研，终于修成自成一体的医术。他终生未婚，行医为志，医病不问贵贱贫富，常为乡人们义诊施药。他还亲自采药炼丹，按病投医。其医术高明，医德高尚，许多奇疾怪病，无不药到病除，一生救人无数，医泽广布乡里，被誉为神医。明道二年（1033），瘟疫流行，乡民不堪其害，吴夲跋山涉水，顶风冒雨，奔波于漳、泉之间，救民无数，乡民们感其恩德，视若神明。景佑三年（1036），他在采药文圃山时坠崖而逝。吴夲去世后，乡民感念追怀，为之塑像立祠，私谥为"医灵真人"。经世代传诵，吴夲渐从受人爱戴的民间医生演化成能白骨重生的神医，呼风唤雨、救灾灭盗无所不能的保护神。南宋庆元元年（1195），朝廷追封其为"忠显侯"，后多次受封，明永乐七年（1409）敕封为"万寿无极保生大帝"。在西亭村，保生大帝是最重要的神祇之一，大岭的万安宫、仙景的开兴宫和枋塘的一座小庙（无庙名。据村民郑自由回忆，庙名可能曾叫万寿宫）都奉祀保生大帝，洋坑万寿宫中，保生大帝则是配祀三宝佛的重要神祇。

每年三月十五日，保生大帝的神诞日，各宫庙都设醮酬神，举行隆重的祭拜仪式。这样的仪式，是村民用特殊的方式酬谢神灵，也是村里的狂欢节。全体村民们，由各个宫庙理事会负责组织，自发性地却又默契地互相合作，来集体完成整个拜祭仪式，并组织颇有阵容的进香队伍到保生大帝祖庙白礁慈济宫参拜，遇到年节，全村村民都会参加进香活动。一般会由青壮年负责将神像抬至专为神灵准备的车辇中，由四人一起抬着载着神像的车辇到白礁请香。据村民们说，以前交通不便，也没有汽车等现代工具，都是由村人们轮流抬着神辇步行去进香，因此要很早出发，需要大半天的时间才能往返。现今交通方便，家家都有汽车，都是用卡车装载神辇，各家各户派车组成"请香"的车队，排在最前面的是向导车，然后是运载神辇的卡车，后面则是村民们组成"请香"车队，可多达上百辆，鱼贯而出，一路锣鼓喧天，充满喜庆气氛，场面颇为壮观。到了白礁祖庙，先是由四人抬着神辇在广场上绕圈巡游，仪仗队、锣鼓队、舞蹈队排在后面敲锣打鼓，载歌载舞，以此酬谢尊神。后由乩童和司仪主持，在祖庙完成繁琐的祭拜仪式后，分取香灰添加到自己的庙宇中，冀求能够持续得到祖庙神灵的灵力，使自己的庙宇香火更加旺盛。返回自己的宫庙后，再依例完成完整的祭拜仪式。后续还会到村子各个角落绕境游神，意在使神灵们也得到足够的欢愉和喜悦。

2. 辅顺将军

杏林街道西亭社区湖内村东榕树下有一座年代较为久远的庙宇——朝旭宫，宫内奉祀的神明是辅顺将军。朝旭宫辅顺将军的香火分自灌口山口庙，位于今厦门市集美区灌口镇东辉村徐厝后。关于辅顺将军的传说有诸多不同版本。其中之一，根据灌口地方耆老口述，是宋真宗时代为征服闽越，朝内派遣杨文广为元帅平息闽王叛乱，杨文广部下马殷和李伯苗任先锋官，平闽后二人被真宗分别敕封为辅顺将军和辅胜将军。还有一个说法是本在宋朝京城兵部任殿前武职的马姓武官，被尊称马舍人。马舍人在军营中学有医病及药方妙术，某一次在奉令将急密诏书传给闽南军营时，正值泉漳地带发生瘟疫，马舍人留闽协助医疗，救助无数黎民，终于病倒在泉漳，因此受百姓崇拜，将之雕塑神像祀拜，宋朝廷闻及，追封为辅顺将军。朝旭宫应是在西亭村的陈氏始祖增保公之后裔所建，是增保公自嘉禾岛店前（今殿前）迁居西亭后，因山口庙建竣后得众多信徒祀拜且神明灵验，故分其香火而建成。辅顺将军祀祭正日，原本为每年旧历九月十五日，古时西亭村民讨海渔民为多，因此时适逢满潮，解放后政府倡导渔业生产与神祇祭拜兼顾、并重，后来西亭村民们遂将辅顺将军祀祭正日改在九月初十日低潮时举办。

3. 三位祖妈

西亭村大社有一座年代久远的宫庙——宝凫宫。庙内供奉着三尊祖妈像，村民们也把宝凫庙称作祖妈庙。关于三位祖妈的来历数百年来留下非常动人的传说。话说明末清初年间，泉州府同安县连厝堡桐林社（今西亭村瓦山脚下），曾有三位婀娜多姿、能歌善舞、端庄贤淑的妙龄少女隐居于红花刺枞中。一日天空雷神大作，只见红花刺枞后三道金光，化成三只雌凫精灵自由飞翔在蓝天上。至此，地方百姓方知她们乃神仙下凡，女菩萨化身。尔后当地百姓为其建庙宇塑金身，供奉女神称"祖妈"，取名宝凫庙。祖妈女神普度众生、慈善为怀，虔诚信徒有的求添丁发财，进爵升官，有的求消灾解祸、祈求平安，几乎有求必应。村落炊烟袅袅，生活安逸，渔米之乡西亭，呈现盛世祥和。为报答祖妈庇佑之恩，老百姓定于每年农历正月初八绕境巡视进香、演大戏；农历二月二十七日为祖妈祝寿，届时信徒还愿，祭品繁多，笙歌如潮，香火鼎盛。

4. 天公

民间视天公为宇宙最高统治者，正月初九日为天公生日。西亭村民们在前一日家家蒸红龟粿，置备供品。是日，厅堂悬挂天公灯，上书"天公赐福"之类祈愿语句，门外安放供桌。早年祭品仅三杯清茶，以后渐趋丰盛。富家供设五果（柑、桔、苹果、香蕉、甘蔗）、五牲（鸡、鸭、鱼、肉、蛋）、六斋（香菇、木耳、冬笋、菜心、豌豆、金针菜）和甜食。贫穷之家供品较为简单，但红龟粿（龟形，以糯米粉和水制作，染红色）、米糕、红蛋必不可少。祭仪在初九日子时进行，家长率家人按辈分依次行跪拜礼，祈求天公保佑风调雨顺、全家平安。然后烧金纸，放鞭炮，富家尚请道士做法事，演戏娱神。灌口等地一年两次，六月初七日亦举行祭祀仪式。有的地方甚至连结婚、乔迁亦行祀事。现今仪式简化，多由家庭主妇烧纸、默祝即可。

5. 土地公

土地公，正名福德正神，又名大伯公。境内几乎村村社社均有土地庙，家家户户皆供土地像，商店店面窄小不便供像的，便在墙上开一小龛，供奉"福德正神神位"，点燃电光长明烛。土地公职位虽低，但与人关系密切，故礼拜最勤。民间每月初一、十五，或初二、十六，逢年过节，均备酒菜拜祀。二月初二乃土地公生日，西亭村民们除在家中和村头祭拜外，还带上香烛、金纸及米糕、兜面等供品，约定俗成地齐集天马山下土地庙祭祀，祈求保佑合境平安、五谷丰登。往年求子得子者，以鸡、酒、油饭答祀；求六畜兴旺如愿者，用猪头、猪尾还愿；为孩子求福者，则以纸扎人代子"勾替身"，求神保佑孩子平安健康成长。

6. 广泽尊王

广泽尊王俗名郭忠福，后唐同光初（923）二月二十二日出生于清溪故里（今安溪县金谷镇）。习称郭圣王、圣王公，号仁圣广泽大天尊，相传为郭子仪后人，郭子仪传至郭嵩入闽，郭嵩传至郭华入泉，乃父郭明亮，以茶农为生，早逝。圣王神母感异梦而娠，生即神异，气象豪伟，以纯孝闻名。相传郭忠福家境贫穷，但他"生有孝德"。其父去世后，母子二人到河内（今河美村）富户杨长者家帮佣，郭忠福为杨家牧羊。圣王年十六农历中秋后七日，携瓮酒牵羊，登于凤山之麓，盘坐古树藤，神窍大开得道羽化，晋为神祇（乡民认为古藤化身坐地成佛，当时的习俗佛道不分）。坐化之时酒尽逝于器，牛只存其骨，乡民异之，且常见圣王入梦，排难解惑，灵异事迹便及乡间，地方士绅遂于圣王坐化之处桩身立祠纪念，称郭山庙。自宋至清，郭尊神因神威显赫，屡建奇功。宋绍兴年间得高宗敕封"威镇广泽侯"，并赐庙额"威镇"，历代交迭奏请加封，至清同治九年（1870），累封至"威镇忠应孚惠威武英烈保安广泽尊王"。千余年来广泽尊王信仰神威广布，在闽南地区和台湾、东南亚等地信众日多，成为闽南"四大圣王"之一。

7. 门神

西亭村祖祠、神庙均供有门神，居民住宅则请道士、乩童画符一道，或画门神一张贴在门额上，以避邪驱鬼。

8. 后土

民间遵奉后土为生育万物总管大地之女神，造墓、埋葬、迁葬均需祭拜，祈求允许安葬并予以保护。后土碑立于墓左前方，亦有左右各立一碑者，碑高约五十厘米，碑前设供案，每岁清明扫墓祭祖，同时为后土供祀红龟粿和米糕，燃香烛、金纸，名为"谢后土"。

9. 注生娘娘

主生育之神。生殖崇拜为古代世界各族之共同观念，中国自汉代独尊儒术以来，奉行"以孝治天下"之理念，民众普遍有"不孝有三，无后为大"之观念。注生娘娘作为生育之神，极受人们崇拜。境内大小庙宇主神旁几乎都有注生娘娘的画像或塑像，像旁尚有数量不等的侍女，或名之曰"婆姐""婆祖""鸟母"，作为注生娘娘的助手，分司保胎、助产、护婴等职责。

民间信仰的主要活动地点是宫庙。在传统社会中，宫庙往往是集中整个村庄的集体力量建成的。然后经过一代又一代的修缮扩建，延续几百年乃至千年。这样，宫庙就留存了古代的建筑艺术、神像的雕塑艺术，还有各种石雕、木雕、砖雕、壁画、烧瓷、剪黏等技术。

不仅如此，民间信仰还要举行许多不同仪式的祭祀活动，比如作醮、进香、绕境，都要举行大规模的踩街游行活动，有许多民间表演的阵头参与。某些隆重的仪式，在祭祀当日，还要请来戏班演出，感谢神明的庇佑，有的甚至连演十数天。西亭村五个自然村洋坑、大岭、仙景、枋塘、西亭都各有若干属于自己的宫庙。村里的重要节日，除了全国性的中华传统节日外，各个神灵的吉诞日或显灵日等，各家各户都会到该宫庙敬拜神灵，祈福禳灾。以宫庙为中心，各宫庙理事会成员按惯例，做好准备工作，主持祭拜仪式，组织全村男女老少到各神灵祖庙进香请火，游神巡境，有时还延请各地戏班在宫庙附近的戏台唱戏娱神，根据节日和仪式的隆重程度，唱戏的时间短则三五天，长则十数天。从实际情况看，西亭村的民间信仰自改革开放以来相当活跃。虽然在城市化的快速发展中，乡村生活的地理格局和文化秩序已经遭到较大的冲击，但是却依然形成了一个以老年协会为组织形式，由其成员分别组成各个宫庙理事会的一个乡村民间自治机构，使传统文化的形态和价值理念等得到了有效的保存。这些老年人以男性为主，年龄在六十岁之间，依据地缘和亲缘关系分布于各个宫庙理事会中，各有分工，互相协作，自发性地义务承担宫庙的日常维护和宫庙相关事务的管理。

二、西亭村的宫庙

(一) 宝龛庙

1. 概述

宝龛庙位于集美西亭村西桐林瓦山脚下,靠近杏林湾路,又名祖妈庙。相传初建于明末清初,"文革"时期遭到破坏,1994年由村民自发重建。2009年,集美新城建设规划拟在宝龛庙原址及周边兴建大型公建项目——诚毅书城,西亭村民在老支书陈德胜等动员下,积极配合市政府完成宝龛庙迁址重建,于2012年完成。重建后的宝龛庙座向西南,建筑面宽28.3米,通进深18.4米,庙前有石埕,侧边有停车场,石埕外有大理石围栏,有花鸟虫鱼及古代民间故事等闽南影雕装饰。主庙与护厝面积达520平方米,总占地面积达2810平方米。前后两殿,中以重檐式六角亭连接,六角亭两侧为边廊,边廊两侧为二层式护厝。前殿面阔五间,平开三门。三段式翘脊,悬山顶,抬梁式梁架。中门前立石狮两只,并有两根石雕龙柱,中门两侧各有石质圆形镂窗。中门顶部高悬"宝龛庙"黑底漆金字木质匾额(陈宗雄书)。匾额四围以双龙戏珠漆金雕饰。后殿为敞厅,面阔五间,进深三间,为穿斗与抬梁式梁架,重檐歇山顶。后殿居中奉祀三位祖妈立像,仪态质朴庄严。(图7-1)

图7-1 宝龛庙

2. 宝凫庙碑记

明末清初年间，泉州府同安县连厝堡桐林社（今西亭村瓦山脚下），曾有三位婀娜多姿、能歌善舞、端庄贤淑的妙龄少女隐居于红花刺枞中。一日天空雷神大作，只见红花刺枞后三道金光，化成三只雌凫精灵自由飞翔在蓝天上。至此，地方百姓方知她们乃神仙下凡，女菩萨化身。尔后当地百姓为其建庙宇塑金身，供奉女神称"祖妈"，取名宝凫庙。

祖妈女神普度众生、慈善为怀，虔诚信徒有的求添丁发财，进爵升官，有的求消灾解祸、祈求平安，几乎有求必应。村落炊烟袅袅，生活安逸，渔米之乡西亭，呈现盛世祥和。为报答祖妈庇佑之恩，老百姓定于每年农历2月27日为祖妈祝寿，届时信徒还愿，祭品繁多，笙歌如潮，香火鼎盛。

"文革"期间破除迷信，古庙被破坏殆尽。1994年，西亭村的长辈们倡议信徒于原址重建宝凫庙。众信徒积极响应，台湾同胞和海外侨胞踊跃捐资，重建工程历时一年三个月，一座闽南风格的宝凫庙在原址建成。每年正月初八迎神庆典，热闹非凡，国泰民安，百姓幸福安康，此乃女神之旨意，也圆了信徒之心意。

2009年西亭社区被划定为集美新城核心区，因新城建设规划"书城"项目，市、区、街道各级领导高度重视，多次现场办公协商，将宝凫庙同向退后三百米，拆迁重建于瓦山中央公园西侧，紧邻政府行政中心和园博苑，视野开阔，风光秀丽，地理条件得天独厚，是难得的风水宝地。

2001年4月20日杏林街道办印发《关于西亭社区宝凫庙搬迁重建协议书》，政府补偿重建资金三佰伍拾万元人民币，并同意西亭社区老人协会组成宝凫庙筹建小组，经多次组织参观闽南各地庙宇古建筑，并得到具有丰富建筑经验的殿前宗亲协助，及本境书法家陈宗雄先生无偿提供宫内一切书法。特请专家从式样、建财、结构、质量等各方面结合本体风俗，扬长避短，设计出既有传统仿古韵味又融入现代建筑风格，与公园景观齐晖又纳入嘉庚式建筑群的新式宝凫庙。奔妙建筑面积六百平方米，是原址的三倍多，主宫挑高九点七米，双户两层，结构合理，是信徒朝拜、游人休闲的好去处。

宝凫庙重建工程于辛卯年五月初三破土动工，至壬辰年六月吉日竣工。

宝鼋庙筹建小组成员名单：

陈德胜、陈加碧、陈友庆、陈海洋、陈九桃、陈国营、陈英加、陈天助、陈国华陈钟庆、陈钟呈、陈水伍、陈经贤、陈远章、黄文款、黄敏成、黄炳煌

西亭村宝鼋庙理事会
二〇一二年八月八日

3. 宝鼋庙楹联辑录

祖妈功德炳千秋　宝鼋神光祐万家

待人宽一分是福　处事让一步为高

成荫乔木天然爽　过雨闲花自在香

事能如意心常惬　人到无求品自高

宽鼋福地香火旺　祖妈神威昔今传

宝庙落瓦山点缀公园秀色　鼋神游碧海浪逐宝珠灵气

巾帼三圣修行成佛称祖妈　供奉女神虔诚信众传香火

众亲善捐留芳名　祖妈神灵祐乡邻

鼋迹沧海桑田神力扶千载　宝赐虔诚弟子佛光照万年

西海观旭日霞光红似火　亭上望千万家灯火望如晨

宝珠镇南海映出光芒四射　鼋庙定圣地传昔万古千秋

三位神灵称祖妈　千秋道德祐人民

艳阳照大地　春色满人间

江山千古秀　华夏万年春

4. 宝鼋庙搬迁简述

宝鼋庙是西亭村（今西亭社区）的祖庙，相传初建于明末清初，几百年来一直香火不断。2009年，集美新城规划公布，在宝鼋庙原址及周边将兴建一座占地面积25300平方米的大型公建项目——诚毅书城。得知宝鼋庙要被拆迁的消息，西亭村民们的情绪都激动了起来，纷纷表示"这是几百年的祖庙，不能拆！"诚然，庙宇和神灵寄托着村民虔诚的信仰和深厚的感情，它构成村民们日常生活的重要内容，作

为村居生活的重要精神纽带,也使村民之间建立了密切的社会和情感联系。西亭村民们对庙宇的爱戴和维护之心是完全可以理解的。但另一方面,集美新城的建设任务重、时间紧,如此宏大而重要的市政建设项目也是集美区和西亭村面向未来发展的重大机遇。如何协调好村民们的情感诉求和市政建设的紧迫目标,必须妥善解决宝皂宫的拆迁工作。为此,杏林街道干部找到西亭社区老人协会的会长陈德胜,希望他出面做做西亭村民的工作。陈德胜曾任西亭村的党支部书记,在村里人缘好、威望高。面对组织的重托,这位八十多岁高龄的老党员发扬敢于担当的风格,从新城建设大局出发,积极配合政府去做乡亲们的思想工作,杏林街道也承诺承包宝皂庙搬迁重建的全部费用。在陈德胜老书记和村委的倡导和努力协调下,西亭村民们最终接受了宝皂宫搬迁重建的方案,书城建设项目得以顺利进行,宝皂宫也旧貌换新颜,成为西亭的一道亮丽风景。

2012年,宝皂庙迁往距离旧址三百米远的市民公园脚下,占地面积由原来的一百多平方米扩大到七百多平方米。西亭村民们看到雄伟辉煌的祖庙新姿,都展开了舒心的笑容。如今,恢弘庄严的诚毅书城已投入使用,成为集美新城的标志性景观。宝皂庙周边的基础设施也大大改善。

图7-2 2011年4月26日西亭宝皂庙护持信众合影

5. 宝凫庙信俗

对祖妈的拜祭仪式,最隆重的是农历正月九日。是日,村里家家户户都准备供品前来万寿宫拜祭,村民们肩挑手提,三三两两结伴而来,将供品置于香案之上,酒肉果品糕点,一应俱全,全都满满当当地摆布在供桌上。午间时分,人流如织,是女性们集体出动的时间,有年轻时尚的辣妈一族,有携手并肩的小情侣,更多的是五十岁以上阿婆阿妈们。她们摆置供品的动作娴熟而流畅,焚香敬拜的时候,双手拢住香,高举置头顶上方,闭目跪于蒲团上,口中念念有词,不管是被都市生活浸染过的年轻女性还是散发着闽南乡土气息的老妪们,脸上的虔敬神情把她们与那些肃然的神灵们紧紧联系在一起。往日幽静安闲的殿内,立时就有了拥挤的感觉,但这样的拥挤非但不会使人不快,反而使人感到亲密无间的整体的和谐感。在这样的场景中,人们因神灵的感召而聚在一起,并且同样也是为了求得与神灵之间亲睦默契而各自忙碌,人与人之间也达成了另一种默契的共同感,一种在摩肩擦踵的碰触中达成的融融泄泄之境。宝凫庙管委会的老人们平常的时候各忙各的,如果没有什么事可忙的,就常常聚在庙里泡茶聊天。逢到这样的节日,他们的存在则被充分凸显出来。管委会成员各有分工,各司其职,有总管宫庙事务的主任、副主任,有负责财务的会计、出纳,有负责后勤的总务,正式的祭拜仪式中则是筹划和组织者,也是祭拜仪式主持者每年正月初九的祭拜日,则由宫庙管委会组织请火、出游、绕境、迎香,还会从外地请来戏班,搭台唱戏,既奉谢神灵之恩泽,也增加人间的喜庆娱悦。

6. 宝凫庙常务理事

2006年重修后,宝凫庙常务理事为:黄文款、陈水伍、陈英加。延续至今,宝凫庙日常管理由黄文款负责。

图7-3 宝凫庙正门

（二）朝旭宫

1. 概述

西亭朝旭宫位于杏林街道西亭社区湖内村东榕树下，即原大社村三落角。始建于宋，清代重建，1992年重修。坐西朝东，单体单间，面宽5.65米，通进深11.9米，主体建筑进深7米，主庙面积40平方米，占地面积360平方米。硬山顶，燕尾脊，门上嵌"朝旭宫"石匾。四周为石埕，前部连建方形拜亭。重建时保存清代石构墙基、墙裙、龙纹漏雕石窗及石香炉三个，上有"道光丁亥年"款识。此宫供奉辅顺将军，宫内未有其他陪祀神明。在宫门两侧遗留建造时的石雕对联题诗，刻有"朝重褒封神昭辅顺旭升东海光被西亭"等字样。

图7-4　朝旭宫

朝旭宫的祀祭正日原本为每年九月十五日，因适逢满潮，易淹水，故改为每年九月十日退潮举办。两百多年前陆续有西亭陈氏宗亲前往台湾垦殖，朝旭宫香火亦传至台湾各地，辅顺将军在台湾被称为"舍人公"，各地主祀"舍人公"的台湾宫庙都有相应的"舍人公会"。改革开放以来，两岸交流日益频密，台湾陈氏宗亲返乡寻根问祖日多，朝旭宫亦赖台湾南院西亭陈氏宗亲慷慨捐资获得整修。此后，时有台湾进香团、寻根团多次来访，宗亲联谊和民间信仰交流互动非常活跃。

"朝旭宫"其名由来，据传是由于本宫坐西向东，昔时前方杏林湾海域，早晨太阳上升即可朝向旭光，因此而名之。本宫建于何朝何代，因经过多次之整修，在宫宇之内外寻不出载有年代的遗迹。据西亭宗亲表示，自西亭陈氏分族定居西亭即有"朝旭宫"。因本宫老旧失修，改革开放后，由台北陈氏舍人公会返祖籍西亭寻根的宗亲捐资进行了大整修，于1992年10月1日举行了奉祀庆典。

古时西亭村民讨海渔民为多，辅顺将军祀祭正日，原本为每年旧历九月十五日，因适逢满潮，解放后政府倡导渔业生产与神祇祭拜兼顾、并重，在"文革"前将祀祭正日改在九月初十日低潮时举办。西亭朝旭宫香火分自灌口山口庙，每年祭祀当日早晨用轿抬舍人公镇殿金身前往山口庙请火，返回西亭村后巡回村内前厝、后厝、三落、湖内、商店、庵后、郭厝即官任等八庄落定点绕境，接受居民的祭拜。宫庙事务与祭祀事宜的管理，由于上店社全部居民姓黄，官任社亦有约三成居民姓黄，因此两社不参与，由剩余六庄落，每六年轮值管理。

台北陈氏舍人公管理委员会加蚋仔角委员陈清富为了溯清南院陈氏之源流与谱牒的研究，曾于1991年5月抵达西亭祖地寻根，专程探寻和考察了朝旭宫及辅顺将军事略，著成《舍人公与辅顺将军传记的研究》一书。经陈清富考证，朝旭宫应是在西亭陈氏始祖增保公之后裔所建，是增保公自嘉禾岛店前（今殿前）迁居西亭后，因山口庙建竣后得众多信徒祀拜且神明灵验，故分其香火而建成。西亭宗亲长老们对辅顺将军的传记，仅知片段而无人知悉完整的传记。陈清富曾综合各庄落的传言并分析如下：舍人公原姓名究为"马温"或"马恩"抑或"马殷"不敢确定，因"温""恩"及"殷"三字的闽南语厦门腔音相同之故。原先跟着山口庙称为"马温"，后来台湾香客前往祭拜者增多，受台湾进香客告知，西亭村民亦跟着山口庙碑记所载改称为"马殷"。昔时尊称"马舍人"为"马舍仁"或"马恩公"者有之，流传数百年之传言，将"马仁"或"马恩"当做舍人公原姓名，亦有此可能。舍人公在军营中，学有医病及药方妙术，本在宋朝京城兵部（今称国防部）殿前任武职，尊称马舍人，奉令将急密诏书传给闽南军营，时值泉漳地带发生瘟疫，马舍人留闽协助医疗，救助无数黎民，终于病倒在泉漳，因此受到百姓的崇拜，将之雕塑神像祀拜，宋朝廷闻及，追封为辅顺将军。

每年九月初十，西亭朝旭宫管理者组成进香团前往灌口东辉村山口庙请火、巡香等。根据早年朝旭宫负责人陈经贤的口述，请火的程序如下："每年九月前往山口庙刈香（进香），由每一角头出一阵头，每角头推两人做家长随香，庙方请陈姓司公在九月九日下午四、五点放兵。十日一大早前往祖庙山口庙进香，祭拜完毕后，再前往六角头辖区境出巡，最后回到朝旭宫收兵。由当年着角角头负责整个祭典过程，并演酬神戏，并进行过头仪式及吃香桌。经费由朝旭宫庙方出1500元人民币，余由着角角头负责。"

2. 辅顺将军传说

有关辅顺将军的传说纷纭，较统一的说法，他姓马名仁，是唐代开漳圣王陈元光的四大部将之一，因治闽征战有功而受封，民间则尊称他为"马舍公"。开漳圣王庙里，往往会配祀辅顺将军。根据《颍川陈氏开漳族谱》（山美抄本，1947）载，陈元光家族及部将受封者名单中载有："马仁：追封为殿前都检使威武辅胜（应为辅顺）上将军"。

台湾最著名的开漳圣王庙（即士林芝山岩惠济宫）《庙记》提到：辅顺将军姓马名仁，为开漳圣王的先锋官，允文允武，英勇善战，且精通医术。漳州兵变，陈圣王奉旨平乱，马仁为先锋官，百战百胜，收复漳州。不幸又逢时疫，马仁义诊出药，普救众生，时疫赖以平息，而后敕封为"辅顺将军"。在台湾各地辅顺将军除配祀之外，尚有以其为主神的许多庙宇。

《台湾大百科全书》对"辅顺将军"的定义为："辅顺将军"又称"马使爷""舍人公""马舍爷"，简称"马公"。据说和"辅显将军""辅信将军""辅义将军"同为"开漳圣王"陈元帅的四大部将。

另一种说法是：原名马殷，是杨文广的部将。灌口山口庙改建筹备委员会庄命吉于1992年十二月初二所撰《山口庙略考》一文载：

> 长泰地理先生薛九公途径此地，认为该地是圣地，风水好，动员东、西堡先早一间小石庵，内奉辅顺、胜将军。当地村民进香、许愿，甚是灵验，轰动海内外。明武帝时，当地民间人士、香客集资捐款，按皇宫式样共造三殿，故称"山口庙"。
>
> 据民间传说和东、西堡老前辈留传，现将二位圣人略述如下：（1）舍人公：指宋朝时代，闽王不服进贡，屡下战书，行兵骚乱。为征服闽越，宋帝令杨

文广为元帅,平息闽王。舍人公名马殷平,闽时是杨元帅的先锋。太子公:名李伯苗,随军参将。两位将军在平闽、扫洞中殉国捐躯。宋帝念其平闽功绩,敕封马殷为辅顺将军,李伯苗为辅胜将军。

两百余年前,南院陈氏西亭分族宗亲中陆续有人赴台垦殖,在台北州五股及芦州境内设立南院西亭陈氏宗亲会,供奉祖神舍人公为宗亲会信仰,香火取自西亭朝旭宫。自此,舍人公(辅顺将军)信仰在台湾落地生根,目前至少已有十余处宫庙主祀舍人公。陈清富在长期考访台湾各地的十余所舍人公庙和西亭朝旭宫之后,详细记录并考辨了多种版本的"舍人公"传说。提供了两个系统的"辅顺将军"的说法:

一是非泉州同安"灌口山口庙"系统说法。这里的辅顺将军,主要指开漳圣王陈元光之部将唐代"马仁",俗称"马王爷""马公爷""马舍公"。另有汉代"马援"说,也俗称"马舍公"。

二是泉州同安"灌口山口庙"舍人公系统说法。其香火来自山口庙,祖籍泉州府同安县。在台湾各宫庙都尊称舍人公,不称辅顺将军,千秋祭祀日为九月十四日。由于山口庙在历史变迁中多因战乱被毁,造成历史断裂,在重建、重修时无据可考,庙内所奉祀的主神口径不一。陈清富1990年代多次实地考访,与山口庙耆老多次探访,并通过史料甄别,最后确定山口庙原先奉祀主神为舍人公"辅顺将军"无误,但该"辅顺将军"并非南宋朝廷追封开漳圣王部将的马仁,而是前文述及的宋朝京城兵部(今称国防部)殿前任武职的一名武将,精通医方妙术,后在传诏书至闽南军营时,因泉漳地带瘟疫流行,马舍人留闽行医救灾,挽救众多闽南黎庶病痛,马舍人则病倒在泉漳。其功德昭烈,倍受闽南百姓崇奉,乃塑神像祀拜追怀,宋朝廷闻之后追封为其为"辅顺将军"。根据陈清富先生的历史考证和田野调查,朝旭宫所奉的辅顺将军就是这位马姓武将。

图7-5 朝旭宫中的辅顺将军塑像

（三）复兴宫

复兴宫位于西亭村湖内社苑亭路旁，座南向北。宫内主祀保生大帝，配祀有关帝公、王爷公等。始建至今相传已有五百年历史，1993年重建。2017年11月因集美新城建设规划被征用拆除。拆除前的复兴宫坐南朝北，为单体单间建筑，前方为凉亭，进深10.65米，面宽4.6米，前有石埕长13.35米，宽9米。主庙面积30平方米，占地面积215平方米。屋顶梁架为抬梁式，硬山顶，宫庙主体和凉亭均为翘脊飞檐，剪黏瓷雕双龙戏珠图案，建筑整体由花岗岩条石和石板砌建，庙内壁皆为中国传统民间演义或道教题材的彩瓷壁画。正门悬有"复兴宫"牌匾。宫门两侧楹联为"保生庆善庇佑万民福，大帝无私医国保人间"。旧庙至二十世纪五十年代已经颓圮倾塌，仅遗三面残壁。原神像寄放于西亭陈氏祖厝。"文革"期间神像遭到毁弃。1980年前后，村民们商议集资延请工匠重新雕塑新神像，暂寄放于陈氏祖厝，后新神像迁至寄放于湖内社水尾宫内。

至二十世纪九十年代，村民筹划重建复兴宫。时有新加坡华商李宪章，原籍安溪，因青年时期曾至西亭村做过十余年长工，期间深得主人和村民善待，对西亭复兴宫保生大帝甚为虔信，时常敬奉膜拜。后李宪章赴南洋谋生，经商有道而致富，对西亭主人和村民们仍念念不忘，常怀感恩求报之心；每年逢三月十五日保生大帝诞日，备办精美糕点果品，肩挑手提，携夫人林凤飞女士双双从新加坡返西亭敬拜。得知村民筹划复兴宫重建事宜，慷慨捐资三万三千元人民币做重建资金，又捐资一万元人民币用作复兴宫重建后续维修基金。西亭村民们热烈响应重建事宜，踊跃捐资，出钱出力，重建工程于1993年2月开工，同年11月底落成，并举行了隆重的安宫仪式。

自此，神明尊身归善地，村民祈拜有定时。重建后的复兴宫，成为湖内社村民们寻求心灵慰藉和精神寄托的特殊"公共空间"。在村民们眼中，宫内神明对村民们的忧难和诉愿给予了无法替代的庇护、安抚和回应，同时诸神明也以特殊的方式持续参与到了村民们的日常生活和民俗风习之中。特别是逢年节之时，各种拜祭活动长盛不衰，被村民视为头等要务，祭拜仪式的筹办、组织、举行，皆由村民们自发、自愿依次轮流，有序分工，同心合力协作，争先恐后参与。在现代基层乡村社会的行政管理之外，类似复兴宫这样对保生大帝等神明的信仰和宫庙等场所，延续

图7-6 复兴宫

着传统基层社会的自治功能,加强了村民们的组织联系和情感联系,在城市化进程中使传统文化、风俗、器物等依然得到承续和保护。乡村民间信仰也有助于增强村民的公益精神和合作意识,发挥安定社会、安抚民众、凝聚人心、传承文化的重要功能。西亭村居民多为颍川陈氏宗族和黄氏宗族余脉,百余年来各家族成员远迁台湾和东南亚者不在少数,足迹所至,保生大帝等神明信仰也播迁散布。血缘、神缘隔海相系,把海内外宗亲信众紧密联系在一起,尤其近年来台海交流日益密切,每年回复兴宫进香祭祖的台胞和华侨络绎不绝,对于加强海内外交流与合作、增强中华民族凝聚力也发挥着积极的作用。

每年三月十五日,湖内社村民皆上香拜祭祈愿,请芗剧团演出酬神。

庙内壁刻有复兴宫捐资芳名碑铭。

2016年湖内所有居民全部迁出,自然村消失,复兴宫被拆除,拟移建于西亭村安置房小区内。

(四)兴武宫

兴武宫位于西亭庵后社51-2号,主祀保生大帝,配祀有天公、王母娘娘等神祇。始建年代不详,光绪年间重修,后又于2004年动工重建,2005年完工。本宫座西南面西北朝向，前后两殿，抬梁式梁架，翘脊飞檐，以剪黏瓷技艺装饰有"双龙戏珠"纹饰。殿内后壁前中央供奉金面保生大帝神像，两侧有雕龙石柱并木质镂雕花瓶、吉木等装饰，两侧均有彩瓷壁画，为玉帝和王母娘娘等神祇。侧壁亦饰有八仙过海的彩瓷壁画，两侧廊庑上方为"增长天王""持国天王""多闻天王""广回天王"的彩瓷壁画，下方为重建复兴宫的碑记及捐资人芳名列表。殿内梁架下悬有红底金字木质牌匾，上书"兴武宫敕封保生大帝"字样，匾四围以花木木雕纹饰。殿内两侧分别饰有古代历史演义题材的彩瓷壁画，两侧廊庑同样饰以彩瓷壁画，分别题之曰"威震河山""青龙戏珠"。中门左右紧挨两侧门有楹联"兴德济生独通命脉武威护国当头神灵"，款识为"弟子陈清光敬书"。左右门两侧亦有楹联"妙手回春只凭一线挺身救驾曾化千兵"。凉亭前侧有烧金亭一座，上有白色木牌标示由马来西亚华侨陈振兴、陈石羡桃、陈振发、陈振春、陈亚财、陈正明捐赠字样。

每年三月十五日保生大帝诞日，庵后社村民与部分上店村村民皆来兴武宫祭拜祈福，进香添油，祭拜期间亦有延请芗剧团唱戏酬神等活动。

据西亭当时参与重建的陈赞华讲述，重修时有两根

图7-7　兴武宫

木片，上书"兴武宫自祖先缔造至光绪年间重造"字样。前殿左内壁刻有碑记，上有重建简介和捐资芳名录：

简介

兴武宫保生大帝以皇帝敕封，保生大帝行医济世、普度众生，引起大家敬奉，兴武宫自祖先缔造到光绪年间重造，至今有百余年，宫庙破旧甚至快倒塌，在本境

长辈倡议和鼓励下，众弟子热心努力以支持，才组织成一个理事会，特选黄道吉日于二〇〇四年农历十二月十二日动土兴工，到至今宫庙重修落成，于仲夏进安，为本境弟子子孙万代相传敬奉，所立碑留念。

管理成员

陈赞华　陈远章　陈和庆　陈良成　陈水本

陈朝利　陈水杰　陈福生　陈春福　陈水永

（五）饶美宫

饶美宫位于郭厝社。宫内主祀王公娘。俗称"水尾宫"（靠近海边的）宫庙统称水尾宫），也称"郭厝宫"。始建年代不详，于2005年重建，拆迁后于2017年重修。新建宫殿为单体单间建筑，悬山顶，抬梁式梁架，前有凉亭，正门上方悬有黑底漆金字"神光普照"石牌匾，左款识"二〇一七年"，右款识"乙酉年腊月"，饰以花鸟祥云等影雕纹饰。此匾额下紧连高浮雕三段式石牌匾，三段分别书以"饶美宫"字样，两侧则以石雕仙童手扶匾额状饰之。宫内后壁前供奉王公娘，后壁中央饰有猛虎下山彩瓷壁画，题名"威震山岗"。左右侧各有壁画普渡公和注生娘娘。殿内左右两壁下围皆用彩色影雕图饰，图案以中国传统的吉鸟瑞兽和花木等为主，并用古典影雕纹饰点缀。门前两侧各有雕龙石柱。门墙主要以石条构建，中门两侧有金字楹联为"庙宇宫神光永在，保佑本境众生辉"。宫门左右各有石雕镂空花窗，花窗下有高浮雕瑞兽装饰。殿内侧壁有碑铭，载有饶美宫重修《简介》和捐款芳名录。录《简介》如下：

简介

饶美宫自创建以来，至今已有数百年历史，敬奉王公、王娘，历年来香火鼎盛，因近年来失修，所至破损严重。在社里老辈热心倡导，全社佛教信徒四百零五人捐资及众善男信女协力支持下，于公元二〇〇五年（乙酉年）梅月初四日动工扩建，并增建前亭。

为热心善男信女协力支持，特立石碑，铭刻留芳！

饶美宫理事会成员

陈水砚　　陈成品　　陈朝鹿　　陈文加　　陈文昌　　陈水笔　　陈文勇　　陈亚文

公元二〇〇五年（乙酉年）夏月

图7-8　饶美宫

（六）兴云庙

兴云庙（见图1-14）位于西亭官任社。座向西南偏南，始建时间未详，清光绪二十九年（1903，癸卯）重建，2003年重修。庙内供奉赤面保生大帝神像，神像后有青龙彩瓷壁画，后壁左右各有阎罗王爷、注生娘娘彩瓷壁画。神像上方高玄红底漆金字"保生大帝"木匾，右上款识为"公元二〇〇三年十一月"，左款识"癸未年冬月"，匾围以金漆盘龙雕饰。

本宫主要为官任村陈姓村民祭拜，设有兴云庙理事会。每年三月十五日，理事会组织村民前往白礁请香火，在全村吃香桌，请剧团演芗剧酬神。庙内侧壁刻有碑志并捐资芳名附下：

重建兴云庙碑志

兴云庙始建历史悠远，清光绪二十九年，岁次癸卯年春（一九〇三）重建至今已整整一百年。庙中供奉保生大帝。历代以来，神佛保境佑民，有求辄应，香火鼎盛，众口盛颂。然岁月沧桑，风雨侵蚀，已失当年风貌，有失观瞻，因此，官任老人于二〇〇三年夏共同商议，提出重建兴云庙。本社、外村各热心人士大力支持，积极参与，使重建工作进展顺利。重建于农历癸未年十一月告竣。

如今，斯庙焕彩，佛光普耀，群黎资佑，福寿骈臻。兹将重建捐资者芳名金额镌铭于左，以志鸣谢。并向建造兴云庙的李清智、周庆祝、许存盛、杨小惕表示由衷的谢意。爰为志。

官任全体老人

公元二〇〇三岁次癸未年十一月吉旦

（七）灵护宫

位于官任社北部，座西南向东北。（见图1-18）始建于清道光庚子年（1840）。2001年由本境村民集资，并善信人士捐款，进行重修，造价五万余元人民币。本宫为单体单间建筑，抬梁式梁架，硬山顶，翘脊飞檐，顶部有剪粘瓷技艺做成的双龙戏珠雕饰。主庙面宽6米，进深8.1米，庙前有上埕和下埕，宽9.5米，连同主庙总长约15.2米。主庙面积48.6平米，总占地面积达240平方米。宫内供奉保生大帝，配祀田府元帅、清元真君、辅顺将军等诸神，店内后壁为"善恶有报"等彩瓷壁画，供有土地公、土地婆等神灵。正门上悬"灵护宫"红底漆金字木匾，因年久未修部分字迹已经剥落，正门两侧各有石雕镂空花窗，分别刻有"道光……"字样，右侧花窗左侧刻有"本境弟子黄登贵敬奉字样"，上有"道光庚子年吉旦"，左侧花窗刻有"本境弟子钟作霖敬奉"字样。宫门楹联为"灵奕凭依光日月，护持举国奏升平"。门廊两侧为高浮雕双龙图案，主庙外侧有烧金亭一座。

本宫主要由官任黄姓村民管理祭拜。三月十五日保生大帝圣诞当日添油香，演芗剧酬神。

庙内有灵护宫《重建碑记》并乐捐芳名。

重建碑记

　　本宫已数百年建造历史，因墙壁、屋顶、圆全已破烂。由此全座重新建造，总开费五万多人民币。在本境众弟子八百人口集资，有佛爱心向前人士乐捐，有女儿信女每人一百元捐款。在于全境善男信女协力行动，使本宫重建成古式美观的宫庙。

农历辛巳公元二○○一年秋立

理事会

黄武盛	黄文款	陈九如	陈主发	黄福球	陈九赞
陈主文	陈成宗	黄乌贼	黄忠孝	陈玉灿	黄福祥
黄成阵	陈清沂	黄财调	周赞和	黄老忠	

（八）长福宫

　　长福宫位于西亭原桐林社界内，座向东北偏北，宫内奉祀保生大帝。修建时间未详，2003年重建。本宫为单体单间建筑，主庙面宽5.2米，进深7.6米，前有石埕长15米，宽9米，主庙面积40平方米，占地面积约230平方米。

　　本宫主要信众为桐林村村民。每年三月十五日神灵圣诞日，村们皆来进香祈福、添油。

　　访谈时村民们说，原来该庙有乩童，后来乩童被破坏了灵力，桐林社的村民也搬到后厝去住了，小庙遂逐渐冷落。

图7-9　长福宫

（九）王公王娘庙

王公王娘庙位于西亭村大社"三落角"界内，座向东南偏东，为单间单体建筑，面宽4.6米，进深6.3米，主庙面积约29平方米。前有石埕长6.9米，宽3.4米。本宫总占地面积67平方米。修建年代未详。庙内供奉王公、王公娘。

浦头十八王公信仰，起源于清朝康熙年间，当地村民为洪灾死难的十八名无名百姓，修建合葬墓的传说。随着百姓对"王爷"信仰的推崇，十八王公信仰由同安人带到台湾。到乾隆年间，浦头村民修建祠堂奉为神明，民间把"十八墓公"升格为"海神"崇拜。这些源于海上的民间传说和民俗文化同属于'海丝文化'的一部分。

图7-10　王公王娘庙

（十）龙山宫

龙山宫位于西亭村大社前厝宅角界内，坐向西南偏北，修建年代未详，1996年重建。宫内供奉神灵为广泽尊王。本宫为单间单体建筑，面宽3.9米，进深4.8米，前依次有与主庙相连的内砖埕宽3.2米，次有上埕总宽9.1米，外缘为下埕长8.0米，宽3.7米。主庙面积18.72平方米，占地面积达117平方米。主庙外侧有烧金亭一座。

庙内有三国故事为题材的彩色壁画。龙山宫每年祭祀时间为农历二月二十三日，主要有庵后社和前厝宅角村民们前来祭拜进香，并有酬谢布袋戏娱神。

图7-11　龙山宫

（十一）青面将军庙

位于湖内。单间，水泥混凝土结构，红瓦，无飞檐、彩绘，极简陋。庙前有六角香炉。供奉青面将军。

图7-12　青面将军庙

第八章　民俗

一、民间人生礼俗

西亭村的民俗主要是人生礼俗和岁时节俗。人生礼俗大致包括生育礼俗、结婚礼俗、寿诞礼俗、丧葬礼俗和祭祖礼俗等，岁时节俗大致可分为传统岁时节俗和民间信仰节日两类。

（一）生育礼俗

1. 求子

公婆鸡

在西亭村，无论是娶媳妇还是嫁女儿，结婚当天或回门（做客）那天，新娘都要带上一对或两对"公婆鸡"。"公婆鸡"的选用有一定的讲究，即女方要选购即将下蛋的健壮母鸡和一只刚会啼叫的公鸡。公婆鸡的脚要用两条九尺长的红绳绑住，寓意长久。这对公婆鸡用以预祝新郎新娘永结同心和睦幸福，也预祝新娘早生贵子。结婚当天，即将进入新房时，公婆鸡会被放出来，人们会观察是鸡公先跑进新房还是鸡母先跑进新房。如果鸡公先跑进去，寓意"头胎生男孩"；如果鸡母先跑进新房，则寓意"头胎生女孩"，但人们会说"先生阿姐再招弟"。

滚铺

在西亭村，安床时有一个传统习俗，即让父母双全的健康男孩子躺在新床上滚一下，以此寄托生男丁的希望。最好是属龙的男孩子，有望子成龙的寓意，没有属龙的，其他生肖也行，不过一般不选择属虎的男孩子。

神灵求子

如果夫妻多年未有子嗣，就会到庙中向神灵求子。通常，他们会到朝旭宫求男孩，而一些人则到宝虎庙求女孩。

随着时代的发展，村民们越来越相信现代医学的力量，故除了祈求神灵外，多年没有子嗣的夫妇多会到医院进行检查治疗。

2. 怀孕

西亭人把怀孕称为"有了""有喜""有身""病仔"等。在怀孕期间，孕妇会得到公婆的照顾。在正餐之外，公婆多炖鸡汤、黄花鱼等给孕妇吃。同时，孕妇的家务活也多由公婆代劳。

怀孕期间的禁忌：家中不能在墙上或器物上钉钉子、贴东西，孕妇房间的家具也忌移动，钉钉子怕钉到孩子的身体，贴东西怕贴了孩子的眼睛，移动家具也怕引起流产。总之，一切小心，不能钉、不能贴、不能动，带有原始的巫觋文化色彩。

饮食禁忌

西亭村的孕妇在饮食禁忌上比闽南其他地方少很多。在闽南其他地区，孕妇通常不能参加祭拜活动，不能吃祭品，也不能吃兔肉（担心生下的孩子会有兔子嘴）、鸡爪（担心生下的孩子手脚会弯曲），西亭村则没有这些忌讳。过去西亭曾禁吃牛肉（担心生下的孩子会长毛），现在也不忌讳。

行动禁忌

过去，西亭村的孕妇在行动上有一些禁忌如：禁跨牛绳（担心会怀胎十二个月）、禁跨秤杆等，如今，这些禁忌已不再被遵守。现在，孕妇的行动禁忌主要是不能参加丧事，以及不能与其他孕妇同坐一条凳子。不与其他孕妇同坐一条凳子是担心腹中的婴儿会与其他孕妇的婴儿交换性别（换胎），人们往往相信自己怀的是男婴，而别人怀的是女婴，担心被别人换了去。孕妇的丈夫则没有这些禁忌，不仅能参加丧事，也能随意吃东西。

3. 分娩

孕妇按预产期生育的称为"足月"或"顺月",未到预产期称之为"没足月",超过预产期生的则称为"拖过月"。婴儿出生称之为"出世",大人需记录孩子出生年、月、日、时(以农历为准),这些信息就构成了"生辰八字"。

如今,分娩很少请接生婆来接生,一般都是到医院去分娩。现代医学有效地保证了母婴平安,降低了母婴的死亡率。

以前有向娘家报生的风俗。现在通讯方便,一般孩子出生后,孩子的父亲都会打电话告知岳丈、岳母。

4. 坐月内(即坐月子)

产妇一般都要坐月内,也就是坐月子,传统是三十天,但现在有条件的家庭会选择将坐月子的恢复期延长到四十二天以上。坐月子期间,多由婆婆来照顾。女方母亲如果有时间也会过来帮忙照顾。坐月子时,产妇一天要吃六七顿,早餐通常是鸡蛋煮龙眼干,中餐、晚餐多是米饭配鸡鸭肉,主要点心是猪腰、红糖、虾、鱼等。孕妇忌吃生冷食品。洗头洗澡要等生产完几天或一个月后进行。一般使用加姜或其他药物煮开的水,待降温至温度适宜时再洗。

男人以及带丧的人不能去"月子房"。

5. 庆生

在闽南地区,孩子出生后的第三天、第六天、十二天、满月、四个月、一周岁这些时间点,会举行庆生仪式。

第三天

婴儿降生后的第三天,家中会宰杀从娘家带来的两对公婆鸡,称为"落地鸡",寓意婴儿已平安落地。

第六天

婴儿的父亲会前往祖庙拜祖先,向祖先报喜。

第十二天

婴儿出生后的第十二天，家庭会举行第一次庆生活动。有的地方是女婴生下来的第九天，男婴生下第十二天，在西亭村，无论男女婴孩，都是在第十二天举行第一次庆生仪式。外婆会送一些礼物。旧时礼俗是送七八只或十二只鸡，有公鸡有母鸡，多数是母鸡，还送十斤糯米、两斤板栗、煮饭的米两斤。现在，如果外婆自己没有养鸡鸭，就会送钱过来（人民币两千到一万多不等），也有既送钱也送物的。

满月

婴儿出生后一个月，家中会举办满月酒来宴请亲戚。新生儿外婆会送衣服和帽子给婴儿；新生儿的叔叔伯伯就会送金银首饰给婴儿，亲戚则送红包给新生儿。

四个月

新生儿的外婆要送来衣服、帽子以及首饰。旧俗多送银项链、银手镯，如今多是送金项链或金手镯。此外，还有开嘴仪式，即将小孩子放在特殊的竹笼里，用虾、瘦肉、豆腐干、虾姑四样荤物往小孩的嘴巴上抹一下，一边抹还一边唱歌谣。虾是寄托小孩活泼的希望，瘦肉寄托小孩会"叫"[1]的希望，豆腐寄托小孩吃饭香的希望，虾姑寄托小孩会算数的希望。

一周岁

婴孩的外婆要送来衣服、帽子和鞋袜。这一天，小孩穿上外婆送来的衣鞋帽，要举行贴脚仪式和抓周。在贴脚仪式中，两个人把连着鸡爪的鸡腿放在门中间，一个大人抱着小孩，让小孩的一脚在门内，一脚在门外，各踏一只鸡腿，大人嘴里念叨："出有得吃，入有得吃"寓意小孩以后亲戚有做好吃的（闽南话，叫"好料"），小孩的腿脚马上到，嘴巴常常有好东西吃。抓周仪式，象征物常随着时代变化而变化，现在多将笔、书、计算器、剪刀、尺、钱币、红龟等东西放在小孩面前，让小孩来抓，测试小孩未来的志向。笔书寓意孩子将来能读书，计算器寓意孩子将来善于经商，剪刀寓意孩子将来善于缝纫，钱币寓意孩子将来生活富贵，红龟寓意孩子将来长寿。

---

[1] 闽南话的"叫"意即"高兴"。

（二）结婚礼俗

周代时缔结婚姻有六礼。《仪礼》曰："婚有六礼，纳采、问名、纳吉、纳征、请期、亲迎。"到《朱子家礼》时，略去问名、纳吉、请期，只用"纳采、纳币、亲迎"。西亭村的婚礼习俗以周礼的"六礼"为基本程式，但已有变化，最核心的变化在于，过去是"父母之命、媒妁之言"的包办婚姻，现在已多为自由恋爱婚姻，但在结婚程式仍然保留婚姻六礼的基本环节，还包括做客（即归宁、回门）环节。

第一，提亲。虽然现在男女结婚多是自由恋爱，所以周礼中的"纳采、问名"两个环节演变为"提亲"一个环节。旧时提亲多为专职的媒人，现在多为男方家比较体面、比较健谈的亲戚来充任，一般是女性长辈，比如姑姑或婶婶，来充任媒人。提亲时，无需按旧时礼物备纳采礼，往往只是提上一些上好的水果。至于男女双方的生辰八字，依照过去的礼俗，不但要看男女双方还要看双方的父母亲四个人的八字合婚宜否，但现在有的人已经没有过去那么看重八字合婚。如果看重的，就要在这时候把双方四人的生辰八字报上，请人看。双方家长同意后，两位年轻人要先相处一段时间，看是不是合得来。

第二，订婚。也就是周礼中的"纳吉"与"请期"，闽南话唤作"吃定"。旧时礼俗男方家要向女方家送订婚聘礼，也举办订婚宴，现在主要是议定婚期、聘金与嫁妆，很少办订婚宴，如果有，也是小范围地宴请一些亲戚朋友到自己家中吃家宴。订婚时，女方要熟悉并敬称男方的长辈，男方的长辈往往要赠女方一个红包。

第三，送定。即周礼中的"纳征"。往往在婚前前十几天将事先说好的聘金送到女方家。这时，男女双方也向亲友发送请柬、甜茶（白糖水）和礼饼礼糖。长辈和哥哥嫂嫂在接过甜茶后，要给新人红包，但女方亲戚不用给男方送红包。现在的聘金通常是七八万，多的也有十几万，一般是用来给女方买喜饼喜糖和请客的花费。如果女方经济条件好的，往往将男方送来的聘金在结婚当天交给女儿作为嫁妆的一部分。新房通常是由男方提供（结婚一般是新房，如果是老房子，也要把结婚用房提前半年左右装修一番），女方提供电视、冰箱等大家电。如果经济条件允许，还会为出嫁的女儿置办房子、车子作为嫁妆。

第四，安床。在婚礼当天或前一两天，会举行安床仪式，并叫一个好命的、父母双全的男童在床上躺一下，这是寄盼以后可以生出男丁。安床时，也要煮两碗红糖糯米饭，寓意新人甜甜蜜蜜。旧时婚俗中安床不能对着器物尖角的禁忌，现在已经淡化，主要是看房间如何安放床比较合适。旧时婚俗，会在新床撒上红枣、花生、桂圆、莲子，而今在西亭已不多见。旧时准新娘要上阁，即出嫁前一段时间留在家中一角（多是闺房或阁楼），由闺中姐妹陪伴生活。因为现代生活节奏快，加上多数女性有自己的社会工作，这一习俗已经废除。

第五，迎娶。结婚第一天。当天上午，男方携伴郎、男性的年轻亲戚（全部是男性）和媒人（多为女性），一般是七人左右，挑上婚珠担前往去女方家接迎新娘。新人和亲戚现在基本没有坐轿子的，都是开着小车去，上午出发，下午两三点回来。到女方家后，旧俗中女方亲戚往往在男方入门时，要设置一些智力和体能的游戏和测试以及向新郎讨要利是[2]。这一习俗在西亭的婚礼中基本消失，女方不再为难新郎，新郎可以很顺利地进入新娘家。新娘父母要点燃喜烛一对，对着祖宗神位烧香、拜拜。

当天中午女方要宴请女方的亲戚朋友。

当天下午两点左右，新郎接迎新娘回家，一行人挑上女方回赠的芭蕉担出门。出门时，如果新娘父母健在，新娘就由父母牵引着出门；如果父母有一人去世，那么新娘就由大哥大嫂牵引出门。新娘一出门，女方家就要把大门关起来，怕是开着门，新娘会把娘家的财气带走。新娘穿西式红色婚纱，撑着伞出门（不一定是红伞）。新娘在离开娘家时，哭得越厉害越好，越哭越发，不哭不发。新娘的父母至亲会送新娘过门。

迎接新娘路程过半时会打电话通知男方家。男方家的父母和亲戚就要把家中的火关掉，人暂时在家中躲起来，不要直接与新娘面对面，这样躲的理由是，缘分未到人要躲开，否则怕以后相处容易生气。到了男方家，一下车，媒人要在前头撒缘钱（喜庆专用的银币），边撒边念"人没到缘先到"，在进入男方家门时，要把缘钱撒到客厅、洗手间、新房、厨房等各个角落。新娘过门时，还不能直接去新房，而是先在婆婆的房间待着。这时，男方的父母和亲戚一起出来迎接新娘的到来。

当天晚上拜堂，一拜天地，再拜祖先，再向男方双亲奉茶。奉茶时不必跪拜（西亭村不拜活人）。

---

2 利是，即红包，闽语、粤语和越南语中称为利是或利事。

结婚第二天。过门当天过了晚上12点,即算是第二天,拜老天爷和大厅的菩萨。男方父母先拜,新人再拜。

新人拜完老天爷和菩萨后,才可以进入洞房。这时,要煮十二碗糯米汤圆,寓意团团圆圆甜甜蜜蜜。

早上,男方父母和新人要去庙里拜菩萨、拜祖先。

中午新娘要向男方双亲敬茶。如果订婚时敬过男方父母一次茶,结婚就不用敬茶(因为给男方父母敬茶,男方父母给红包,800-5000元),直接开始请新娘桌,即宴请女方的亲戚以及媒人,一般是十人或十二人。如果有比较远的宾客,中午也参加宴请。

结婚第二天晚宴,宴请的宾客一般都是同村的,当夜的宴席也较为隆重,通常要上十六道菜。

婚宴结束后,旧时礼俗有闹洞房环节,现在西亭已很少闹洞房。一来是因为闹洞房有时很让人尴尬,二来结婚仪式过程已让新郎新娘很劳累了,所以洞房就闹得少了。特别要好的朋友会留下来泡茶或喝酒,其他的亲戚朋友就回家了。

第六,回门。即周礼中的"归宁",闽南话唤"做客"。结婚第四天上午(如果结婚第三天。天气好,双方意见一致,也有在结婚第三天回门的),新娘插上芭蕉花,由新郎陪同,带上五六十个或一百个饼双双回娘家。女方父母要煮白糖糯米饭、红糖糯米饭双色饭,寓意新人的日子甜甜蜜蜜。

男女双方还要分别给女方的父母两人大红包(一个红包五百元到一千二百元不等),另外要给女方家的小孩子们一个红包(一千元到三千元不等),不必一一亲自交给小孩,而是交给女方的父母,由女方父母来安排给家中的小孩一百元到一百二十元左右的红包(等到女方生孩子回门时,这些收了红包的孩子父母也要回赠给女方孩子红包)。

下午,要从女方家里带四根有头有尾的甘蔗,两只母鸡两只公鸡。有头有尾的四根甘蔗,寓意婚姻生活有头有尾、甜甜美美。两只母鸡和两只公鸡有讲究,母鸡是要快下蛋的健壮的母鸡,公鸡要与母鸡鸡龄相仿,寓意夫妻和睦恩爱、早生贵子。甘蔗数、鸡数都是双数,寓意好事成双。

这一天一定要在天黑前,从娘家归返夫家。

西亭人的新婚禁忌

忌于鬼月（即农历七月）完婚。

忌于农历六月完婚，有半月妻的意思。

忌于农历五月完婚，"五"音同"误"，怕"误人子弟"。

床位安好后至新婚夜前夕，准新郎忌一个人独睡新床，可找一位大生肖且未成年的男童陪睡，例如肖龙男童。

新娘子离开娘家时，忌不哭。要哭得越厉害越好。越哭越发，不哭不发的意思。

新娘子离开娘家时，忌单人牵引新娘出门。牵引出门，有引路人的意思，寓意一对新人双全不孤；如果父母双全，由父母牵着女儿出门；如果父母仅其中一位在世，就由大哥大嫂牵着出门。父母若只有一位在世，不能牵引女儿出门，但可以去男方家里喝喜酒。

在同一个月结婚的两个人，结婚未满月，一个不能进另一个的新房，但可以去喝喜酒。

新娘进男家门时，忌脚踏门槛，应要跨过去。

凡是生肖属"虎"的人不能进新房，不能坐新娘桌。

归宁当天，新婚夫妇必须于天黑前离开娘家回夫家，不可留在娘家过夜。

新婚四个月内，忌参加任何的丧事

新婚四个月内，忌在外过夜。

夫妻不全不能做"新娘桌"。

夫妻不全的不能进新娘房。

（三）寿诞礼俗

闽南旧时风俗中，并不是年年都庆生的，一般只庆祝一周岁、十六岁、二十岁、三十岁、三十六岁、四十九岁等几个喻示人生新阶段与关卡的生日，但现在西亭人几乎年年过生日，但很少"做寿"。

旧时"做寿"要铺红地毯，寿星坐太师椅，子孙要向寿星行跪拜之礼，要拜天公、拜神佛，人的生命长寿要感恩天公神佛。做寿不但关乎人事还关乎神灵。也因此有传说，庆祝寿诞拜天公神佛的时候，也会惊动阎罗王来查看生死簿，如果发现阳寿已到，就会取走人的性命。民间传说，如果不庆祝诞辰，阎罗王就可能忘了去查看人的生死簿，反而可以在人世延年。所以西亭村人现在一来因为仪式繁琐，一来因为怕惊动阎罗王，往往不做隆重寿庆，只是简单地过过生日。

闽南人旧时过寿有一定称谓，六十岁谓之"下寿""花甲寿"，七十岁谓之"中寿"，八十岁谓之"上寿""大寿"，九十岁谓之"耆寿"，一百岁谓之"期颐"。西亭人现在对于寿的称谓没有讲究，一般就是称六十岁为"花甲寿"，八十岁为"大寿"，其他年龄段的就没有特别讲究。一些西亭人会在六十岁的时候庆祝寿辰，如果子女多的，可能会置办几桌酒席，但通常没有拜天公神佛的仪式。

西亭村的年长者往往庆祝农历生日，年轻人和小孩子则通常庆祝新历生日。过去会在庆祝生日时吃象征长寿的面线和红蛋，现在一般则会有个生日蛋糕，小孩子仍保留吃红蛋的习惯。成年人庆祝生日，时常会买个蛋糕，办个酒席，宴请亲戚。参加生日宴的亲戚有时会买带来蛋糕、红包，以示庆祝，有时也不需备礼，年轻人会唱生日歌，大家会说祝福语，如："寿比南山，福如东海""生日快乐"等。

（四）丧葬礼俗

亲人过世，西亭人一般不直接说"死"，而是说"老了""过身""走了""没了"等。

闽南原来的丧葬习俗是非常繁复的，现在已经改革，简化了很多。

1. 小殓仪式

在闽南地区，人临终时会开始进行净身仪式。如果是男性去世，通常由儿子来为父亲洗擦身子并穿戴寿衣；如果是女性去世，则由儿媳来为婆婆洗擦身子并穿戴寿衣。如果逝者走得慢，身子尚软，可以一件一件地穿上寿衣；如果逝者走得快，身体僵硬，则需要将衣服套在一起，一次性穿上，俗称"套衫"。

寿终正寝者，往往要穿上古时样式的长袍与马甲，全身上下包括内衣、中衣、外衣等共七件。七件寿衣，一是象征圆满，二是根据传统习俗，丧事众的衣物通常为单数。男性逝者穿浅青色的长袍和马甲，女性逝者穿青色长衫和粉红色马甲。如果是年纪轻轻去世的，则不穿寿衣，只需穿上平时较为簇新的衣服即可。

在逝者未咽气之前，不穿寿鞋；一旦咽气，就要立刻为其穿上寿鞋。一旦穿上寿鞋，就表示"要走了"。

如果死者临终时，未合眼、合嘴，儿子或媳妇要说一些安慰的话，让逝者安心离去，然后将其眼睛合上，嘴巴合上，这一过程称为"合眼""合口"。如果逝者是患恶疾去世的，晚辈会煎一个鸡蛋，放在其口中，寓意疾病完蛋了，不会继续影响子孙后代。

2. 停尸仪式

搬铺：临终者需从自己的床上移至厅堂的水床上。在闽南地区，有的地方的水床是用三块木板临时搭起的，而在西亭村，通常使用简易的单人床（这张床在仪式结束后将被烧掉，不再使用），喻意死者的灵魂将独自上路，不会拉着家庭成员作伴。厅堂中，凡是有红色的家具器物一定要遮盖起来。

临终前的团聚：家中的成员一定要在临终前赶到，来见将逝者最终一面。

咽气后的仪式：将逝者一旦咽气，就要立刻点燃长明灯。长明灯日夜都需要有人看守，确保不熄灭。长明灯的意义有多重解释：有的人认为点长明灯是照亮死者在阴间的路途，也有认认为长明灯就是死者的灵魂。

脚尾钱：咽气后，要在厅堂炉子里烧起脚尾钱，提供死者在阴间的赶路资费。烧脚尾钱从初丧到入殓不可间断。

择日择时：点燃脚尾钱之后，需要请道士选择吉日吉时，以确定入殓的时间、转棺的时间、下葬的时间等等。

3. 丧服仪式

丧服的穿着：一旦人走了，至亲之人就要穿上丧服。在西亭村，至亲之人的丧服现在多为黑色。

购买丧服：这些丧服一般都是从街上花圈丧服店购买的成品。

丧服的穿戴规则：丧服要依据其与死者的血缘关系、宗族关系、姻缘关系的远近亲疏来决定。死者的儿子要穿黑衣、黑鞋，戴麻布帽子，腰间扎一条麻绳，这就是传统的披麻戴孝，相当于五服之中第一等的"斩縗"。

其他的亲戚则在吊唁仪式上穿戴丧服。西亭村的尊礼成服，在原来斩縗、齐縗、大功、小功、缌麻的孝服等制上有所演变。例如，侄儿辈和孙子辈戴蓝帽；重孙辈戴红帽；外孙辈的帽子则是蓝帽中间缝上小红布。

4. 报丧仪式

当家中有人去世时，如果逝者是女性，第二天早上需要马上派人前往娘家报丧。如果逝者是男性，则无需前往外家报丧。同时，需要逐一通知其他亲戚，无论距离远近。报丧的内容通常包括逝者去世的消息以及出殡的具体时间。

5. 守灵仪式

人去世后，子孙需守灵，通常守两个晚上。死者去世后的第一个晚上，子孙需守在死者的水床边，称为"守铺"；第二天晚上，选定吉时入棺后，子孙需守在棺材边，称"守棺"。守灵的同时，子孙还需照看长明灯并焚烧脚尾钱。

6. 入殓仪式

入殓，即将遗体放入棺材。年纪较大、懂得旧礼的人称"入大厝"或"归大屋"，认为人只是肉身死亡，灵魂将进入大厝（大房子）。现在西亭人多称"入棺"。在进行入棺仪式之前，如果死者是女性，通常需要得到娘家人的同意，才可以放入棺材。死者放入棺材的时间，通常由风水师或相关专业人士选择吉时。周围的亲人通常会痛哭，以此表达他们的哀悼之情。

在西亭村，目前普遍实行火葬，棺材不再采用传统的上好的厚重木材，而是用一次性棺材或冰棺。在火葬的时候，棺材和遗体一起送入焚烧炉，通常都是采用一次性棺材来装殓死者。但如果需要停棺比较长时间，比如因为至亲之人尚未归来或天气太热需要延迟，此时则采用冰棺。

7. 吊唁仪式

吊唁仪式的内容和形式因逝者身份而异。如果逝者曾经当过领导或者是党员干部，一般会举行追悼会，如果是普通民众，一般则会进行传统的"拜拜"仪式。这些仪式通常在增宝堂等宗祠前的广场举行。亲友们会前来吊丧，向死者告别，并慰问死者家属。他们会依据亲缘关系远近送来不同数额的吊唁金纸钱（即送给死者的金纸钱，一般包给家属，用于买金银纸，金额通常为单数）。死者家属则需跪拜鞠躬答谢，并回赠毛巾、糖果、红绳、纽扣等物。回赠毛巾，寓意"送巾断根"，这样与死者就断缘了,死者的灵魂不会再来打搅生者。丧葬仪式一方面尊重死者,另一方面又对死者有所忌讳。吊唁仪式非常隆重,依据与死者的血缘关系、姻缘关系、宗族关系着不同的丧服,并轮番鞠躬跪拜致礼哀哭。亲友要烧纸、烧香、奠酒来祭拜死者。吊唁现场聘请乐队(西乐、中乐、大鼓)演奏,俗称"热闹"。

8. 出葬仪式

出葬仪式与吊唁仪式在某些环节上有所交叉。

哭棺材头:临近出葬(出山),孝妇孝女会手抚棺木痛哭,孝男则跪在棺侧痛哭,这一仪式称为"哭棺材头"。"哭棺材头"至少要进行两次,一次在屋内,由至亲之人如从儿孙到孙婿痛哭;另一次在外场进行。

转棺:时刻一到,棺材被抬出门,这一过程称为转棺。转棺的时辰也需请道士选定。

起柴头祭奠:转棺之后,举行"起柴头"祭奠,即送棺出葬的祭奠。丧家在灵前供桌上摆放供品,准备五牲大祭,点蜡烛、烧香、烧纸钱、放鞭炮,亲友轮番跪拜。

封钉和出钉仪式:在过去土葬的时代,在"起柴头"祭奠后,会举行"封钉"和"出钉"仪式,但由于现在火葬采用一次性棺材和冰棺,"封钉"和"出钉"仪式就不再举行。

丧乐队:在出葬仪式中,丧乐队是必不可少的。虽然闽南有的地方会在葬礼上请歌仔戏班来唱戏,但西亭村不请歌仔戏,而是请中乐队(多用铙钹唢呐鼓)和西乐队(铜管乐,西亭俗称大吹)。

棺罩:临出行,要在棺木上罩上"棺罩",男性逝者用麒麟图案,女性逝者用凤凰图案。

起行:起行时,铜鼓唢呐先奏,而后依次出行。孝子要扛招魂幡,两位孙子(如果孙子没有两个,则由堂孙代替)要抬"引轿"(死者灵魂坐的纸糊轿子),棺材随后,乐队和手臂扎上毛巾的亲属跟在棺材后面。一路上要撒一些银纸钱,走一小段路放一张银纸钱,直到村口。出葬仪式和吊唁仪式往往可以反映出死者的家族阵容和社会关系。

出殡:出殡一般行至村口,棺木便会被抬上殡仪馆的车,孝男孝女再次拜别并烧香，四五位至亲之人会随同棺木乘坐殡仪馆的车，分坐在棺材两旁。特别要好的亲戚好友也会自己开着小车跟随到殡仪馆。大部分的送丧者就在村口停下，然后返回丧者家中。返回去的时候，一定不能原路返回，而要绕其他的路返回丧者家中。

丧葬后的招待：以前，送葬当天中午会办酒宴来答谢亲友，但近几年，在老人协会的大力推行下，丧葬白事不得大吃大喝。因此，丧者家中一般只做一些米粉、汤等简单食物招待亲友。

9. 火化和入葬仪式

尸体焚化通常在殡仪馆的火葬场进行。焚化后，骨灰被放入骨灰盒，随后存放在民政骨灰管理处或葬到墓园。若选择葬在墓园，会择吉时入葬；而存放于骨灰管理处时，由于人数众多且需排队，通常不具备选择时辰的条件。

10. "做七"仪式

照片悬堂：出殡当天，孝男孝女从火葬场返回后，要在家中设灵堂，并将逝者的相片供奉在灵堂上。

造大厝：依照道士指点的吉时，丧家需随后开始做七。"做七"通常选在出殡后的第二天或第三天。"做七"当天，需请师傅来做纸大厝。制作纸大厝，是一个颇为庞大的工程，纸大厝与真屋子一般大小，内含纸扎床、纸扎磨子、纸扎摩托车、纸扎小车等。这些纸扎用品是供给死者在阴间使用。

设坛念经：在"做七"期间，要请道士来设坛念经七天，给死者做功德。这七天，孝男孝女必须全程在场。第三天的"做七"的费用由女儿们承担，其他天"做七"的费用由儿子来承担。

焚烧仪式：到第七天的时候，晚上选择一个好时辰，将纸大屋搬到死者家门口，并连同死者生前的旧衣服一并焚烧，供死者在阴间享用。

过去"做七"，有做七七四十九天的，现在通常都只做七天。

女眷到庙参拜："做七"结束的次日，家中的女眷需要前往庙里参拜，向神灵祷告，表明丧葬事宜（通常称为脏事）已经结束了，自己可以恢复正常社交活动，，比如出席婚宴、满月等喜事场合，也可以自由走亲访友了（治丧期间，死者的至亲之人不能出入其他人的家中，以免带去不祥）。

11. 哭丧仪式

与我国其他地方的风俗相似，西亭村的丧葬仪式中，哭丧贯穿始终。从死者断气到出殡再到"做七"，哭丧多达数次，尤以出殡时的哭丧仪式最为隆重。

12. 居丧仪式

西亭村的居丧仪式已经大大简化，通常在丧事一周年内有一些禁忌和纪念仪式。

大年三十的禁忌：在居丧的第一年，大年三十通常不贴春联。但如果丧事后举行喜事来冲喜，情况则有所不同，那么当年春节可以贴上春联。

过年的禁忌：在居丧第一年，过年时不能蒸甜年糕，也不能贴门联。以前，亲友会送甜年糕来表示慰问。但现在，一是因为大家吃的东西种类多了，二是年糕送多了容易发霉，所以西亭村民风已改，不再送甜年糕了。

清明节扫墓：在居丧第一年，一定要在清明节当天前往骨灰存放处或墓园扫墓。

其他纪念日的禁忌：在居丧的第一年，还有一些特定的饮食禁忌。例如，在六月半（十五日）和冬至时，不能煮汤圆；七月半（七月十五日）不能包碱粽子。而在非居丧期间的七月半，村民们会包肉粽子和碱粽子两种粽子，但在居丧期间忌包碱粽子，然不忌包肉粽子。

（五）祭祖礼俗

西亭有祭祖的习俗，而且非常隆重。祭祖一方面是缅怀先人，寄托情感，加强宗族关系；另一方面是为了给死者送去衣物纸钱，祈求福佑。在西亭人的传统观念中，人死去的仅仅是肉身，而灵魂不死，灵魂同样需要吃穿用度，而这些都需由在世的子孙来提供。人在世时，灵魂只能支配肉身，一旦去世，灵魂就可以影响其他活着的人，给活人带来灾祸或幸福。通过祭祖活动，可以祈求祖先的神灵保佑生者。现代的西亭人不一定很相信阴间生活和祖先福佑，但对祖先的缅怀是自然而然的人之常情，并未随着科技的进步而消逝。

在不同的地区，传统祭祖节日并不相同。有的地区是除夕、清明、七月半（也称盂兰盆节）和重阳进行祭祖，而西亭则是正月初一、三月三、七月半和冬至这四个重要的日子进行祭祖活动。其中,冬至的祭祖活动最为隆重,人们会到殿前从周堂祖祠来祭祖。除了正月初一、三月三、七月半和冬至四个公共祭祖节日外,另外两次祭祖活动分别是"生祭"(逝者的诞辰)和"冥祭"(逝者的逝日),只祭祀直系祖先。一般来说,"冥祭"是每家每户都祭祀,但"生祭"则相对较少。

西亭村人公共祭祖节日举行拜大祖仪式,陈氏人非常重视祭祖活动,尤其是冬至祭祖。

每年冬至,西亭村都会派出代表,前往岛内殿前村从周堂祖祠举行盛大的祭祖仪式。仪式由司仪来主持。居住在岛内殿前的从周堂子弟和岛外四个村(西亭、西滨、西井、西园)的家长代表齐聚一堂,共同进行祭拜。活动议程如下:

一、由司仪先念祭词,敬禀祖先,祈福子孙;
二、上供,献茶、献酒、献三牲大礼、献水果、献金银箔;
三、敬香;
四、鞠躬;
五、礼成。

祭祖礼成后,陈氏家族还会举行盛大的宴席,一般男丁去祭祖的比较多。

平常的祭祖活动(西亭村俗称"做祭"),家中女眷通常会煮几样菜,可以是鱼、肉、菜、烟、酒、茶等或死者生前爱吃的菜,还会点香烧烛祭拜祖先。

西亭村的宗祠会悬挂死者的照片,照片上标注有死者的生卒年月和子孙的姓名。对于一些较大的家族,他们会改为比较大的牌子,集中写明众多逝者的名字和祭日。

二、民间岁时节俗

西亭村人在过节的时候,常常会敬拜祖先和答谢诸神。因此,在西亭村的岁时节俗中,很多节日都带有祖先崇拜与神佛崇拜的民间信仰色彩。在传统岁时节俗与民间信仰节日之间,并没有一道泾渭分明的鸿沟,只能依据节日的主要特质进行大致的划分。

（一）传统岁时节俗

1. 除夕

农历的最后一天称为除夕，即新旧更易之夜，旧岁到此夕而除，明日则另换新岁，其寓意在于"除旧布新"。人们在这一天有许多除旧迎新的节日活动。除夕，逢小月二十九日，称"二九暝"，逢大月三十日，称"三十暝"。每月二十九都要拜门口公，祈求出入平安。

贴春联是"除旧布新"的一个重要举措，家家户户会在门窗上贴春联——大门贴对联，其他门窗贴字词，多取"春""平安""吉祥""富贵""步步高升"等字眼。

腊月二十四，初一到初四不放鞭炮，西亭在外游子一定要回家团圆。闽南民谚有云："廿九暝不回家忘带祖，冬至不回家无某（老婆）"。除夕这天傍晚，全家围炉。也有的家庭在下午三四点就开始围炉。厦门一些地方，如果游子在围炉时未归，就要在餐桌预留空位，备好碗筷，表达对在外亲人的思念，但西亭则没有这一习俗。年夜饭特别丰盛，人们随着自己的喜好来准备食物，但"鱼"是必备的。鱼寓意年年有余。西亭人会在厅堂的神位摆上"春饭"（闽南话中"春"与"剩"同音，寓意年年有余粮）和桔子。以前虽有围炉之说，其实是吃炒菜，近十几年，因为电磁炉的出现，开始流行吃火锅。围炉时，每一样菜都要留一点，不能吃完。

大年三十围炉后，儿子、媳妇会给父母压岁钱，爷爷奶奶会给孙子孙女压岁钱。

灯要点通宵。有的人家会全家一起守岁到晚上十二点，并放鞭炮庆贺新年的到来。

2. 春节

西亭村的春节通常要从大年三十过到正月十五。

农历正月初一以敬拜灶神开始。天刚亮时，家家户户便开始拜灶神，向灶神贺新春，在灯台上点油灯，燃香烧金箔纸，在灶台上摆上甜花生仁、寸枣，希望灶神嘴巴甜，在天庭说好话。拜灶神礼毕，人们会开门放鞭炮，然后穿上新衣。

西亭人在春节期间没有跟长辈、亲朋、邻里拜年和互相道喜的习俗，也无需家家户户备上糖果、蜜饯等甜点和茶水来招待登门来访的客人。

春节期间，小孩会在家门口放鞭炮，欢庆节日的到来。

正月初一这天，人们不洗衣、不拖地，也不倒垃圾，不做任何劳累的事情。不能倒垃圾是因为怕倒掉财气，而放鞭炮散开的红纸也不能扫，因为据说扫地会把财气扫掉。

正月初一中午，全族成员都会到祖祠祭祖。祭祖时会备饭菜和年糕作为供品，祭拜结束后，这些供品可以在围炉时享用。

正月初二通常是女儿回门的日子。这一天，出嫁的女儿会带上丈夫和孩子，一家人都穿上春节的新装，回到娘家拜年。

正月初三被视为乞丐日，人们一般不出门，也不走动，活动相对较少。[3]

正月初三晚上，村民们会烧纸神马纸神轿，将它们送到天庭，为的是接菩萨回人间。[4]

正月初四，村民们会敬三杯茶和一些茶配，接神菩萨下天庭。

正月初五，商铺开市，大家可以进行商业活动了。

正月初八，村民们会到宝凫庙拜祖妈，供品可以随意准备，但通常会有红龟。此外，还会演戏给祖妈看，演出至少持续两天，即初八初九两天。

正月初九拜天公。村民会在家门口设天公坛拜天公。在八仙桌上斜插上两根带叶子的甘蔗，以三牲大礼、酒、茶，并点烛焚香来祭拜天公。拜后，甘蔗不能马上吃，要放在两扇门后面靠墙，寓意一年到头甜甜蜜蜜。此外，村民还会带上丰富的供品到宝凫庙去拜天公。

初十以后，春节基本结束，在外地工作的人就可以离家外出了。

3. 元宵节

在元宵节期间，村里会给辅顺将军安排两天的戏剧表演。此外，村民个人也有权出钱请戏班进行演出。

去年家中诞生男婴的家庭，在元宵节这天会前往祖祠悬挂状元灯，以此象征"添丁"（因"灯"谐音"丁"），向祖先禀告家族新成员的到来。

村民们会为孩子们制作或购买小灯笼，供他们玩耍。

---

[3] 乞丐日，意思是说这天出门就意味着去要饭。
[4] 据说，在农历二十四，菩萨上到天庭。

4. 二月初二

在二月初二这一天，村民们会举行祭祀土地公的仪式，以祈求这一年的丰收以及全家的平安。

5. 三月初三

在三月初三这一天，村民们会在各自小家族的公厅里进行祭祖活动。

6. 清明节

在清明前后各十天内的时间里，人们通常会前往墓园进行扫墓活动。对于亲人去世后的第一年和第三年的家庭，应在清明节当天进行扫墓，并准备三牲大礼作为公平。第二年扫墓的时间和供品则无特殊规定。

扫墓前要备好香、金银纸、墓纸（黄、白、红、绿四种颜色）及其他供品。如果祖先爱喝酒，还要备酒。

到墓地扫墓，需带锄头、铁锹等用具，用于清理墓地中的杂草、杂物和培土等。

扫墓通常有四个步骤：第一，点香敬禀祖先。第二，修葺坟墓。如果在骨灰存放处，就以压墓纸来象征修葺坟墓。第三，摆供品、上香、鞠躬、烧纸钱，祭拜祖先并向先人祈福。第四，鞠躬告别。

7. 端午节

端午节期间，厦门的许多地方都会举办龙舟活动，其中西亭村也保留着划龙舟的传统习俗。由于西亭村地处海边，因此这里的赛龙舟是在海上进行的。自二十世纪五十年代集美龙舟池建成以来，每年都有龙舟赛在此举行，而西亭村也会派出自己的龙舟队参赛。

在端午节这一天，人们会包粽子、吃粽子。在端午节期间，人们会在家门口插上艾草和榕树叶来驱邪避害；同时，还会在房前屋后喷洒雄黄酒以驱虫。人们还会用雄黄酒为小孩擦拭脸部和耳孔，以驱邪保健；同时，也会用雄黄和香草制作香囊戴在小孩山上，以祈求平安健康。

8. 半年节

这个节日又被称为"六月半",指的是农历六月十五日。由于这一天恰好位于是一年的正中间,人们认为此时已经度过了半年的试管,即长了半岁,因此会在这一天吃汤圆来庆祝。

9. 七夕

农历七月初七,全国很多地方都称"乞巧节"。在西亭村,有些人会在家门口摆放箩筐和簸箕,仿佛是一张小桌子,他们在簸箕上摆上芋头咸干饭、炒花生伴糖等食物,以此敬拜织女并祈求心灵手巧,即乞巧。虽然七夕节在西亭村不算是是一个大节日,但村民们通常都进行祭拜活动。

10. 七月

七月俗称鬼月。在西亭旧俗中,七月初一是"开鬼门"的日子,这一天要在门口祭拜"门口公";而七月三十则是"关门日",即"关普渡门"的日子,同样需要在门口祭拜"门口公",引导孤鬼进入普渡之门。按照传统习俗,从七月初一到七月三十,在集美地区几乎每天晚上都举行祭拜活动。然而,如今西亭村已将这一活动统一安排在七月十六日进行,并且通常选则在白天敬拜地藏菩萨。在西亭村,地藏菩萨被尊称为"普渡公"。过去,人们会用纸制作普渡公的形象进行祭拜;而现在直接设坛敬拜,特别是在在角头的普渡城进行。在过去,七月的祭拜活动更为隆重,甚至会上演传统戏剧以娱乐普渡公。值得注意的是,祭拜活动必须在广场上的普渡城敬拜(而非在家中),因为在家中祭拜可能会将孤魂野鬼引入家中。通过这样的仪式,人们为孤魂野鬼超度亡灵,祈求家庭和社会的平安和谐。

11. 七月半

在七月半这一天,西亭村主要进行祭拜祖先活动。村民们会准备各种供品,如粽子、饭菜等等,一级蜡烛、香、金箔纸,以表达对祖先的敬意和怀念。

12. 中秋节

中秋节期间,厦门地区盛行中秋博饼。近年来,西亭村也逐渐兴起了博饼习俗，通常是家人、朋友、邻居围坐一桌一起来博饼。中秋的时令食物一般是芋头包和芋头粿。然而，这个节日并不隆重，不被村民重视。外出打工的人这个节日也不一定要回家团圆。

13. 九月头

在西亭村，人们并不庆祝重阳节，而是把九月初十定为一个特殊的节日，称为"九月头"，这一天是辅顺将军挂香巡境的重要日子。

14. 冬至

冬至不仅是一个重要节令，也是祭祖四大节（正月初一、三月三、七月半、冬至）之一，具有极高的地位，甚至有"冬至大如年"之说。在敬拜祖先时，人们秉持"事死如事生"的原则，不仅会准备鸡鸭等日常菜肴作为供品，还会特意供奉汤圆。除了在西亭祖厝进行祭祖仪式外，西亭陈氏一族通常会派遣代表前往殿前"从周堂"（西祖厝）进行祭祖，而黄氏家族则会前往金柄村进行同样的祭祖活动。

在西亭村，人们将冬至的到来视为自己年龄又长了一岁的标志，因此有吃汤圆庆祝的传统习俗。

图8-1　从周堂的匾额

图8-2　村民在从周堂祭拜祖先

（二）民间信仰节日

在传统社会中，人们对天地神佛的感恩和祈愿，常常通过一系列丰富而多样的仪式活动来表达，从这些活动逐渐演变成了以民间信仰为核心的众多节日。

宗族村社以祖先崇拜作为村社共同体的核心；移民村社则以民间信仰作为村社共同体的核心。从历史看，西亭村属于移民村社，因而民间信仰及其节日活动在其日常生活中发挥重要的凝聚功能、组织功能和协调功能。

下面以时间先后为序，描述西亭的民间信仰节日。

1. 正月初八

旧俗中，正月初八全村人都要要拜祖妈；祖妈要刈香巡境。在巡境的过程中，村民会在各个角头摆设供桌，当祖妈神像巡经时，角头当中儿子已成家的家长要在草席上跪拜，其他村民只要点香敬拜即可。自2012年后，村里拆迁，交通不便，刈香风俗中断。现在一般都是到宝凫庙去敬拜祖妈，敬拜活动会持续一整天。

在民间信仰中，天公是最为尊贵的神仙，因此在敬拜祖妈之前，村民会先烧香礼敬天公。

在西亭的旧俗中，这一天由轮值的角头提供全套的供品。供奉给祖妈的供品很丰盛，轮值的角头会供上三牲大礼。三牲，以前为羊、鸡、鸭，现在通常为猪（猪头和猪尾代表全猪）、鱿鱼干（代表鱿鱼）或鱼、鸭蛋（代表鸭子）。除了三牲大礼外，供品还有红龟粿、糯米甜饭、发糕、水果等。此外，还会点燃莲花灯，烧起大中小各式金纸。轮值的角头通常会烧很多金箔，整个敬拜仪式很隆重。其他村民信众随心意献上供品，并祈求祖妈保佑全家老少大小平安健康聪明有福气。

通常在下午时分，村民会举行轮值角头移交仪式。

晚上，村民会在宝皂庙门前安排传统戏剧娱乐祖妈。

现代人比较忙碌，因此，部分村民是在初八到宝皂庙来敬拜祖妈，部分村民就等到初九天公日带上两份供品到宝皂庙同时敬拜祖妈和天公。

2. 正月初九

在正月初九，西亭村民会前往宝皂庙敬拜天公。天公，即玉皇大帝——宇宙天地的主宰。

正月初九上午六点多，宫庙的理事早早到庙中开门，摆好供桌和供品，摆置用彩纸扎成的天公坛，点上斗灯[5]，敬香，再卜杯请天公下临宫庙，接受信众的敬拜。敬拜之后，个人把自己的供品带回去。公家的供品到中午或下午收坛时分由轮值的角头收走处理。大米由各个角头均分给村民，含有祈求平安之意义。天公坛两侧要立两根甘蔗。据村里传说，唐朝时，官兵来镇压地方叛乱者，百姓害怕，

图8-3 天公坛

---

[5] 斗灯往往有油灯、米斗、斗灯伞以及安奉在斗米上的镜、剑、秤、剪、尺等五种法器组成，以符合五方五行之数。斗灯的整体造型体现"天圆地方"的传统宇宙观念。其底部为方斗，以象地方；中有圆形凉伞，以象周天。凉伞又称华盖，下有斗签，书有星辰圣讳。斗灯盛米系古法，道教称米粟乃天降之物。消灾解厄，祈福延寿。

躲到了甘蔗园里。官兵走了以后，人们感谢甘蔗保护了他们，于是在敬拜天公时，就在天公坛两侧立两根甘蔗。等敬拜天公活动结束后，甘蔗才可以吃。

在所有人家都敬拜后（当天），会把彩纸所扎的天公坛在庙门口烧掉，此外，还会烧大中小各式的金纸，燃放鞭炮，恭送天公回到天庭。

在正月初九，早上最为热闹的时间是八九点，因为这一时辰会安排"三出头"戏剧表演。所谓"三出头"戏剧，是指村民答谢天公的戏剧。有几个人答谢，就有几场戏。答谢天公的村民要报上自己的名字，把答谢金放在托盘上，与红孩儿、饼、苹果等供品一起，在剧团中扮演八仙人物的陪伴，敬献给天公。

前往宝皂庙敬拜的信众以女性为多，但主持庆典者均为男性。

图8-4　拜天公场面

图8-5　拜天公后唱戏——三出头戏剧

3. 正月十五

西亭不过通常意义上的元宵，而是在正月十五这一天去朝旭宫敬拜辅顺将军。

轮值的角头一大早会到朝旭宫张罗，摆供品（供桌不大，供品也不多，主要包括三牲、发糕以及一对蜡烛等）、点烛和敬香。由于宫庙空间不大，十几个人同时祭拜时，宫庙内会很拥挤。辅顺将军的信众很多，村中男女老少几乎都会参与。为避免拥挤，村民选择在不同的时间敬拜，因此，一整天都有人群络绎不绝，到了晚上更是热闹。在敬拜时，大人携带香烛和供品，而小孩子则手持元宵灯。敬拜的主要目的是许愿或还愿。先点蜡烛，若是许愿或祈福，则点燃一对蜡烛；若是还愿，则点燃两对蜡烛。接着上香。然后信众向辅顺将军许愿或还愿，同时把香油钱交给朝旭宫的理事会。礼毕后，会烧金箔、放鞭炮。信众根据自己的心意，可以向辅顺将军乞讨蜡烛或红龟粿（乞讨的话，来年通常要双倍还愿），或直接向辅顺将军讨要蜡烛或红龟粿（如果是讨要的话，明年就无需还愿。一般来说，家境困难的家庭或饥饿的男信众会这样做）。以前信众生活较为困难时，还愿通常只需蜡烛和红龟粿；随着生活水平提高，还愿时除了蜡烛、红龟粿，还有彩条，彩条上写有答谢人的名字。如今，有些人也会把彩条带回家。

人们离开庙时，会向辅顺将军请一张平安符。回家时，无论是白天还是晚上，都要秉烛回家，尽量不让风吹灭蜡烛。回家后，将平安符贴于门框上以镇守家宅，或是放置于菩萨像的案桌旁，这样在平常供拜家中菩萨的同时，也等于一起供拜辅顺将军。将蜡烛摆在家中菩萨像的案桌上，因为蜡烛象征着幸福、平安与光明。

自二十世纪七十年代末改革开放以来，信众的经济条件逐渐改善，信众供奉宫庙的香油钱逐渐增多，每年正月十五都会上演大戏，以供辅顺将军观赏。正月十五的下午，轮值的角头要把辅顺将军像请到西亭小学对面的大戏台，全村人陪同辅顺将军一同观看大戏。随着经济条件持续改善，戏剧演出的排期日益延长，有时会持续五六天。请大戏，公家一定会负责一天，其余则根据信众的还愿来安排戏期。

4. 二月初二

在农历二月初二这天，各家要在家里拜土地公，祈求一年的好收成。因为西亭村人对神祇的功能没有区分，所以，在敬拜时，也会祈求保佑平安幸福。

村民们一般早上五点多开始敬拜，下午三四点结束；村民在这一天会进行一整天的点香、燃烛、献供品等敬拜活动。

西亭旧俗，拜天公要煮大锅的油饭。现在这一习俗已消逝。

5. 二月二十三日

农历二月二十三，这是敬拜广泽尊王的日子。龙山宫位于庵后社的后厝宅角界内，敬奉广泽尊王。据说，龙山宫昔日香火鼎盛，在二十世纪六十年代的"破四旧"运动中，遭到破坏，人们对广泽尊王的信仰逐渐衰落。改革开放后，龙山宫得以修复，但香火依旧不旺。如今，每年的二月二十三，龙山宫庙前都会演布袋戏，人们也会去敬拜广泽尊王，但信众数量仍不及辅顺将军和祖妈的多。

6. 二月二十七日

农历二月二十七日是三位祖妈诞辰，本境信男信女都会前往宝凫庙举行敬拜祖妈的仪式。

7. 三月十四、十五拜保生大帝

三月十五日为保生大帝诞辰,而三月十四日是前往白礁请香火的传统日子。西亭村敬奉保生大帝的宫庙包括官任社陈姓兴云庙、官任社黄姓灵护宫、桐林社长福宫、湖内社复兴宫、庵后社兴武宫。由于各地前往白礁、青礁的香客众多,尽管西亭村有多座保生大帝的宫庙,但仅有兴云庙和兴武宫具备前往白礁请香火的资格,而且因级别较高,他们到白礁请香时享有从正门进入的特权。

请来香火后,要在全村举行刈香巡境仪式。巡境的路线是增保堂—后厝—三落角—湖内社—上店社—庵后社—郭厝社—官任灵护宫—官任兴云庙。巡境到庵后社时吃中午饭,到官任兴云庙时举行庆典活动。刈香费用主要是由官任来承担。

保生大帝信仰在闽南地区极为盛行,西亭村同样深怀对保生大帝的崇拜,尤其在三月十五这一天,场面尤为热闹。官任社兴云庙的保生大帝是红脸,级别比较高,庵后社兴武宫的保生大帝是金脸,级别相对较低。庵后的保生大帝没有直接从正门进去的资格,要跟着兴云庙的保生大帝进正门。本来,长福宫的保生大帝是西亭最大的保生大帝,但因为乩童出事,后来就不再去白礁请香火了。

8. 五月十三

在农历五月十三日,村民们会举行敬拜关帝爷的活动。主要活动是唱布袋戏(木偶戏)。敬奉关帝爷的宫庙是湖内社的复兴宫。

9. 九月初十

在大社朝旭宫,村民们会在农历九月初十敬拜辅顺将军。

辅顺将军的诞辰是农历九月十五,但由于西亭靠近大海,十五日正值大潮汐,无论是前往朝旭宫,还是抬辅顺将军巡境,都非常不便。因此,几百年前,村民们决定将敬拜辅顺将军的时间提前至小潮汐的农历九月初十。

对辅顺将军的敬拜主要由六个陈姓角头轮值负责。这六个陈姓角头分别是:前厝角、后厝角、三落角、湖内社、庵后社和郭厝社。轮值的角头负责当天的敬拜事宜,包括摆供桌、请大戏。至于是否进行刈香仪式,在八月之后,当年轮值的角头需要通过卜杯请示辅顺将军的意愿。辅顺将军若乐意出巡,轮值的角头将在吃香座的角落去贴香条,告示全村信众今年将举行刈香活动;若不乐意,就不贴香条告示。

过去，由于交通不便，敬拜活动仅限于蔡厝旁边的一个山头，朝着山口宫的方向请香火，就地吃香桌。现在，随着交通的便利，九月初十凌晨，敬拜队伍会前往三口宫请香火。进香的队伍通常很长，伴随着锣鼓队、锦旗队一路浩浩荡荡热热闹闹地返回。队伍第一站经过蔡厝村，接受蔡厝村民的敬拜，同时在蔡厝村吃香桌。回到西亭，举行敬拜活动，第一站是增保堂的前厝角，第二站是后厝角，第三站是三落角，第四站是湖内社，第五站是上店社，第六站是庵后社，一般是在庵后社吃中饭，接下来第七站是郭厝社，第八站是官任社黄姓角落，第九站是官任社陈姓角落，这样大约在下午三四点返回朝旭宫。

返回朝旭宫后，道士会举行收兵仪式。收兵仪式结束后，举行轮值角头移交仪式。

当天晚上，当年轮值的角头要将辅顺将军请到他们的角落，上演大戏以供辅顺将军观赏。演出通常会持续数天，结束后再请辅顺将军归位。

10. 鼠年、龙年、猴年迎送王爷

在十二生肖年中，每逢鼠年、龙年、猴年，西亭村都会举行迎送王爷仪式，正月时，村民们会迎接王爷回村，而到了十月，则会将王爷送到同安华藏庵。

在迎送王爷的仪式中，香火是代表王爷的主要象征（香火，即香灰包在金纸中，再包一层红布），王爷的塑像通常供奉在华藏庵中，不离开庵门。

同安的华藏庵在鼠年、龙年、猴年会举行隆重的送王船仪式。西亭村的送王爷活动（从西亭到同安的华藏庵），是送王船仪式的陆路部分；而华藏庵将王船送到海上，则是送王船仪式的海路部分。吕厝村在正月初五、初六凌晨两点左右，会用王船到海边迎请王爷。华藏庵也会邀请重要分炉一同来参与迎请王爷的仪式。由于距离较远，西亭村并未参与送王船的海路仪式，仅在陆路上迎送王爷。每年的十月，华藏庵会选择吉日举行送王船仪式，白天，会举行庆典活动；下半夜，则进行送王船仪式，在海上将王船焚化。王船上会放置王爷、将领、粮食、柴火和水等等生活用品，一应俱全。

11. 正月迎请王爷，前往华藏庵迎请香火

西亭村的迎王爷活动通常是在正月举行。请香火的年份一般是在鼠年、猴年、

龙年,具体的日期则是正月初九过后的正月中的任意一天,村民们会到同安西柯吕厝华藏庵迎请香火。华藏庵在闽南地区有众多分炉,包括在西亭的大社分炉、官任分炉、湖内分炉、庵后分炉、上店分炉等,这些分炉之间是同一等级。各个分炉迎请王爷,可以自由选择日子,前往华藏庵迎请香火。

迎请王爷的队伍,通常需要大卡车,王爷的轿子放置在第一辆大卡车上,旗手、锣鼓队员和放鞭炮的人员也随行在大卡车上;村民代表则开着私家车跟随大卡车。在前往华藏庵的路上,由于王爷不在轿子中,所以一路不放鞭炮。

到达华藏庵后,迎请香火的过程非常讲究,只能用手到香炉里抓一把香灰,香灰是多少就是多少,不能因为第一把香灰少了,就抓两次。村民认为,抓一把香灰,就是请一个王爷,如果抓两把香灰,就是请两个王爷。根据民俗,一年只能迎请一个王爷下凡治理,因为"天无二日,土无二王,家无二主,尊无二上",所以是严禁抓多次香灰的。请香火,这是迎请王爷最核心的环节。

到从华藏庵返回,一路上会放很多鞭炮,以表达对王爷的热烈欢迎。

迎请王爷回到西亭后,村民们会在香炉门口的广场前抬轿颠轿,绕广场几圈,然后把王爷的轿子安放在祖厝的供位上。供位前面会放供桌,供桌上则置放香炉、脸盆、牙缸、牙刷、毛巾等日常供品。至此,迎请的仪式完毕。

在平日敬拜中,可以更换脸盆、牙刷等日常用具,以表明王爷每日的生活起居有人照料,这是供奉王爷非常人情化的供奉法,也是与供奉其他神佛不同的地方。

12. 西亭十月恭送王爷到同安华藏庵

每逢鼠年、猴年、龙年的十月,各个分炉与华藏庵联系,商定吉日(在十月二十六之前),恭送王爷至华藏庵,由华藏庵统一安排将王爷送至海上。

王爷是闽南地区的重要信仰,旧俗中,迎送王爷的路途遥远,通常选择水路。涨潮时,从西亭出发,经过集美高崎再到西柯,需要两个潮水周期才能到达,单程就需要花一整天,无法当天返回。因此,人们常常采用水陆结合的方式,从西亭划船至兑山,然后步行至吕厝,整个路程需要一整天的时间。由于当时交通不便,参与人数较少,也没有敲锣打鼓的仪式。

近年来,随着西亭村生活水平的提高和交通的便利,恭送王爷的规模越来越大。十月恭送王爷的规模会比正月迎请的规模更大一些,一路上鞭炮齐鸣锣鼓喧天。村委会会派遣几部大车，有私家车的村民也会自行驾车参与，车队通常由十几二十辆车组成，浩浩荡荡地开往华藏庵。恭送王爷的车队中，大卡车零头，小车紧随其后。王爷的轿子和抬轿的轿夫坐在大卡车上，旗手、锣鼓队员、放鞭炮的人员也在大卡车上；送王爷的村民代表则开着私家车跟随。恭送王爷的车队，一般是在上午出发，一路上鞭炮声声、旗帜飘飘，场面颇为壮观。得益于交通道路的发达，从西亭到华藏庵，走海翔大道，只需约半个多小时的车程。

到达华藏庵后，队伍在华藏庵门口下轿，将王爷送到华藏庵前的大广场上，正对华藏庵门，然后将王爷请回庵内。此时，以香灰代表王爷，香灰放回香炉后，即表示王爷已安全回到华藏庵。王爷归位之后，村民们会点香朝拜庵内的王爷，有的村民还会给王爷添油，祈求来年的平安和福气。

当天中午，迎送队伍便可返回西亭，迎送王爷活动基本结束。

无论是古老的人生礼俗还是岁时节俗，都承载着世代相传的记忆、情感与故事。这些丰富多彩的民俗活动不仅展示了西亭村的文化底蕴，也成为了连接过去与未来的桥梁，让每一位村民都能够从中感受到归属感和自豪感。

第九章 方言、歌谣与传说

一、方言

目前，西亭村常驻人口2161余户，6014人，全都操西亭话。西亭话属于闽南语系，其语音系统和词汇系统同厦门其他地区的闽南语较为接近。

（一）语音

1. 声韵调系统

（1）声母

西亭话共有十四个声母：

p 八兵爬病　ph 派片蜂曝　b（m）麦明味问

t 多东甜毒　th 讨天抽头　l（n）脑南年泥

ts 资早租酒　tsh 刺草寸出　s 丝三酸想

K 高九共权　kh 开轻溪空　g（ŋ）熬月五月　h 飞风副好

Ø 安温王用

（2）韵母

西亭话共有八十一个韵母：

　　　　　　　　i 米丝试戏　　　　u 猪雨师鱼

a 牙饱早柴　ia 靴写瓦鹅　　　　ua 歌大盖伞

e 茶坐过短　　　　　　　　　　ue 鞋赔梳做

ɛ 马尾

ɔ 苦五雨某

o 保婆宝母　io 笑桥叫烧

ai 排太使利	iai [起来]	uai 淮歪乖怪
		ui 开对鬼气
au 漏透豆走	iau 翘跳晓了	
	iu 油受收幼	
am 南蓝暗含	iam 盐点阉针	
	im 心深金音	
an 安钉挽艰	ian 见仙骗年	uan 款愿管
	in 新面藤眠	un 根寸滚春
aŋ 东蚊粽放	iaŋ 双谁鞅	
	iŋ 灯宁争星	
ɔŋ 王讲总公	iɔŋ 响用相勇	
ã 胆三仔啥	iã 兄定诚领	uã 山半官看
õ 五毛		
	ĩ 年硬钱砚	
ɐ̃ 前先拣店		uãi 县横关
		uĩ 快梅煤
ãu 藕脑	iãu 爪猫	
	iũ 厂唱	
ap 十	iap 接贴	
	ip 急缉入吸	
at 栗塞节贼	iat 热折结橘	uat 法活泼发
	it 七一直息	ut 骨出术突
ak 壳学北六	iak 白拣的	
	ik 色锡绿局	
ɔk 托国谷	iɔk 六局褥俗	
ah 盒塔鸭	iah 锡	uah 辣热活
eh 月郭白		ueh 八节
ɔh □ɔh53[1]		

---

[1] □ɔh53用于"□i24□ɔh1□ɔh53",表示说话不清不楚。

oh 学索   ioh 药尺拾歇
                         ih 闪   uih 血
                                         uh 托□束乩

auh 折呕   iauh □giauh32[2]
                         iuh □tiuh32[3]

ãh □sãh32[4]   iãh □hiãh53[5]
ẽh 脉
ĩh 捏   uĩh □huĩh32[6]
ɔ̃h：□bɔ̃h31[7]
ãuh   □ãuh53[8]
iãuh□giãuh22[9]
                                         uãih□uãih53[10]

m 莓媒   ŋ 糖床
mh□hmh53[11]

（3）声调

西亭话共有七个声调：

阴　平　44　东该灯风通开天春　　阳平　24　门龙牛油铜皮糖
红上声　31　懂古鬼九统苦讨草
阴　去　211　冻怪半四痛快寸去　　阳去　22　动罪近后卖路硬乱
阴　入　32　百搭节急拍塔切刻　　阳入　53　六麦叶月毒白盒罚

2　□giauh32意为用竿子棍棒等的一头举起或支起。
3　□tiuh32意为肌肉抽动。
4　□sãh32意为被吸引。
5　□hiãh32意为"突然受到惊吓"或者"突然想到"。
6　□huĩh32用于"□huĩh32目"，表示眼缝偏小。
7　□bɔ̃h31表示偷偷摸摸，不被发现。
8　□ãuh53用于"□ãuh1□ãuh1叫"，意为嗷嗷叫。
9　□giãuh53用于"□giãuh1□giãuh1动"，表示小孩坐不住，好动。
10　□uãih53用于"□i24□uãih1□uãih53"，或者表示门松动或坏掉，开关时发出的响声，或者表示人词不达意，叽叽喳喳个不停。
11　□hmh53表示打招呼发生的声音，或者表示提醒对方发出的声音。

（4）变调

西亭话两字连读时，除二字之间是主谓关系都不变调或末字是轻声音节前字不变调外，一般说来，语流前字无论遇到哪一种声调的后字都要变调，语流后字则不变调。西亭话两字组连读时前字具体的变调规律如下：阴平44和上声31都变为33；阳平24变为22，读同阳去单字调；阴去211变为52，阳去22变为11；阴入32逢-h 韵尾变读42短促调，逢-p、-t、-k 韵尾变读4短促调；阳入53变为1短促调。以下是前字的本调与变调对比表。

西亭话声调变调情况表

本调		变调	例子		
阴平44		33	中央tiɔŋ44-33ɵiɔŋ44 中将tiɔŋ44-33tsiɔŋ211 中药tiɔŋ44-33ɵioh53	中南tiɔŋ44-33lam24 中共tiɔŋ44-33kiɔŋ22	中古tiɔŋ44-33kɔ31 中国tiɔŋ44-33kɔk32
阳平24		22	来宾lai24-22pin44 来信lai24-22sin211 来历lai24-22lik53	来源lai24-22guan24 来路lai24-22lɔ22	来往lai24-22ɵɔŋ31 来客lai24-22kheh32
上声31		33	好心ho31-33sim44 好意ho31-33ɵi21 好药ho31-33ɵioh53	好人ho31-33laŋ24 好事ho31-33su22	好纸ho31-33tsua31 好铁ho31-33thih32
阴去211		52	教师kau211-42su44 教案kau211-42ɵan211 教学kau211-42ɵoh53	教材kau211-42tsai24 教授kau211-42siu22	教本kau211-42pun31 教室kau211-42sit32
阳去22		11	运输ɵun22-11su44 运气ɵun22-11khi211 运入ɵun22-11lip53	运河ɵun22-11ho24 运动ɵun22-11tɔŋ22	运转ɵun22-11tsuan52 运出ɵun22-11tshut32
阴入32	逢-h韵尾	42	拍输phah32-42su44 拍算phah32-42suĩ211 拍石phah32-42tsioh53	拍球phah32-42kiu24 拍败phah32-42pai22	拍鼓phah32-42kɔ31 拍结phah32-42kat32
	逢-p、-t、-k韵尾	4	竹篙tik32-4ko44 竹器tik32-32khi211 竹箸tik32-32hioh53	竹筒tik32-4taŋ24 竹帽tik32-32bɔ22	竹马tik32-4bɛ31 竹节tik32-32tsat32

本调	变调	例子		
阳入53	1	六间lak32-1kaĩ44 六世lak32-1se211 六月lak32-1geh53	六人lak32-1laŋ24 六路lak32-1lɔ22	六点lak32-1tiam31 六国lak32-1kɔk32

2. 语音特点

（1）声母特点

西亭话和厦门话、同安话、集美话等其他闽南方言一样，浊声母 dz 已经消失了，声母只有十四个。当 b、l、g 与鼻化韵相拼时，带有轻微的 m、n、ŋ 音色。m、n、ŋ 是 b、l、g 的音位变体。西亭话声母至今同样保留着"古无轻唇音"和"古无舌上音"等上古音的重要特点。西亭话没有 f 声母，普通话轻唇音 f 声母，到了西亭话常常读为 p 或 ph 声母，如"富"、"浮"在西亭话口语中说为 pu、phu。西亭话也没有卷舌音等所谓的舌上音，普通话有一些卷舌声母到西亭话往往读为 t 或 th 声母，如"猪"、"拆"在西亭话口语中说为 tu、thiah。普通话有后起音——腭化音 tɕ、tɕh、ɕ，西亭话没有，普通话的这三个声母在西亭话常常读为 k、kh、h 声母，如"江"、"欠"、"弦"在西亭话说为 kaŋ、khiam、hian，这也是西亭话保留远古声母的又一例证。

（2）韵母特点

西亭话和厦门话、同安话、集美话等其他闽南方言一个较大的差别是，其遇摄的"猪"、"鱼"和止摄的"师"等合流为 u 韵，如"猪""鱼""师"说为 tu、hu、su。而这一点则与后溪、灌口、杏林等地方言完全相同。和其他闽南方言一样，西亭话保留古代入声字完整的 -p、-t、-k 塞音尾韵，如"吸""骨""角"说为 khip、kut、kak，同时这些塞音尾韵的弱化形式喉塞音尾韵 -h 也大量存在，如"石""铁""月"说为 tsioh、thih、geh；保留古代双唇鼻音尾韵 -m，如"暗""金""阉"说为 am、kim、iam；拥有丰富的鼻化韵和带鼻化的喉塞音尾韵 -h，前者如"炭""清""年"说为 thuã、tshĩ、lĩ，后者如"物""脉""捏"说为 bĩh、bẽh、lĩh。

（3）声调特点

西亭话和集美话的声调调类、调值完全一样，平声、去声、入声都是根据古声母清浊各分阴阳，清上一律归为上声。只是这两种方言两字组连读变调的情况差别较大。西亭话两字组的变调反而比较接近同安话，不过跟集美话也有相似之处。西亭话和同安话一样，前字是阴平、阳平的都分别变读为33、22；前字是阳去和阳入的都分别变读为11、1。西亭话和同安话的前字是阴去的都只有一种变调，略微不同的是，前者变读为52，后者变读为42。两种方言差别较大的是前字是上声字和阴入字的变读情况。西亭话的前字是上声的只有33一种变调。同安话的前字是上声的则因后字的调型不同而有两种变调，即后字读高调44、53或升调24的，前字变读为33，后字读低调112、22或降调31、32的，前字变读为24。这跟集美话极为相似，只是集美话前一种情况变读为22。西亭话的前字是阴入的有两种变调，即逢-h 韵尾变读42短促调，逢-p、-t、-k 韵尾变读4短促调。这也跟集美话较为相似，不过集美话前一种情况变读为24。同安话的前字是阴入的则只有42一种变调。

（二）词汇

1.词汇部分收了近一千两百条词，按意义分为十四类。

2.每条先列方言词和读音，声调调值标在字音右边。跟普通话差别比较大的方言词在其读音后面标出普通话对照词。有些词条为了限定其使用范围，跟方言词相同的普通话对照词也列出。

3.意义大体相同的词排在一起，第一条顶格排列，第二条起另行退一格排列。其普通话对照词一律标在第一条后面。

4.本词表尽量用本字，本字不明的用同音字、训读字或方言俗字，实在标不出的用"□"代替。

5.词里的声调按实际读音标注其调值。

6.有文白两读的，白读在前，文读在后，两者之间用"／"隔开。如果不是文白两读的，两者之间也用"／"隔开。

1. 天文地理

日头	lit53thau0	太阳	好天	ho33thĩ44	晴天
月娘	geh1liũ24	月亮	乌阴	ɔ33im44	阴天
星	tsĩ44	星星	做旱	tsue42huã22	旱
云	hun24		淹水	im33tsui24	涝
风	hɔŋ44		天光	thĩ33kŋ44	天亮
风台	hɔŋ33thai44	台风	田	tshan24	水田
台风	thai33hɔŋ44		地	ti22	旱地
闪爁	sih42lã22	闪电	田岸	tshan22huã22	田埂
雷	lui24		山路	suã33lɔ22	
雨	hɔ22		山	suã44	
落雨	loh1hɔ22	下雨	山沟	suã33kau44	山谷
否天	pai33thĩ44		坑沟	khĩ33kau44	山坑
沃	ak32	淋	江	kaŋ44	
曝	phak53	晒	溪	khue44	
雪	seh32		水沟仔	tsui22kau33ã31	水沟儿
冰	piŋ44		湖	ɔ24	
冰雹	piŋ33phau24		窟仔	khut4ã31	池塘
石头雨	tsioh1thau22hɔ22		水窟仔	tsui22khut4ã31	水坑儿
霜	sŋ44		红流	aŋ22lau24	洪水
雾	bu22		淹	im44	
到模	kau42bɔ24	起雾	堤岸	the22huã22	河岸
露	lɔ22		坝	pe211	
共	khiŋ44	虹	地动	tue11taŋ22	地震
失日	sit4lit53	日食	空	khaŋ44	窟窿
失月	sit4geh53	月食	缝	phaŋ211	缝儿
天	thĩ44		石头	tsioh1thau24	
天气	thĩ33khi211		塗	thɔ24	土

塗	thɔ24	泥	塗粉	thɔ22hun31	灰尘
红毛灰（旧称）	aŋ22bŋ22he44	水泥	火	he31	
洋灰	iũ22he44		烟	ian44	
水泥	tsui22li24		着火烧	tio1he33sio44	失火
沙	sua44	沙子	水	tsui31	
砖	tsŋ44		冷水	liŋ22tsui31	凉水
厝瓦	tshu42hiã22	瓦	烧水	sio33tsui31	热水
涂炭	thɔ22thuã211	煤	滚水	kun22tsui31	开水
煤	buĩ24		吸铁	khip42thih32	
塗油	thɔ22iu24	煤油	吸石	khip42tsioh32	磁铁
火炭	he33thuã211	炭	磁铁	tsu22thih32	
火烌	he33hu22	草木灰			

2. 时间方位

时阵	si22tsun22	时候	后年	au22lĩ0	
啥时阵	sã33si22tsun22	什么时候	旧年	ku11lĩ24	去年
啥物时阵	sam33bĩh32 si22tsun22		前年	tsun24lĩ0	
底时	ti22si24		往年	iŋ33lĩ24	
即阵	tsih42tsun22	现在	年头	lĩ22thau24	年初
现阵	hian11tsun22		倚年	ua33lĩ24	年底
前	tsaĩ24	以前	年底	lĩ22tue31	
以前	i22tsaĩ24		今日	kian33lit53	
后	au22	以后		/ kiã33lit53	今天
以后	i24au22		明[早起]	biã22[tsai31]	明天
了后	liau33au22		后日	au22lit0	后天
一世人	tsih1si42laŋ24	一辈子	落后日	loh1au22lit0	大后天
今年	kin33lĩ24		落信后日	loh1sin42 au22lit0	
明年	bĩ22lĩ24		昨昏	tsa11hŋ44	昨天

口日	tsoh53lit0	前天	十二月	tsap1li11geh53	腊月
顶日	tiŋ33lit53	前几天	廿九暝	lih1kau33bin24	除夕
落信口日	loh1sin42		历日	la22lit53	历书
	tsoh1iit0	大前天	旧历	ku11lit53	阴历
规日	kui33lit53	整天	新历	sin33lit53	阳历
逐日	tak1lit53	每天	礼拜日	le33pai42lit53	星期天
早起	tsa33khi31	早晨	所在	sɔ33tsai22	地方
放早	paŋ42tsa31		底落	ta24loh53	什么地方
透早	thau42tsa3		底落所在	ta24loh1	
顶晡	tiŋ33pɔ44	上午		sɔ33tsai22	
日昼	lit1tau211	中午	啥所在	sã33sɔ33tsai22	
下晡	e11pɔ44	下午	啥物所在	sam33bĩh32	
日卜暗	lit1be42am211	傍晚		sɔ33tsai22	
日时	lit53si0	白天	底一位	ta24tsit1ui22	
下昏	e11hŋ33	夜晚	厝内	tshu42lai22	家里
因暗时	in33am42si24		城内	siã22lai22	城里
半暝	buã42bĩ24	半夜	乡下	hiŋ33e22	
正月	tsiã33geh53		顶面	tiŋ33bin22	上面
正月初一	tsiã33geh1		下面	e11bin22	
	tshue33it32	大年初一	下底	e11tue31	
元宵	uan22siau44	元宵节	下脚	e11kha44	
清明	tshĩ33biã24		倒爿	to33piŋ24	左边
五月节	gɔ11geh1		正爿	tsiã42piŋ24	右边
	tsueh32	端午	中央	tiɔŋ33ŋ44	中间
五日节	gɔ11lit1tsueh32		头前	thau22	
七月半	tshit4geh1			tsaĩ24	前面
	buã211	七月十五	前面	tsaĩ22bin22	
中秋	tiɔŋ33tshiu44		后壁	au11piah32	后面
冬节	taŋ33tsueh32	冬至	后面	au11bin22	

尾仔	bɛ33ã31	末尾		骹	kha44	下
暗尾	am424bɛ31			墘	kĩ24	边儿
正面	tsiã42bin22	对面		边	pĩ44	
面前	bin11tsaĩ24			角	kak32	角儿
尻川后	kha33tshŋ33			起去	khi31u0	上去
	au22	背后		落来	loh53lai0	下来
胛脊后	ka33piah42au22			入去	lip53khu0	进去
内面	lai11bin22	里面		[出来]	[tshuai32]	出来
外口	gua11khau31	外面		出来	tshut32lai0	
口面	khau33bin22			出去	tshut32khu0	
外面	gua11bin22			[倒来]	[tuai22]	回来
边仔	pĩ33ã31	旁边		[起来]	[khiai31]	起来
顶	tiŋ31	上				

3. 植物

树	tshiu22			荷花	ho22hue44	
柴头	tsha22thau24	木头		草	tshau31	
棕铜树	tsoŋ33taŋ22			藤	tin24	
	tshiu22	松树		刺	tshi211	
柏树	peh42tshiu22			果子	ke24tsi31	水果
杉树	sam33tshiu22			水果	tsui22ko31	
柳树	liu24tshiu22			苹果	phiŋ22ko31	
竹	tik32	竹子		桃仔	tho22ã31	桃子
笋	sun31			梨仔	lai22ã31	梨
箬	hioh53	叶子		水梨（旧）	tsui22lai24	
花	hue44			李仔	li33ã31	李子
花莓	hue33m24	花蕾		杏	hiŋ22	
梅花	buĩ22hue44			橘仔	kiat42ã31	橘子
牡丹	bɔ33tan44			柑	kam44	

柚	iu211	柚子	塗豆	thɔ22tau22	花生
红柿	aŋ22khi22	柿子	鱼豆	hu22tau22	黄豆
榭榴	sia11liu24	石榴	细豆	sue42tau22	绿豆
枣	tso31		菜豆	tshai42tau22	豇豆
栗子	lat1tsi31		大白菜	tua11peh1	
核桃	hut1tho24			tshai211	
银杏	gun22hiŋ22		高丽菜	ko33le11	
甘蔗	kam33tsiã211			tshai211	包心菜
木耳	bɔk1li31		飞龙	pe33liŋ24	菠菜
蘑菇	bɔ22kɔ44		赤根	tshiah42kun44	
香菇	hiũ33kɔ44		芹菜	kun22tshai211	
釉	tiu22	稻	菜心	tshai42sim44	莴笋
粟	tshik32	稻谷	韭菜	ku33tshai211	
釉草	tiu11tshau31	稻草	芫荽	uan22sui44	香菜
大麦	tua11beh53		葱	tshaŋ44	
小麦	sio33beh53		蒜仔	sŋ42ã31	蒜
麦稿	beh1ko31	麦秸	姜	kiũ44	
色仔	sik4ã31	谷子	北葱	pak42tshaŋ44	洋葱
番黍	huan33sue31	高粱	番椒	huan33tsio44	辣椒
番大麦（旧称）	huan33tua11		茄	kio24	茄子
	beh53	玉米	酸志仔	sŋ33tsi42ã31	西红柿
玉米	gioh1bi31		菜头	tshai42thau24	萝卜
棉花	bĩ22hue44		红菜头	aŋ22tshai42	
油菜	iu22tshai211			thau24	胡萝卜
麻	buã24	芝麻	刺瓜	tshi42kue44	黄瓜
向日葵	hiɔŋ42lit1kui24		菜瓜	tshai42kue44	丝瓜
马齿仔豆	bɛ33khi33		金瓜	kim33kue44	南瓜
	ã33tau22	蚕豆	马薯	bɛ33tsi24	荸荠
豌豆	uan33tau22		番薯	han33tsu24	红薯

马铃薯	bã33liŋ22tsu24		莲藕	lian22gãu22	藕
芋	ɔ22	芋头	藕	gãu22	
淮山	huai22san44	山药			

4. 动物

虎	hɔ31	老虎	庵埔齐	am33pɔ33tse24	知了
猴	kau24	猴子	狗蚁	kau33hia22	蚂蚁
蛇	tsua24		塗蚓	thɔ22kun31	蚯蚓
鸟鼠	liãu33tshu31	老鼠	娘仔	liũ22ã31	蚕
蜜婆	bit1po24	蝙蝠	蜘蛛	ti33tu44	
鸟	tsiau31	鸟儿	蛨仔	baŋ33ã31	蚊子
乞鸟仔	kit42tsiau33ã31	麻雀	胡蝇	hɔ22sin24	苍蝇
			虼蚤	ka33tsau31	跳蚤
粟鸟仔	tsik42tsiau33ã31		虱母	sap42bo31	虱子
			鱼	hu24	
客鸟	keh42tsiau31	喜鹊	鲐仔	tai42ã31	鲤鱼
乌鸦	ɔ33a44		大头鲢	tua11thau22lian24	鳙鱼
粉鸟	hun33tsiau31	鸽子			
鸽仔	kap42ã31		大头	tua11thau24	
翼	sit53	翅膀	鲫仔	tsit32ã31	鲫鱼
爪	liãu31	爪子	鳖	pih32	甲鱼
尾	bɛ31	尾巴	鳞	lan24	
岫	siu211	窝	虾	he24	
虫	thaŋ24	虫子	鲟	tsim24	螃蟹
马蝶	bɛ33iah53	蝴蝶	水鸡	sui33kue44	青蛙
阉婴	iam33ĩ44	蜻蜓	蟾蜍	tsiũ33tsu24	癞蛤蟆
蜜蜂	bit1phaŋ44		马	bɛ31	
蜜	bit53	蜂蜜	驴	lo24	

骡	li24		狗	kau31	
牛	gu24		狗公	gau33kaŋ44	公狗
牛公	gu22kaŋ31	公牛	狗母	gau33bo31	母狗
牛母	gu22bo31	母牛	吠	pui22	叫
饲牛	tshi11gu24	放牛	兔	thɔ42	兔子
羊	iũ24		鸡	kue44	
猪	tu44		鸡角	kue33kak32	公鸡
猪哥	tu33ko44	种猪	鸡母	kue33bo31	母鸡
公猪	kaŋ33tu44	公猪	啼	thi24	叫
公兮	kaŋ44e0		生	sĩ44	下
猪母	tu33bo31	母猪	孵	pu22	
猪仔	tu33ã31	猪崽	鸭	ah32	
猪仔囝	tu33ã33kiã31		鹅	ia24	
猪牢	tu33tiau24	猪圈	残	tsan24	阉
饲猪	tshi11tu44	养猪	阉	iam44	
猫	liãu44		饲	tshi22	喂
猫公	liãu33kaŋ44	公猫	刣猪	thai22tu44	杀猪
猫母	liãu33bo31	母猫	刣	thai24	杀

5.房舍器具

社里	sia11li31	村庄	灶骸	tsau42kha44	厨房
巷仔	haŋ11ã31	胡同	灶	tsau211	
街路	kue33lɔ22	街道	锅	e44	
起厝	khi33tshu211	盖房子	鼎	tiã31	饭锅
厝	tshu211	房子	菜鼎	tshai42tiã31	菜锅
房间	paŋ22kaĩ44	屋子	屎礐	sai33hak53	厕所
房	paŋ24	卧室	橡仔	ĩ22ã31	檩
草辽	tshau33liau24	茅屋	柱	thiau22	柱子
草厝	tshau33tshu211		大门	tua11bŋ24	

户橂	hɔ33taĩ44	门槛儿	缸	kŋ44	
窗	thaŋ44		酒瓮仔	tsiu22aŋ42ã31	坛子
楼梯	lau22thui44	梯子	酒矸	tsiu22kan44	瓶子
扫帚	sau42tshiu31		盖	kua211	盖子
扫塗骸	sau42thɔ22		碗	uã31	
	kha44	扫地	箸	tu22	筷子
粪嗖	pun42so211	垃圾	汤匙	thŋ33si24	
家私	ke33si44	家具	柴火	tsha22he31	
物件	bĭh42kiã22	东西	擦火仔	tshit4he33ã31	火柴
眠床	bin22tshŋ24	床	锁	so31	
枕头	tsin33thau24		锁匙	so33si24	钥匙
被	phe22	被子	电罐	tian33kuan211	暖水瓶
棉被	bĩ22phe32	棉絮	面盆	bin11phun24	脸盆
床巾	tshŋ22kun44	床单	洗面水	sue33bin11	
褥仔	liɔk1ã31	褥子		tsui31	洗脸水
席	tshioh53	席子	面巾	bin11kun44	毛巾
蚊罩	baŋ33tã211	蚊帐	手巾	tshiu33kun44	手绢
桌	toh32	桌子	雪文	sap42bun24	肥皂
柜	kui22	柜子	捋仔	luah1ã31	梳子
桌橱屉	toh4kui11		针	tsiam44	缝衣针
	thuah32	抽屉	铰刀	ka33to44	剪子
案桌	an42toh32	案子	蜡烛仔	lah1tsik4ã31	蜡烛
椅	ih32	椅子	电火	tian11he31	手电筒
椅头仔	ih42thau22ã31	凳子	手电	tshiu33tian22	
尿斗仔	lio11tau33ã31	马桶	雨伞	hɔ11su ã211	
菜刀	tshai42to44		骹踏车	kha33tah1	
瓠棨	pu22hia44	瓢		tshia44	自行车

6. 服饰饮食

衫裤	sã33khɔ211	衣服	梳头	sue33thau24	
颂	tshiŋ22	穿	饭	pŋ22	米饭
褪	hŋ211	脱	糜	be24	稀饭
缚	pat53	系	面粉	bĩ11hun31	
云衫	hun22sam44	衬衫	面	bĩ22	面条
纱仔裑仔	se33ã33		面头	bĩ11thau24	馒头
	kah42ã31	背心	包仔	pau33ã31	包子
羊毛衫	iũ22bŋ22sã44	毛衣	水饺	tsui22kiau31	饺子
棉裘	bĩ22hiu24	棉衣	扁食	pian33sit53	馄饨
手䘼	tshiu33ŋ31	袖子	馅	ã22	馅儿
囊袋仔	lak4te11ã31	口袋	油炸粿（旧称）	iu22tsiah1ke31	油条
裤	khɔ211	裤子	豆奶	tau11lĩ44	豆浆
短裤	te33khɔ211		豆花	tau11hue44	豆腐脑
裤骹	khɔ42kha44	裤腿	元宵丸	uan22siau33ĩ24	
帽仔	bɔ11ã31	帽子	粽	tsaŋ211	粽子
鞋	ue24	鞋子	珍粿	tĩ33ke31	年糕
袜	beh53	袜子	点心	tiam33sim44	
领仔巾	liã33ã33kun44	围巾	菜	tshai211	
围裙	ui22khun24		菜干	tshai42kuã44	干菜
尿垫	lio11tsu22	尿布	豆干	tau11kuã44	豆腐
纽仔	liu33ã31	扣子	猪血	tu33huih32	
纽	liu31	扣	猪骹	tu33kha44	猪蹄
手指	tshiu33tsi31	戒指	猪舌	tu33tsih53	猪舌头
手环	tshiu33khuan24	手镯	猪肝	tu33kuã44	
剃头	thih42thau24	理发	腹内	pak42lai22	下水
剪头	thian33thau24		鸡卵	kue33lŋ22	鸡蛋
捋头	luah1thau24	梳头	皮蛋	phi22tan22	松花蛋

肉油	bã42iu24	猪油	煎	tsian44	
麻油	buã22iu24	香油	糊	tsĩ211	炸
豆油	tau11iu24	酱油	炊	tshe44	蒸
盐	iam24		挊	luã31	揉
醋	tshɔ211		□	gaĩ31	擀
薰支	hun33ki44	香烟	食早起	tsiah1tsa33kh31	吃早饭
薰丝	hun33si44	旱烟	食日昼	tsiah1lit1tau211	吃午饭
白酒	peh1tsiu31		食下昏	tsiah1e11hŋ44	吃晚饭
黄酒	ŋ22tsiu31		食	tsiah53	吃
老酒	lo33tsiu31	江米酒	啉	lim44	喝
茶心	te22sim44	茶叶	点烟	tiam33hun44	抽烟
茶	te24		食烟	tsiah1hun44	
泡	phau211	沏~茶	添	thĩ44	盛
霜辽	sŋ33liau24	冰棍儿	夹	geh32	
煮饭	tsu33pŋ22	做饭	滕	thin24	斟
煮菜	tsu33tshai211	炒菜	喙焦	tshui42ta44	口渴
煠	sah53	在滚水里稍煮一下	枵	iau44	饿
			敨	keh53	噎

7. 身体医疗

头壳	thau22khak32	头	目珠仁	bak1tsiu33lin24	眼珠
头毛	thau22bŋ24	头发	目屎	bak1sai31	眼泪
头髻尾仔	thau22tsaŋ33bɛ33ã31	辫子	目眉	bak1bai24	眉毛
			耳仔	hi11ã31	耳朵
旋	tsŋ22		鼻	phi22	鼻子
头额	thau22hiah53	额头	鼻	phi22	鼻涕
脚数	kioh42siau211	相貌	冲鼻	tshiŋ42phi22	擤
面	bin22	脸	喙	tshui211	嘴巴
目珠	bak1tsiu44	眼睛	喙唇	tshui42tun24	嘴唇

澜	luã22	口水	腹肚	pak4tɔ22	肚子
舌	tsih53	舌头	肚脐	tɔ11tsai24	
喙齿	tshui42khi31	牙齿	奶婆	li33po24	乳房
下颏	e11huai24	下巴	尻川	kha33tshŋ44	屁股
下扩	e22khɔk32		尻川头	kha33tshŋ33	
喙须	tshui42tshiu44	胡子		thau24	肛门
颔管	am11kun31	脖子	卵鸟	lan11tsiau31	阴茎
咙喉	lã22au24	喉咙	膣口	tsi33bai44	女阴
肩头	kuãi33thau24	肩膀	干	kan211	肏
手骨	tshiu33kut32	胳膊	佋	siau24	精液
手	tshiu31		来蜡疡	lai22la11sam24	来月经
倒手	to42tshiu31	左手	放屎	paŋ42sai31	拉屎
正手	tsiã42tshiu31	右手	放尿	paŋ42lio22	撒尿
拳头	kun22thau24		放屁	paŋ42phui211	
指头仔	tsŋ33thau22		干恁娘	kan42lin33	
	ã31	手指		leh32	你妈的
指头拇	tsŋ33thau22		破病	phua42bĩ22	病了
	bo31	大拇指	寒去	kuã24khu0	着凉
二指	li22tsaĩ31	食指	寒着	kuã24tio0	
指指	ki33tsaĩ31		嗽	sau211	咳嗽
中指	tiɔŋ33tsaĩ31		发烧	huat4sio44	
无名指	bo22biã22tsaĩ31		抖	tio22	发抖
尾指仔	bɛ33tsaĩ33ã31	小拇指	腹肚痛	pak4tɔ33	
指甲	tsŋ33kah32			thiã211	肚子疼
骹腿	kha33thui31	腿	漏屎	lau42sai31	拉肚子
骹（包括小腿）	kha44	脚	着落疾仔	tioh1liɔk1	
骹头趺	kha33thau22			tsit42ã31	患疟疾
	u44	膝盖	着沙	tioh1sua44	中暑
胛脊	ka33tsiah32	背	中暑	tiɔŋ42su31	

肿	tsiŋ31		捍脉	huã11bẽh53	诊脉
孵脓	pu11laŋ24	化脓	针灸	tsiam33ku211	
锜	ki24	疤	打针	phah42tsiam44	
癣	sian31		吊大瓶	tiau42tua11pan24	打吊针
痣	ki211		食药	tsiah1ioh53	吃药
归口	kui33bã22	疙瘩	药汤	ioh1thŋ44	汤药
臭现味	tshau42 hian42bi22	狐臭	病较好	bĩ22khah42 ho31	病轻了
看病	khuã42bĩ22				

8. 婚丧信仰

做媒人	tsue42m11laŋ24	说媒	双生仔	saŋ33sĩ44e0	双胞胎
媒人	m11laŋ24		做月内	tsue42geh1lai22	坐月子
对看	tui42khuã211	相亲	食奶	tsiah1lĩ44	吃奶
送定（男方）	saŋ42tiã22	订婚	断奶	tŋ11lĩ44	
食定（女方）	tsiah1tiã22		满月	buã33geh53	
嫁妆	ke42tsŋ44		生日	sĩ33lit53	
结婚	kiat4hun44		做寿	tsue42siu22	
娶某	tshua11bɔ31	娶妻子	老去	lau22khu0	死
嫁翁	ke42aŋ44	出嫁	没去	bo22khu0	
囝婿	kiã33sai211	新郎	过身去	ke42sin44khu0	
新娘	sin33liũ24	新娘子	行去	kiã24khu0	
大腹肚仔	tua11pak4 tɔ33ã31	孕妇	自尽	tsu11tsin22	自杀
			自杀	tsu11sat32	
有身仔	u11sin33ã31	怀孕	过气	ke42khui211	咽气
病囝	bĩ11kiã31	害喜	断气	tŋ11khui211	
邀囝	io33kiã31	分娩	入木	lip1bak53	入殓
生囝	sĩ33kiã31		寿板	siu11pan24	棺材
漏囝仔	lau42kiã33ã31	流产	棺材	kuan33tsha24	

出山	tshut4suã44	出殡		kɔŋ44	灶神
神主	sin22tsu31	灵位	灶门公	tsau42buĩ22kɔŋ44	
墓	bɔ22	坟墓	宫庙	kiŋ33bio22	寺庙
菪墓纸	teh42bɔ33 tsua31	上坟	祖厝	tsɔ33tshu211	祠堂
			和尚	he11siũ22	
扫墓	sau42bɔ22		雷姑	lui22kɔ44	尼姑
金银纸	kim33gun22 tsua31	纸钱	师公	sai33kɔŋ44	道士
			看命	khuã42biã22	算命
天公祖	tĩ33kɔŋ33tsɔ31	老天爷	运途	un11tɔ24	运气
佛祖	put1tsɔ31	菩萨	运气	un11khi211	
观音	kuan33im44		保庇	po33bi211	保佑
灶君公	tsau42kun33				

9. 人品称谓

侬	laŋ24	人	厝边	tshu42pĩ44	邻居
丈夫侬	ta33pɔ33laŋ24	男人	侬客	laŋ22kheh32	客人
查某侬	tsa33bɔ33laŋ24	女人	做息兮（旧称）	tsoh42sit32e0	农民
十一叔	tsap1it4tsik32	单身汉	农民	lɔŋ22bin24	
单身兮	tan33sin44e0		生理侬	siŋ33li33laŋ24	商人
老姑婆	lau11kɔ33po24	老姑娘	做生理兮	tsue42siŋ33li31e0	
婴仔	ĩ33ã31	婴儿	做塗兮	tsue22thɔ24e0	泥水匠
囝仔	gin33ã31	小孩	做木兮	tsue22bak53e0	木匠
丈夫囝仔	tsa33pɔ33 gin33ã31	男孩	做衫兮	tsue42sã44e0	裁缝
			裁缝	tshai22hɔŋ24	
查某囝仔	tsa33bɔ33 gin33ã31	女孩	剃头兮	thih42thau24e0	理发师
			馆夫	kuan33hu44	厨师
老岁仔	lau11he42ã31	老人	师傅	sai33hu22	
亲情	tshin33tsiã24	亲戚	师仔	sai33ã31	徒弟
朋友	piŋ22iu31		乞食	kit4tsiah53	乞丐

婊仔	piau33ã31	妓女	大官	ta33kuã44	公公
妓女	ki33lu24		大家	ta22ke44	婆婆
鲈鳗	lɔ11buã24	流氓	安伯仔（面称）	an33peh32ã0	伯父
贼	tshat53		阿伯（统称）	a33peh32	
青瞑兮	tshĩ33bĩ24e0	瞎子	安姆仔（面称）	an33m31ã0	伯母
臭耳聋兮	tshau42hi11 laŋ24e0	聋子	阿姆（统称）	a33m31	
			安叔（面称）	an33tsik32	叔父
哑狗	e33kau31	哑巴	阿叔（统称）	a33tsik32	
跷跔兮	khiau33ku44e0	驼子	细叔仔（面称）	sue42tsik32ã0	最小的叔父
瘸骹仔	pai33kha33ã31	瘸子			
痟兮	siau31e0	疯子	安婶仔（面称）	an33tsim32ã0	叔母
欹兮	kham31e0	傻子	婶（统称）	tsim31	
戇兮	gɔŋ22e0		安姑（面称）	an33kɔ44	姑
大股呆	tua11kɔ33tai44	笨蛋	姑（统称）	kɔ44	
安公	an33kɔŋ44	爷爷	安丈仔（面称）	an33tiũ22ã0	姑父
安妈	an33bã31	奶奶	姑丈（统称）	kɔ33tiũ22	
外公	gua11kɔŋ44	外祖父	安舅仔（面称）	an33ku22ã0	舅舅
外妈	gua11bã31	外祖母	安妗仔（面称）	am33kim22ã0	舅妈
爸母	pe11bo31	父母	阿姨（统称）	a33i24	姨
阮爸（背称）	guan33pa24	父亲	姨母（面称）	i24bo31	母亲的大姐
阮李仔（背称）	guan33li33ã31	母亲			
安爸（面称）	an33pa24	爸爸	安姨（面称）	an33i24	母亲的妹妹
爸（面称）	pa24				
安李仔（面称）	an33li33ã31	妈妈	安丈仔（面称）	an3322tiũ22ã0	姨父
妈（面称）	bã24		姨丈（统称）	i22tiũ22	
后爸	au11pe22	继父	兄弟仔	hiã33ti11ã31	弟兄
后母	au11bo31	继母	姊妹	tsi24be22	姐妹
丈侬	tiũ11laŋ24	岳父	姊妹仔	tsi33be11ã31	兄弟姐妹；好姐妹
丈母	tiũ11m31	岳母			

阿兄	a33hiã44	哥哥	囝	kiã31	儿子
安嫂仔（面称）	an33so31ã0	嫂子	新妇	sin33pu22	儿媳妇
兄嫂（统称）	hiã33so31		查某仔	tsa33bɔ31ã0	女儿
小弟	sio33ti22	弟弟	囝婿	kiã33sai211	女婿
小婶仔	sio33tsim31ã0	弟媳	孙	sun44	孙子
大姊仔	tua11tsi31ã0	姐姐	橄榄孙	kna33lã33sun44	重孙子
大姊	tua11tsi31		孙仔	sun44ã0	侄子
哥仔	ko33ã31	姐夫	外甥	ɡue11siŋ44	外甥
小妹	sio33be22	妹妹	外孙	ɡua11sun44	
妹婿	be11sai22	妹夫	翁某仔	aŋ33bɔ33ã31	夫妻
隔壁兮	ɡeh42pak32e0	堂兄弟	翁姐仔	aŋ33tsia33ia31	
隔布兮	ɡeh42pɔ211e0		翁	aŋ44	丈夫
表兮	piau31e0	表兄弟	某	bɔ31	妻子
表兄弟	piau33hiã33ti22		名	biã24	名字
同姒仔	taŋ22sai22ã0	妯娌	外号	ɡua11ho22	绰号
同门兮	taŋ22bŋ24e0	连襟			

10. 农工商文

做工课	tsue42khaŋ33		筐	khiŋ44	箩筐
	khe22	干活儿	筛仔	thai44ã0	筛子
代志	tai11tsi211	事情	粪箕	pun42ki44	簸箕（有梁的）
播田	pɔ42tshan24	插秧			
割稻	kuah42tiu22		簸箕	pua42ki44	簸箕（簸米用）
栽菜	tsai33tshai211	种菜			
犁	lue24		独轮车	tok22lun22 tshia44	
锄头	tu22thau24				
镰勒仔	li22lik53ã0	镰刀	车轮	tshia33lun24	轮子
柄	pĩ211	把儿	春臼锤	tsiŋ33khu11 thui24	碓
扁担	phin33tã44				

舂臼	tsiŋ33khu22	臼	趁	than211	赚
磨仔	bo11ã31	磨	趁	than211	挣
年冬	lĩ22taŋ44	年成	欠	khiam211	
行江湖	kiã22kaŋ33ɔ24		算盘	sŋ42puã24	
做工	tsue42kaŋ44	打工	秤_{小的}	tshin211	
斧头	pɔ33thau24	斧子	量	liũ22	大的秤
牙仔	geh1ã31	钳子	称	tshin211	
螺丝刀	lo22si33to44		赶墟	kuã33hu44	赶集
锤仔	thui22ã31	锤子	市场	tshi11tiũ24	集市
钉仔	tan33ã31	钉子	挂香	kua42hiũ33	庙会
索仔	soh42ã31	绳子	学堂	oh1tŋ24	学校
棍仔	kun33ã31	棍子	教室	kau42sik32	
做生理	tsue42sĩ33li31	做买卖	去学堂兮	khu42oh1tŋ24e0	上学
店仔	taĩ42ã31	商店	去读册	khu42thak1 tsheh32	
菜馆	tshai42kuan31	饭馆	放下	paŋ42he22	放学
客店	kheh42taĩ211	旅馆	考试	khɔ33tshi211	
贵	kui211		册袋仔	tsheh42te22ã31	书包
俗	siɔk53	便宜	簿仔	phɔ11gã31	本子
俗	siɔk53	合算	铅笔	ian22pit32	
折扣	tsiat42kau211		铁笔	thih42pit32	钢笔
蚀本	sih1pun31	亏本	圆珠笔	guan22tsu33pit42	
镭	lui44	钱	毛笔	bŋ22pit32白／bõ22pit32文	
散钱	suã42tsĩ24	零钱			
零星兮	lan22san44ẽ0		墨	bak53	
银角仔	gun22kak42ã31	硬币	砚	hĩ211	砚台
本钱	pun33tsĩ24		批	phue44	信
工钱	kaŋ33tsĩ24		图书	tɔ22su44	连环画
路费	lɔ11hui211		觅相找	bih42sa33tshe22	捉迷藏
开	khai44	花			

跳索	thiau42soh32	跳绳	行棋	kiã22ki24	下棋
毽	kian211	毽子	博扑克	pua22phɔk42	
风吹	hɔŋ33tshe44	风筝		kik32	打扑克
弄狮	laŋ11sai44	舞狮	预麻雀	i22bã22	
动狮	taŋ22sai33			tshiɔk32	打麻将
炮	phau32	鞭炮	变魔术	pian42bɔ22sut32	
唱歌	tshiũ42kua44		讲古	kɔŋ33kɔ31	讲故事
搬戏	puã33hi22	演戏	猜谜	tshai33be24	猜谜语
锣鼓	lo22ko31		迌迌	khit42tho24	玩儿
弦仔	hian22ã31	二胡	相找坐	sa33tshe11tse22	串门儿
品仔	phin22ã31	笛子	做客	tsue42kheh32	走亲戚
喝拳	huah42kun24	划拳			

11. 动作行为

看	khuã211		斟	tsim44	亲嘴
听	hiã44		嗾	suh32	吮吸
鼻	phi211	闻	呸	phui211	吐~痰
口	sŋh53	吸	吐	thɔ211 / auh4	呕吐
拆开	thiah42khui44	睁~眼	拍哈呛	phah42kha33	
展开	tĩ42khui33			tsiũ211	打喷嚏
放瞌	paŋ42khueh32	闭~眼	掃	thueh53	拿
瞜	lĩh32	眨~眼	互	hɔ22	给
拆开	thiah42khui44	张~嘴	摸	bɔ̃44	
合	hap53	闭~嘴	伸~手	tshŋ44	
咬	ka22		爬	pe24	挠
哺	pɔ22	嚼	蜍	giãu22	
吞	thun44	咽	捻	liam22	掐
舐	tsĩ22	舔	锁	so31	拧~螺丝
含	kam24		拨	tsun22	拧~毛巾

□	lih53	捻	鞅	iaŋ44	背
擘	peh32	掰	牵	khan33	搀
擘	peh32	剥~花生	推	tu44	推
拆	thiah32	撕	速	sak32	
遏	at32	折	跋	puah53	摔
抠	khau44	拔~萝卜	弄	lɔŋ22	撞
挽	ban31	摘~花	塞	that32	挡
徛	khia22	站	遮	lia44	
□	the44	倚	挡	tɔŋ211	
跍	khu24	蹲	睨	bih32	躲
坐	tse22		收	siu44	藏
跳	thiau211		下	he22 / khe22	放
伐	huah53	迈	叠	thiap53	摞
踏	tah53	踩	沓	thah53	
翘	khiau211		坮	tai24	埋
弯	uan44	弯~腰	崁	kham211	盖~上
挺	thiŋ31		揿	teh32	压
腷	phih32	趴	□	lih53	摁
趴	phak32		突	thut32	捅
爬	pe24		插	tshah32	
行	kiã24	走	戳	tshak53	
走	tsau31	跑	刜	phut32	砍
躲走	to22tsau31	逃	斲	tɔk32	剁
旋	suan44		削	siah32	
偷走	thau22tsau31		必	pit32	裂
缉	tsip32	追	裂	lih53	
追	tui44		饶	liau24	皱
掠	liah53	抓	赳	khiu24	
抱	phɔ22		烂去	luã22khu0	腐烂

拭	tshit32	擦	徙	sua31	挪
摒	piã211	倒~剩饭	捧	phaŋ24	端
倒	to211		揀	siak32	摔
献□□	hĩ211hak1		参	tsham44	掺
	kak53	扔~掉	透	thau211	
猫	bau44	扔~石头	燃	hiã24	烧
落	lak32	掉	拆	thiah32	
认	lin22		踅	seh53	转
滴	tih32		舂	tsiŋ44	捶
[拍唔]见	[phaŋ42]kĩ211	丢~东西	搥	tui24	
拍无	phah42bo24		拍	phah32	打
找	tshe22		相拍	sa33phah32	打架
拾	khioh32	捡	歇困	hioh42khun211	休息
捾	kuã22	提	拍骹欠	phah42kha33	
担	tã44	挑		tshiũ211	打哈欠
攑	gia24	扛	丑交坐	tuh42ka33tse22	打瞌睡
扛	kŋ44	抬	睏	khun211	睡
攑	gia24	举	鼾	huã24	打呼噜
展	thĩ44	撑	梦见	baŋ11kĩ22	做梦
挢	kiau22	撬	做梦	tsue42baŋ22	
拣	kaĩ31	挑	困起来	khun42khi21	
款	khuan31	收拾		1ai0	起床
襒	pih32	挽	洗喙	sue33tshui211	刷牙
免	bian31	涮	洗身躯	sue33siaŋ33	
洗	sue31			khu44	洗澡
捞	hɔ24		想	siũ22	
缚	pak53	拴	数念	siau42liam22	想念
缚	pak53	捆	拍算	phah42sŋ112	打算
敨	thau31	解	会记分	e11ki211e0	记得

[勿]记了	[bue11]2ki11e0	忘记	有	u22	
惊	kiã44	怕	无	bo24	没有
相信	siɔŋ33sin22		是	si22	
烦恼	huan22lo31	发愁	唔是	m11si22	不是
细腻	sue42li211	小心	伫	tu22	在
爱	ai211	喜欢	着	tio22	
娅	gian211		无着	bo22tio22	不在
欮神	gin22sin24	讨厌	知	tsai44	知道
欮卵	gin22lan22		知影	tsai33ia31	
爽	sɔŋ31	舒服	唔知	m11tsai44	不知道
艰苦	kan33khɔ31	难受	唔知影	m11tsai33iã31	
艰苦	kan33khɔ31	难过	会晓兮	e11hiau31e0	懂
欢喜	huã33hi31	高兴	八	bat32	
受气	siu22khi211	生气	会响	e11hiaŋ31	
怪	kuai211	责怪	[勿会]晓兮	[bue11]hiau31e0	不懂
后悔	ho11hue31		[勿会]响	[bue11]hiaŋ31	
怨妒	uan42tɔ211	忌妒	会晓	e11hiau31	会
目空矮	bak1khaŋ33ue31		会	e22	
见笑	kian42siau211	害羞	[勿会]晓	[bue11]hiau31	不会
漏气	lau42khui112	丢脸	八	bat32	认识
见笑	kian42siau211		唔八	m11bat32	不认识
下火	ha11he31		会啦	e22la0	行
创治	tshɔŋ42ti22	欺负	会用兮	e11iŋ22e0	
欺负	ki33hu22		会使兮	e11sai31e0	
鬹	ti211	装	[勿会]用兮	[bue11]iŋ22e0	不行
假	ke31		[勿会]使兮	[bue11]sai31e0	
装	tsŋ33		会	e22	肯
痛	thiã211	疼	着	toh53	应该
卜	beh32	要	应该着	iŋ11kai33toh53	

会使兮	e11sai31e0	可以		讲白贼话	kɔŋ33peh1 tsat1ue22	
会用兮	e11iŋ22e0			骗	phian211	
讲	kɔŋ31	说		风龟	hɔŋ33ku44	吹牛
话	ue22			碰风	phɔŋ42hɔŋ44	
化仙	hua42sian44	聊天儿		扶卵脬	phɔ22lan11	
连仙	lian22sian33				pha44	拍马屁
叫	kio211			扶零星	phɔ22lan11san44	
喝	huah32	吆喝		扶	phɔ24	
号	hau31	哭		讲笑	kɔŋ33tshio211	开玩笑
哭	khau211			共……讲	kah32……kɔŋ31	告诉
骂	bĩ22			费神	hui42sin24	谢谢
相骂	sa33bĩ22	吵架		感谢	kam33sia22	
冤家	uan33ke44			多谢	to33sia22	
骗	phian211			否势	phai33se211	对不起
褒	po44	哄		则佫来	tsiah42koh42	
讲嚣六话	kɔŋ33hau33 lak1ue22	撒谎			lai24	再见

12. 性质状态

大	tua22			短	te31	
细	sue211			阔	khuah32	宽
粗	tshɔ44			开阔	khui33khuah32	宽敞
幼	iu211	细		狭	ueh53	窄
长	tŋ24			悬	kuãi24	高
短	te31			下	ke22	低
久	ku31	长时间~		大汉	tua11han211	高他比我~
长	tŋ24			躟	lo22	
一目暅仔	tsit1bak1 lĩh42ã31	短时间~		细汉	sue42han211	矮
				矮	ue31	

远	hŋ22		轻	khin44	
近	kun22		直	tit53	
深	tshim44		崎	kia22	陡
浅	khin31		弯	uan44	□弯~路
清	tshiŋ44		歪	uai44	
醪	lo24	浑	厚	kau22	厚木板~
圆	ĩ24		薄	poh53	
扁	pĩ31		洘	kho31	稠
四角	si42kak32	方	饮	am31	稀
尖	tsiam44		实	tsat53	密
平	pĩ24		密	bat53	
白	peh53	肥~肉	疏	sue44	稀
肥	pui24		光	kŋ44	亮
精	tsiã44	瘦~肉	暗	am211	黑
赤	tshiah32		热	luah53	热~天
肥	pui24	肥~猪	烧热	sio33luah53	暖和
肥	pui24	胖	秋清	tshiu33	
瘦	san31	瘦~小		tshin211	凉
乌	ɔ44	黑	寒	kuã24	冷
白	peh53		冷	liŋ24	
红	aŋ24		烧	sio44	热~水
黄	ŋ24		冷	liŋ24	凉~水
蓝	lam24		焦	ta44	干晒~
绿	lik53		澹	tam24	湿
紫	tsi31		清气	tshiŋ33khi211	干净
灰	he44		蜡疡	la22sam24	脏
多	tsue22		利	lai22	快刀子~
少	tsio31		钝	tun44	
重	taŋ22		紧	kin31	快~走

慢	ban22		痒	tshiũ22	
早	tsa31		闹热	lãu11liat53	热闹
晏	uã211	晚来~了	熟似	sik1sai22	熟悉
暗	am211	晚天色~	生分	sĩ33hun211	陌生
冗	liŋ22	松	味素	bi11sɔ211	味道
恒	an22	紧捆得~	气味	khi42bi22	
唅	kue22	容易这道题~	咸	kiam24	
好做	ho33tsue22		饔	tsiã31	淡
简单	kan33tan33		酸	sŋ44	
否做	phai33tsue211	难这道题~	珍	tĩ44	甜
难	lan24		苦	khɔ31	
新	sin44		辣	luah53	
旧	ku22		生珍	tshĩ33tĩ44	鲜
老	lau22	老人~	芳	phaŋ44	香
少年	siau42lian24	年轻	臭	tshau211	
软	lŋ31		臭酸	tshau42sŋ44	馊
橂	taĩ22	硬	臭臊	tshau42tsho44	腥
硬	gĩ22		好	ho31	好人~
烂	luã22	烂煮得~	否	phai31	坏人~
臭焦	tshau42ta44	糊	否	bai31	差质量~
勇	iɔŋ31	结实	着	tioh53	对
破	phua211	破衣服~	唔着	m22tioh53	错
富	pu211		水	sui31	漂亮
艰苦	kan33khɔ31	穷	怯视	khiap42si211	丑
穷	kiŋ24		否看	phai33khuã211	
无闲	bo22aĩ24	忙	骨力	kut42lat53	勤快
闲	aĩ24		贫惮	pin22tuã22	懒
瘝	sian22	累	乖	kuai44	
痛	thiã211	疼	孽	iat53	顽皮

忠厚	tioŋ33hɔ22	老实	猫神	liau33sin24	
戆	ɔŋ22	傻	猫卵	liau33lan22	
勘	kham31		套直	tho42tit53	直爽
空勘	khɔŋ33kham31		硬直	gĩ22tit53	
笨	pun22		爽直	sŋ33tit53	
有量	u11lioŋ22	大方	碍哥	gai22ko44	犟
慷慨	khɔŋ24khai211		硬鼻	gĩ11phĩ22	
猫	liau44	小气			

13. 数量

蜀 / 一	tsit53 / it32	一	两两	lŋ11liũ31	二两
两 / 二	lŋ22 / li22	二	几个	kui33e24	
三	sã44 / sam44		两个	lŋ11ge24	俩
四	si211 / su211		三个	sã33e24	仨
五	gɔ22 / gɔ31		一半个	tsit1puã42e24	个把
六	lak53 / liɔk53		个	e24	
七	tshit32		只	tsiah32	匹—~马
八	pue211 / pat32		只	tsiah32	头—~牛
九	kau31 / kiu31		只	tsiah32	头—~猪
十	tsap53 / sip53		只	tsiah32	只—~狗
二十	li11tsap53		尾	bɛ31	条—~鱼
三十	sã33tsap53		尾	bɛ31	条—~蛇
一百	tsit1pah32		支	ki44	张—~嘴
一千	tsit1tshiŋ44		块	te112	张—~桌子
一万	tsit1ban22		领	liã31	床—~被子
一百空五	tsit1pah32		领	liã31	领—~席子
	khɔŋ42gɔ22	一百零五	双	siaŋ44	
百五	pah42gɔ22	一百五十	丛	tsaŋ24	把—~刀
第一	te11it32		支	ki44	

门	bŋ24	把―~锁	贴	thiap32	剂	
条	tiau24	根―~绳子	港	kaŋ31	股―~香味	
丛	tsaŋ24	支―~毛笔	趖	tshua22	行―~字	
支	ki44		箍	khɔ44	块―~钱	
个	e24	副―~眼镜	角	kak32	毛―~钱	
个	e24	面―~镜子	项	haŋ22	件―~事情	
块	te211	块―~香皂	条	tiau24		
顶	tiŋ31	辆―~车	点仔	tiam33ã31	点儿―~东西	
只	tsiah32		寡	kua31	些―~东西	
间	kaĩ33	座―~房子	下	e22	下 打一~	
条	tiau24	座―~桥	目暆仔	bak1lĩ42		
条	tiau24	条―~河		ã31	会儿	
条	tiau24	条―~路	下	e22	顿 打一~	
丛	tsaŋ24	棵―~树	泼	phuat32	阵 下了一~雨	
蕊	lui31	朵―~花	阵	tsun22		
粒	liap53	颗―~珠子	趖	tshua22	趟 去了一~	
粒	liap53	粒―~米	摆	pai31		
顿	tŋ211		斗	tau31		

14. 代副介连词

我	gua31		家自	ka22ki22	自己
汝	lu31	你	人	laŋ0	别人
汝	lu31	您	别人	pat1laŋ24	
伊	i44	他	阮爸	uan33pa24	我爸
阮	guan31	我们	恁爸	lin33pa24	你爸
伬	lan31	咱们	個爸	in33pa24	他爸
恁	lin31	你们	即个	tsit42e24 /	
個	in44	他们		tsit42ge24	这个
逐个	tak1ge24	大家	迄个	hit42e24 /	

	hit42ge24	那个	真	tsin44	很
底一个	ta33tsit1e24 /		诚	tsiã24	
	ta33tsit1ge24	哪个	者呢	tsiat42lĩ44	非常
谁	siaŋ24		诚	tsiã24	
啥人	sã33laŋ24		真	tsin44	
遮兮	tsiah1e24	这里	佫较	khoh42khah32	更
即位	tsit1ui211		伤	siŋ33	太
即处	tsit1te211		太	thai22	
遐兮	hiah1e24	那里	[第一]	[tei22]	最
迄位	hit1ui211		计	keh32	都
迄处	hit1te211		拢	lɔŋ31	
底落仔	ta24loh1ã31	哪里	齐	tsiau22	
底一位	ta24tsit1ui211		总	tsɔŋ31	
安尼仔	an33lĩ33ã31	这样	拢总	lɔŋ33tsɔŋ31	一共
安尼仔	an33lĩ33ã31	那样	斗阵	tau42tin22	一起
啥物仔	sam33bĩh42ã31	什么样	相合	sa33kap32	
底一款	ta24tsit1		则	tsiah32	只
	khuan31		挂仔	tu33ã31	刚~好
底一种	ta24tsit1tsiŋ31		挂仔	tu33ã31	刚~到
安怎	an33tsuã31	怎样	则	tsiah32	才 你怎么~来啊
者呢	tsiat42lĩ44	这么	着	to22	就 我吃了饭~去
则	tsiah32		定定	tiã11tiã22	
安怎	an33tsuã31	怎么	经常佫	koh32	又
怎仔	tsai42ã31		佫再	koh42tsai211	
啥	sã31	什么	犹	ã31	还
啥物	sam33bĩh32		佫	koh32	再
安怎	an33tsuã31	为什么	则佫	tsiah42koh32	
创啥	tshɔŋ42sã31	干什么	嘛	bã22	也
若齐	luã11tsue22	多少	也	a22	

横直	huãi22tit53	反正	稳当	un22taŋ211	肯定	
无	bo24	没有	着是	to11si22		
唔	m22	不	无的确	bo22tiak42		
唔通	m11thaŋ44	别~去		khak32	可能	
[勿会]使	[bue11]sai31		若	lã31	一边~走,~说	
不免	m11bian31	甭	沿路	uan22lh22		
免	bian31		共	kah32	和我~他都姓王	
卜	beh32	快天~亮了	共	kah32	和我昨天~他去城里了	
处卜	tit42beh32					
差淡薄仔	tsha33tam11 po22ã31	差点儿	含	ham24		
			甲	kah32	对他~我很好	
差一点仔	tsha33tsit1 tiam33ã31		对	tui211		
			向	ŋ211	往~东走	
甘愿	kam33uan22	宁可	共	kah32	向~他借一本书	
宁可	liŋ22khɔ31		照	tsiau211	按~他的要求做	
宁愿	liŋ22uan22		替	thue211		
挑工	thiau33kaŋ44	故意	若	lã22	如果	
挑迟	thiau33ti24		若是	lã11si22		
清采	tshin42tshai31	随便	无管	bo22kuan31	不管	
干焦	kian33ta44	白				

二、歌谣

以闽南方言为基础进行创作和传唱的民歌、童谣，主要流行于福建闽南、中国台湾和东南亚华侨华裔居住地。闽南民歌童谣从内容上大致可分为时政、育儿、游戏、动物、植物、知识、幻想、节令、民俗、趣味等；从体裁上则可分为摇篮曲、叙述式、问答歌、连锁调、谜谣、绕口令等。

这些民歌童谣可以帮我们理解一些生活知识，梳理一些社会关系，读起来也朗朗上口。闽南人的生活方式形成了自己对家乡文化的固守与执着，不管走到那，只要听到承载童年回忆、充满童心情趣和洋溢浓浓乡情的闽南民歌童谣,都会唤醒内心对家乡的思念之情。但是,随着社会经济的不断发展和生产、生活方式的转变,一方面,年轻一代对传统的生产、生活方式不熟悉、不了解了,因而对民歌民谣中的一些内容或难以理解,或不感兴趣;另一方面,闽南方言呈现出日渐萎缩的态势,从而导致了闽南民歌民谣的消亡。现在闽南的青少年很少说方言,对闽南语已经越来越陌生了。而闽南民歌童谣是建立在闽南方言基础上的,缺少了语言的依托,民歌民谣自然就会逐渐消亡。

西亭村作为典型的闽南乡村,年纪较长的村民还能唱出一些闽南民歌童谣。现收集整理如下:

(一)拍手掌(炒米香)

一的炒米香,二的炒韭菜,
三的冲冲滚,四的炒米粉,
五的五将军,六的好子孙,
七的分一半,八的紧来看,
九的九姊婆,十的撞大锣,
打你千打你万,打你一千零一万。

(二)天黑黑

天乌乌,要下雨,
阿公拿锄头要挖芋,
挖啊挖,挖啊挖,
挖到一尾旋鰡鼓。
阿公要煮咸,
阿嬷要煮淡,
两人相打弄破鼎,
一啊嘿罗弄东七东呛。

（三）好朋友

相牵手，好朋友
吃土豆，配烧酒
烧酒仙，走路空空颠

（四）摇篮曲

婴仔婴婴困，一眠大一寸，
婴仔婴婴惜，一眠大一尺，
摇儿日落山，抱子金金看，
子是阮新肝，惊你受风寒。

（五）指纹歌

一螺一直坐，二螺撑脚蹄，
三螺无米煮，四螺学饭炊，
五螺偷挖壁，六螺做乞食，
七螺穷，八螺富，
九螺起大厝，十螺中进士。

（六）新年歌

初一早，初二巧
初三困到饱，初四顿顿饱，
初五隔开，初六舀肥，
初七七元，初八原金，
初九天公生，初十有食席。
十一请团婿，十二查某团转来拜，
十三食泔糜仔配芥菜，十四月光时，
十五上元暝，十六拆灯棚。

（七）西北雨

西北雨，直直落。
鲫仔鱼，欲娶某。
鲇代兄，拍锣鼓。
媒人婆，土虱嫂。
日头暗，寻无路。
赶紧来，火金姑。
做好心，来照路。
西北雨，直直落。
西北雨，直直落。
白鹭鸶，来赶路。
翻山岭，过溪河。
寻无巢，跌一倒。
日头暗，欲怎好。
土地公，土地婆。
做好心，来带路。
西北雨，直直落。

（八）安舅来

安舅汝来我唪知；
我唛掠鸡来去台（杀）。
鸡犹细，换买虾，
虾细尾，换炊粿。
粿无熟，换买肉；
肉抹烂，换面线。
面线长，换买糖；
糖乌乌，换买大鱼箍。

（九）大箍呆

大箍呆，炒韭菜，

烧烧一碗来，

冷冷我无爱。

（十）十二生肖歌

一鼠贼仔名，

二牛驶犁兄，

三虎爬山坪，

四兔游东京，

五龙皇帝命，

六蛇予人惊，

七马跑兵营，

八羊食草岭，

九猴爬树头，

十鸡啼三声，

十一狗仔顾门埕，

十二猪是菜刀命。

（十一）囝仔歌

ABCD狗咬猪，

阿公仔坐飞机，

摔一下冷吱吱，

叫医生来甲伊医，

医一下脚骨大细枝，

医一下脚骨大细枝。

(十二)火金姑

火金姑来食茶,
茶烧烧,食香蕉。
香蕉冷冷,食龙眼。
龙眼爱拨壳,
换来食蓝菝仔,
蓝菝仔全全籽,
害阮食一下落喙齿,
害阮食一下落喙齿。

(十三)羞羞羞

羞羞羞!未见诮,
人插花,伊插草,
人抱婴,伊抱狗,
人未嫁,伊先随人走,
人坐轿,伊坐粪斗,
人困红眠床,伊困屎学仔口。

(十四)打日本

滚滚滚,打日本
阿兄打先锋,
阿弟做后盾。
把将日本仔,
打做番薯粉。

(十五)月光光

月娘月光光,
老公仔伫菜园,

菜园掘松松，

老公仔欲种葱，

葱无芽，欲种茶，

茶无花，欲种瓜，

瓜无子，老公仔气甲欲死。

（十六）捉迷藏

掩呼鸡，掩白卵。

一粒含，一粒舔。

呼鸡子躲也没，

放母去找贼，

找无来，抓来抬（杀）

找无去，抓来锯。

要吃土啊要吃米？

吃土！放你去七桃（玩耍）

要吃米！找甲半小死。

（十七）抛沙包

一放鸡，二放鸭，

三清（分）开，四拾搭（叠）

五啊胸，六拍手，

七玲球，八摸鼻，

九咬耳，十拍脚，

十一扫土脚，

十二拢

总沙。

三、传说

流传在西亭村村民中的民间故事很少，而关于辅顺将军显灵的故事倒有几个，现简述如下：

据村里陈忠庆等先生说，一位八十多岁的老人曾亲口告诉他，他小时候有一次到海滩去捡海螺，迷了路，天黑了回不了家，很着急。突然，他看见一个火珠在前面闪，他就跟着火珠走，就走到了村子里。后来火珠跳进朝旭宫，不见了。

据说抬着辅顺将军坐的轿子在村里游神的时候，轿子会来回地翻，翻得越厉害，就说明他越高兴。抬着轿子的人赤脚走过炭火，脚都不会烫伤。

1959年8月23日（农历7月19日）的3号台风"艾瑞斯"对厦门造成极大破坏，死亡一百五十四人，但西亭村没有人员伤亡，村民认为是辅顺将军保祐的结果。当时西亭村有很多渔民，平时都要出海捕鱼，但那天朝旭宫前在唱戏，大家都在看戏，没有人出海，所以没有船只在海上遭遇台风。而临近的杏林村人晚上在同安湾一带抓鱼苗，碰上台风，死了好多人。

1970年代，村里驻扎部队（驻地为现在软件园三期所在地），有一天晚上看电影，附近一颗手榴弹被引爆，炸死了很多人。西亭村看电影的人很多，但没有一人被炸死或受伤，村民认为是辅顺将军保祐的结果。

二十年前有一个小姑娘丢了，家人在辅顺将军前摔杯占卜，最后按着神示意的路线去寻找，在离家六十多公里的地方找到了。

2017年9月10日，白天风很大，晚上要唱戏。献戏的人担心晚上下大雨，向辅顺将军问卦，占卜的结果是晚上不下雨。晚上果然无雨。

村里人都很信奉、崇拜辅顺将军。每年游神时，年轻人都要挑香火担，据说这样可以使其生男孩。

第十章　村社组织

一、党政机构

1949年以前的西亭村行政负责人已不可考。

1949年以后，或称乡，或称村，或称大队，或称居委会。人民公社时期（1958-1978），生产大队（相当于现在的村）干部由公社党委提名，经大队社员代表会议等额选举产生。1988年6月，《村民委员组织法（试行）》实行后，采用无记名投票方式推选村委会委员候选人，交村民大会采取直接、差额方式选举产生，再从委员中选举主任、副主任。1992年，集美区全区60个村委会建立村民代表会议制度，制定代表议事规则，村里重大事情均由村民代表研究决定。2003年首次进行村委会选举，陈育平当选村书记，陈明辉当选村主任。2006年，西亭村委会改称"社区居民委员会"，举行换届选举，陈育平当选村书记，陈勇进当选村主任。1949年以来西亭（乡、大队、村、居委会）历届党支部及行政领导任职情况如下表：

1949年以来西亭（乡、大队、村、居委会）历届党支部及行政领导任职情况简表[1]

任职时间	行政区划名称、归属	主要领导	主要工作	备注
1949				1949年农历七月廿九日同安县解放
1950-1951	西亭乡 包括大舍、上店、庵后、官任、郭厝、湖内、后浦社	乡长：陈貌貌 民兵队长：陈仁团 治保主任：陈伟创 农会主席：陈文广	土改。 1. 分田地； 2. 划分阶级成份（地主、富农、小土地出租者、上中农、中农、下中农、雇农）	

---

[1] 据陈德胜讲述、陈育平整理。

任职时间	行政区划名称、归属	主要领导	主要工作	备注
1952-1954	西亭乡	乡长：陈清浓 民兵队长：陈德胜 民政委员：陈信忠	1.检查土改工作是否完善到位； 2.办理、编写各户土地证、房契证； 3.1953年成立海防工作组； 4.1954年末成立互助组	土改检查队队长：王德奎
1955-1956	西亭乡（初级社）。包括三个合作社：大舍村合作社、五四合作社（官任、郭厝、庵后、上店）、五一合作社（湖内、后浦）	乡长：陈仁团 民兵队长：陈德胜	1.短暂的互助组后，土地归集体； 2.1956年乡领导向陈嘉庚写信反映：因建高集海堤，西亭的海蛤产地被淹，无收成嘉庚回信说应该向国家铁道部反映，请求补偿	
1957	西亭乡与锦园乡合并为锦亭乡合作社（高级社）	乡书记：林福成（锦园） 乡长：王起发（锦园） 副乡长：陈德胜（西亭）	1957年海蛤被淹补偿款到位，用于建大埭、各角落大厕所、维修办公房屋	
1958	前场乡锦亭大队	大队书记：陈章福（西亭） 大队长：林专练（锦园） 副大队长：陈德胜（西亭）		乡领导：林诗礼
1959	灌口区变为灌口公社。锦亭大队归属灌口公社	大队书记：陈章福 副大队长：陈德胜		吃大锅饭（村民集体统一在村食堂用餐）；到前场或灌口"大路土乾"担米。

任职时间	行政区划名称、归属	主要领导	主要工作	备注
				米由政府按需供应
1959	厦门市成立"水产局农业管理区",由西亭、杏林、孙厝三村合并。管理区范围包括九天湖、青蛙池、后垵副食品基地	书记:陈章福 主任:周清波(杏林) 副主任:陈德胜(分管西亭)		
1960-1962	水产局养殖农场管理区 西亭大队	书记:陈章福 主任:周清波(杏林村) 副主任兼西亭大队长:陈德胜		粮食由粮食局按人口供应,每月每人4斤;进入计划经济时代,始用粮票、布票、油票。村民生活困难,实行所谓"瓜菜代"
1963	杏林公社 西亭大队	书记:陈德胜 (书记与大队长分工不明确,基本由陈德胜一人负责,叶吉能曾代理过一段时间)		公社书记:陈新智 社长:陈世和 陈钟福调任杏林农场主管
1964-1965	杏林公社 西亭大队	书记:陈德胜	"社教"。主要工作是清理干部及社员欠债	
1966	杏林公社 西亭大队	书记:陈启阵 陈德胜抓生产,无挂职	社教工作队进驻,"文化大革命"开始,整顿大队干部,写大字报;"革联"与"促联"进行派系斗争	

任职时间	行政区划名称、归属	主要领导	主要工作	备注
1967-1970	杏林公社 西亭大队	书记：陈启阵 陈德胜履行大队长指责，无任命	清队。即清理牛鬼蛇神、地主、富农、国民党党员、水上总队等坏分子； 短暂的军管； 四类分子做义工	
1971-1984	杏林公社 西亭大队 1978年杏林公社从厦门郊区划出，与杏林镇合建杏林区。杏林区辖杏林公社和杏东、杏西二个街道办事处，西亭大队属杏东街道办事处	书记：陈德胜 大队长：陈友庆 村干部：陈颇盛、陈丽卿、陈清庆、陈世仁	1975年，厦门市十个单位的80名上山下乡知识青年来到西亭大队，建立知青农场，陈国英任场长； 1978年改革开放； 1982年土地承包到户	1971年，陈启阵调任杏林机砖厂厂长
1985-1986	西亭村	书记：陈友庆 村长（委任）：陈水森；陈加碧 村两委： 陈加碧、陈丽卿、陈美章、黄志强	1985年分配责任田	1985年陈德胜退休； 陈水森任村长后，因违反计划生育政策被免职，由陈国代理几个月，后任命陈加碧为村长
1987-1993	西亭村	书记：陈友庆 村长（委任）：陈加碧	引进种植"无宝香蕉"1000亩，养殖淡水鱼1000亩，养殖蛋鸭；养鳗鱼、甲鱼；种植龙眼树等 1992年全村通自来水	
1994-1996	西亭村	书记：陈友庆 村长：陈勇进		1994年第一次由村民选举产生村长

任职时间	行政区划名称、归属	主要领导	主要工作	备注
1997-2000	杏林区杏林镇西亭村	书记：陈友庆 村长：陈育平 副村长：陈明辉 陈加碧、黄天远、蔡远雪、陈德法 文书：黄敏成	1. 建设苑亭路（水泥路），从杏林村村口至西亭小学门口； 2. 开通公交车，从到西亭小学门口； 3. 全村各家各户皆安装电话，成为"电话明星村"； 4. 1998年12月，在1985年土地分配的基础上，完善与各户的田、地承包合同，签字发证； 5. 1997年8月2日，西亭小学代表队参加福建省篮球赛，获全省第一名	1998年。 杏林区书记： 杏林区区长：桂其明 杏林镇书记：陈双进 杏林镇镇长：林延勋 1998年1月：杏林区书记：桂其明 杏林区区长：陈昭阳
2000-2003.6	杏林区杏林镇西亭村	党支部书记：陈育平 村长：陈明辉 副主任：陈毅琳 支委委员：蔡远雪、陈惠峰、陈友庆、陈加碧 居委委员：黄天远、陈德法		2000年2月，陈育平任副书记，4月25日支部选举，陈育平任书记。10月17日居委会选举。 杏林镇书记：林延勋 杏林镇镇长：潘少銮
2003.7-2006.6	集美区杏林镇西亭村	书记：陈育平 主任：陈明辉 副主任：陈为忠 支委委员：蔡远雪、陈惠峰	1. 2003年12月开始集美北大道建设征地； 2. 建设村内水泥硬化道路	杏林镇书记：潘少銮 杏林镇镇长：邱勇艺 杏林镇书

任职时间	行政区划名称、归属	主要领导	主要工作	备注
		居委委员：黄天远		记：陈秀蕊 杏林镇镇长：邱勇艺 集美区书记：曾晓民 集美区区长：黄锦坤 2004年11月，西亭村划归杏林街道办管辖。 书记：陈清苗 主任：邱晓辉
2006.7-2009.6	集美区杏林街道西亭居委会	书记：陈育平 主任：陈勇进 副主任：陈毅琳、蔡远雪、黄天远、陈惠峰	2004年12月，集美大道开始征地建设； 2005年3月动员园博苑建设项目征地； 2007年9月23日园博苑开园典礼； 2007年12月，朝旭宫榕树公园开工建设	2006年4月25日党员大会选举党支部； 2006年6月6日选举居委会； 杏林街道书记：陈清苗 主任：邱晓辉
2009.7-2012.6	集美区杏林街道西亭居委会	陈育平：主持支部工作、负责人 主任：陈勇进 副主任：陈毅琳、蔡远雪、黄天远、陈惠峰	2009年集美新城建设开始征地； 2010年3月街道办任命林胜利主抓征地拆迁工作，陈育平主持支部工作	2009年6月14日支部选举； 8月18日居委会选举； 集美区书记：黄锦坤；集美区区长：倪超

任职时间	行政区划名称、归属	主要领导	主要工作	备注
				2009年3月-2011年9月：杏林街道书记：李梅英；主任：苏青云。 2011年10月：杏林街道书记：邱晓辉；主任：苏青云。
2012.7-2015.6	集美区杏林街道西亭居委会	党支部书记：陈育平； 居委会主任：陈毅琳 副主任：陈思达 支委委员：蔡远雪、陈国欣、 居委委员：黄天远	软件园三期征地、建设2014年大明广场项目征地	2014年5月张荣华挂职西亭书记 2015年6月21日支部选举 7月30日居委会选举 杏林街道书记：苏青云 主任：林朱强 2017年6月： 杏林街道书记：林志斌 主任：林朱强
2015.7-2018.6	集美区杏林街道西亭居委会	党支部书记：陈毅琳 居委会主任：陈思达		

任职时间	行政区划名称、归属	主要领导	主要工作	备注
		副主任：陈嘉鑫 支委委员：蔡远雪、林丽色、陈国欣 居委委员：陈辉扬		

村妇联

1949年10月，禾山区成立民主妇女联合会，1957年7月更名为"厦门市郊区妇女联合会"，1965年各大队设妇代会或妇女代表小组。"文化大革命"初期，妇联组织瘫痪。1972年5月，区妇联恢复，内设妇女儿童工作委员会，大队相应成立基层妇联组织。1994年，村居民委员会建立妇女会，实行会员制。2007年，杏林街道妇联成立，西亭成立妇代会。

2010年、2011年，由妇联组织对四十岁以上未上过学的妇女进行识字教育，每年一个月，培训地点在西亭小学，由西亭小学教师负责教学。

二、群众组织

（一）五甲会

大约从清代中期开始，西亭村就与邻村东埔、兑山等几个村子组建了联合自保的组织形式。据当地老人说，这个组织形式是由一个姓何的教书先生发起的。清代中期，珩山村是个大村子，有一千户人家，约五千人。村里有三大姓，一是吴姓，二是叶姓，其他一姓已不可考。这个村子仗着人多势众，经常欺负邻村的人。有一年发生大瘟疫，死了很多人，有很多人逃亡，剩下很少人（现在吴姓只有二百人左右，叶姓只有一家）。瘟疫过后，其他姓的人陆续搬了进来。村子里原来有学堂，瘟疫过后搬到了东埔村。几十年以后，珩山村强大了，开始欺负周围小的村庄。当时在东埔教书的何先生是同安人，他召集东埔、西亭、兑山等几个村子的头人，提出几个村子联合起来对付珩山村，得到大家的响应。后来白石和仓上村也加入进来，因有五个村，故称"五甲会"。"何山埔"本来叫"雨山埔"，后人为了纪念何先生,就改名为"何山埔"。东埔的祖厝"何祖"也是为了纪念他而修建的。

"五甲会"最初的功能主要是联保。五个村子是小村,人丁少,力量小,受到大村的欺侮和威胁,需要联合起来保护自己。遇到天灾、饥荒等,其他个村子也会帮助。"五甲会"敬奉"广泽尊王",其祖庙在泉州南安市诗山公园内龙山宫。

新中国成立后,"五甲会"被禁止活动。改革开放后村民又自发组织起来重续传统,但其功能已发生改变,联保、自卫、互助的功能已经消失,而代之以村落间的交往联谊。现在的活动形式是:每个村子选出一位会长,负责联络、组织、保管善款及其他事宜。各村轮流坐庄,每年集会一次,时间是中秋节,每个村子约二十多人参加,多为老年学会成员。集会的主要内容是通报、交流本村发展大事,聚餐,交接广泽尊王塑像——由当年主持的村子交给下一年主持的村子,由主持的村子奉祀。每年集会所需所有费用由该年坐庄的村子负担。

图10-1　2017年中秋,西亭村代表参加"五甲会"集会,向广泽尊王敬香

图10-2　2017年中秋广泽尊王像由东埔移至伦上交接仪式之一：众人抬起广泽尊王像

图10-3　2017年中秋广泽尊王像由东埔移至伦上交接仪式之二：将部分炉灰移至新的香炉随光泽尊王像一起移至伦上村

图10-4　2017年中秋广泽尊王像由东埔移至伦上交接仪式之三：将广泽尊王轿子安放于车箱内

图10-5　2017年中秋广泽尊王像由东埔移至伦上交接仪式之四：村民们目送载广泽尊王像的车缓缓离去

（二）老人协会

成立于九十年代，负责人为陈德胜，现负责人为陈钟得。凡五十岁以上的女性和六十岁以上的男性都自然成为老人协会会员。目前有会员有一千多名，八十岁至九十岁有一百一十三名（见第六章"人物表录"之《西亭80岁（含）以上寿星名录》）。老年协会的职能主要是组织、参与一些村里的民俗、体育、娱乐活动。气排球队和门球队比较有名，经常参加区里、市里的比赛。腰鼓队、击鼓队、舞蹈队和太极拳爱好者也经常参加活动。在丧葬、节庆活动中，老年协会也发挥了重要作用。

（三）宗祠、庙宇理事会

每个宗祠、庙宇都有理事会成员，日常事务有专人管理，祭拜、修缮等活动由理事会商议后分工承担。

附录

一、西亭村大事记

约明永乐年间,增保公从殿前迁居西亭。

1536-1537年(嘉靖十五至十六年)　久旱,大饥,民多流徙,饿死者众。

1544-1545年(嘉靖廿三至廿四年)　久旱,民饥,死者载道,斗米三百余钱。

1579年(万历七年)　大旱伴蝗灾,民饥。

1604年(万历卅二年)　11月9日地震,民房多塌毁。

1681年(康熙廿年)　秋,大旱,禾苗尽槁。

1711年(康熙五十年)　六月、七月两次地震。

1728年(雍正六年)　秋大旱。

1742年(乾隆七年)　春旱,岁欠。

1774年(乾隆卅九年)　春旱,岁欠。

1781年(乾隆四十六年)　春旱,岁欠。

1811年(嘉庆十六年)　夏地震。

1820年(嘉庆廿五年)　大旱,大饥。

1862年(同治元年)　五月,地震。

1864年(同治三年)　大旱,饥荒,斗米七百文。

1883年(光绪八年)　12月9日晚,强烈地震。

1884年(光绪十年)　灌口一带流行鼠疫,西亭村受灾。

1887年(光绪十三年)　3月18日下午,强震。

1891年(光绪十七年)　7、8两月未雨,大旱,禾苗尽槁。

1893年(光绪十九年)　大旱,3月滴雨未降,水稻无收。

1894年(光绪廿年)　6月20日,强震。

1895年(光绪廿一年)　集美流行鼠疫,西亭亦受灾。

1906年（光绪卅二年）	4月5日，金门海外强震，波及厦门。
1907年（光绪卅三年）	秋旱，晚稻欠收。
1908年（光绪卅四年）	全年多地震。
1910年（宣统二年）	3至10月，降雨量不及常年一半，井枯河干。
1915年（民国四年）	大旱，8-10月仅降雨44.5毫米。
1916年（民国五年）	重修后祖厝。
1918年（民国七年）	正月初三日，广东南澳-福建诏安外海7.3级地震，波及厦门，房屋受损严重，后有余震5次。
1920年（民国九年）	秋旱连冬旱，四个月无雨，庄稼欠收。
1921年（民国十年）	西亭学校（即今西亭小学）建成。
1936年（民国廿五年）	春夏秋冬连旱，井干，庄稼欠收。
1937年（民国廿六年）	4、5月未雨，大旱，雨量为常年一半，为三百年少见。是年6月8日下午，莆田兴化湾地震，波及厦门。
1946年（民国卅五年）	春旱，沿海赤地千里，早稻无法种植，作物枯萎。同年又遭秋旱高温，晚稻禾苗大都枯焦。
1948年（民国卅七年）	春夏秋冬四季干旱，泉水涸，农作物受灾惨重，全年降雨量仅763.3毫米。冬旱延续至翌年6月，雨量低于历年平均值。

1949年

农历7月29日，同安县解放。

10月1日，中华人民共和国成立。

1950年

西亭隶属同安县第二区潘涂后溪区西亭乡。

秋旱30天，庄稼减产。

创办夜校（扫盲班），为期两年多。

1951年

1月22日至3月14日，集美区全境进行土地改革，西亭村1500余人，农民人均得水田0.3亩、旱田0.7亩。

划分阶级成份（地主、富农、小土地出租者、上中农、中农、下中农、雇农）。

1952年

西亭隶属同安县第二区灌口区西亭乡。

1953年

7月6日至8月17日，连旱43天，早稻、花生、大豆等减产三、四成。

春节举行首次篮球友谊赛。

成立海防工作组。

1954年

1月，高集海堤正式施工建设，12月10日建成，水位下降，西亭村海边滩涂增多。

1954年5月底至1955年2月10日，大旱，未降一次15毫米以上的透雨，秋冬大旱89天，溪河干涸，饮水困难，粮食、油料减产。

年末成立互助组。

1955年

西亭隶属同安县第二区后溪区西亭乡。

春旱53天。溪河干涸，饮水困难，粮食、油料减产，村民以花生渣、大豆叶、地瓜渣、粗米糠、枸杞心、地瓜叶、海苔和猪母菜（马齿苋）充饥。

10月1日，高（崎）集（美）海堤竣工。

10月11日集杏海堤开工。

1956年

9月18日，台风正面登陆厦门，连降暴雨3日。西亭村农作物水稻、高粱、甘薯损失严重。

12月7日，集杏海堤竣工。该工程历时423天，全长2820米，工程量95万立方米。海堤竣工后，海水被阻挡在海堤外，西亭村失去大面积海域，海蛎生产基地被淹，西亭村失去了以海谋生的经济基础。杏林湾一部分海域变为滩涂，西亭东北部海水退去，出现大片滩涂。

西亭村进入高级社，土地收归集体。

1957年

7月上旬至10月中旬，大旱120天，粮食欠收。

西亭村在八组办幼儿园，园址现为颍川路107号。

因海蛎生产基地被淹，政府补偿6000元人民币，用于建大埭、各角落公厕、维修办公房屋。

1958年

1月，发生四十年少见大旱。

7月16日，强台风袭击集美，雨量达220毫米，为三十年罕见之暴雨。

8月，西亭村在祖厝重办民夜校。

西亭隶属厦门市郊区杏林公社，称西亭大队。

西亭村龙舟队成立。

1959年

年初，民夜校停办。

年初，幼儿园搬迁至后祖厝左侧的旧房子里（现为颍川路97号之一），后半年停办。

8月23日（农历7月19日，普渡日）凌晨1时30分，12级以上的强台风中心正面袭击厦门、集美，造成重大损失。西亭村房屋倒塌无数，靠海村民死亡多人，所幸西亭村在外的渔船在台风来临前均已返港，无一人伤亡。

杏林水产养殖场成立，西亭村被规划为其中一部分。

开始吃大锅饭（村民集体统一在村食堂用餐）。从前场或灌口大路（土乾）担米，米由政府按需供应。

1960年

2月11日，集杏海堤拓宽工程完成，西亭村东北部大滩涂逐渐变干成为土地。

粮食由粮食局按人口供应。进入计划经济时代，始用粮票、布票、油票。

村民生活困难，实行所谓"瓜菜代"（以瓜、菜代替粮食）。

1962年

1月2日，厦门糖厂正式投产。西亭村开始种甘蔗、卖甘蔗。

4月，设杏林镇，连同杏林公社划归郊区管辖。

西亭龙舟队获"嘉庚杯"龙舟赛总冠军。

10月至1963年5月,旱8个月,溪水断流,山塘水库干涸,无法春播,农作物减产。

在西亭西边围海成湖,九天而成,名曰"九天湖"。

1965年

8月底至10月初,大旱42天。

1966年

9月5日至12月15日,干旱百天,农作物受损严重。

西亭小学改为六年制完小。

"文化大革命"开始,村内部分祠堂、庙宇被毁;西亭小学停课。

集杏海堤拓宽工程完成,滩涂失水干涸,杏林湾内开始围海造田,并引坂头桥水库的淡水稀释冲淡这些土地中的盐碱,将其改造成了良田,约5000亩左右。种植甘蔗,以供厦门糖厂生产所需。

1967年

灌口铁山尾厝于国庆节举办篮球比赛,西亭球队与锦园球队比赛胜负难分,场内运动员肢体接触较多,造成场外观众不服,引起锦园村与西亭村的械斗。

开始清队。即清理牛鬼蛇神、地主、富农、国民党党员、水上纵队等坏分子。

1968年

西亭小学复课。

西亭小学改为五年制完小。

1970年

西亭小学改为春季招生。

由海滩改造成的田地开始种水稻,西亭村改变了缺粮村的历史,有余粮卖给国家。

1967-1970年

实行短暂的军管。

1971年

全村通电。

建成电管站,从板头水库修干渠至西亭,东部沿海稻田得以灌溉。

1973年

4月23日,连续降雨4小时,降雨量218毫米,积水成灾,房屋倒塌。

7月3日,1号台风登陆厦门,风力11级,集美狂风暴雨,降雨量168.3mm,坂头水库溢洪,后溪流域一片汪洋,西亭村水稻田被淹,粮食大面积减产。

1974年

西亭小学改为秋季季招生。

1975年

厦门市十个单位的80名上山下乡知识青年来到西亭大队,建立知青农场,陈国营任场长。

1977年

春旱连夏旱,稻田断水,粮油大幅度减产。

村支部书记陈德胜组织村民赴广东佛山参观考察香蕉、甘蔗种植,考察归来后,带领村民沿防洪堤栽种香蕉,带头动员村民种植香蕉、甘蔗等经济作物,村民收入得以增加,生活得以改善。

1978年

9月1日,杏林镇和杏林公社从郊区划出,建立杏林区。杏林区辖杏林公社和杏东、杏西二个街道办事处,西亭大队属杏东街道办事处。

1980年

西亭隶属厦门市杏林区杏林公社。

5月24日,受4号台风影响,暴雨成灾,渔业损失严重。

开始兴起水产养殖。

1982年

2月,西亭小学重建工程开工,8月竣工。

8月21日起,久旱,坂头水库水位降到最低,晚稻、甘蔗减产,受灾严重。

开始分田到户。

1984年

郑全元担任西亭小学校长期间,在西亭小学校内办学前班。半年后西亭小学翻建,学前班搬迁至庵后仓库。新校舍建成后,学前班搬回到西亭小学内。

10月,厦门市郊区政府成立计划生育宣传技术指导站。

年底,杏东、杏西街道办事处合并为杏林街道办事处,西亭村随之隶属杏林街道。

1985年

年初,西亭村成立计划生育办公室。

杏林镇政府、杏林街道办事处及西亭村村民多方出资兴建西亭幼儿园,校舍建成后,幼儿园从西亭小学校内搬迁至苑亭路428-1。

2月,西亭小学在原址上重建新校舍,由区教育局,政府及村委会三方出资共建西亭小学,村民纷纷慷慨捐资。8月竣工。

6月23至26日,受4号台风影响,全区普降暴雨,降雨量330毫米,水稻受灾,甘蔗、香蕉损失严重。

1987年

8月8日,杏林西亭村遭遇龙卷风、冰雹、暴雨袭击,时间长达30分钟,有民房被卷走,香蕉、糖蔗、晚熟早稻受损。

1988年

引进种植"天宝香蕉"1000亩。

开始养殖淡水鱼、蛋鸭、鳗鱼、甲鱼。淡水养殖达到1000亩。种植龙眼树等。

9月20至24日,受17号和19号台风影响,连日暴雨,农作物受损。

1990年

6月22日至7月2日、7月30日至8月5日、8月19日至23日、9月8日至11日,连续受6、9、12、18号台风影响,连续大雨、暴雨,香蕉受损严重,甘蔗、水稻、花生、蔬菜绝收。

1991年

春、夏旱情严重,实施人工降雨后缓解。

重修庵后祠堂。

重修郭厝祖祠堂（陈氏家庙）

1992年

全村通自来水。

村部大楼建成。

"西亭村计划生育办公室"改名"西亭村计生服务所"，配备2名计生管理员。

重建增保堂。由台湾宗亲捐资，西亭陈氏子孙献款，桂月动工，腊月建成。

1993年

因建设厦漳高速公路，政府征用西亭村100亩地，补偿青苗费3800元，劳力安置费7200元，土地补偿费8000元，共计15200元。

1994年

9月16日，台湾海峡南部发生7.3级地震，对集美影响较大。

第一次由村民选举产生村长。

"嘉庚杯"龙舟赛在中断多年后复办，西亭村再次成立龙舟队。

成立村腰鼓队、篮球队、老人门球队。

1995年

夏、秋、冬三旱相连，水田晒白、龟裂，农作物减产严重。

1996年

重修龙山宫。

1997年

8月2日至4日，连降暴雨三天两夜，西亭村海埭田被淹，晚稻受损严重。

8月2日，西亭小学代表队参加福建省儿童篮球赛，获全省第一名。

12月15日，途经西亭村湖内社的泉厦、漳厦高速公路正式通车。

12月，在1985年土地分配的基础上，完善与各户的田、地承包合同，签字发证。

1998年

全村各家各户皆安装电话，成为"电话明星村"。

8月25日，从杏林区杏林村口（杏苑停车站）至西亭小学门口的苑亭路（水泥路）动工建设。

12月,开展土地确权工作,村委会与各家各户签订《土地延长承包证》。

曾经在西亭插队的知青返乡聚会。

1999年

1月8日,村中第一条水泥路苑亭路竣工。

9月,杏苑停车站至西亭小学站公交车通车。

10月14日,14号台风正面袭击厦门,西亭受灾严重,香蕉、果蔗、甜橙、龙眼、荔枝受损,水产被淹,大棚受损。

重修上店黄姓祖祠。

2001年

8月,建设西亭高效生态农业示范基地。

重修灵护宫。

2002年

四季连旱,粮食、油料作物减产。

1月,西亭高效生态农业示范基地完成。

2003年

8月,厦门市实施区级行政区划调整,杏林街道划归集美区,西亭随之归集美区管辖。

为建设园博苑,征用西亭村官任社土地200亩。

村内开始修水泥硬化道路。

重修上店黄姓祖祠。

重修兴云宫。

重修长福宫。

2004年

西亭村老人协会成立。

12月,为修海翔大道,西亭村部分土地被征用。

2005年

3月,动员园博苑建设项目征地。

5月至10月,连续受5、10、13、15、18、19号台风影响,大雨和暴雨历时50多天,农作物、水产养殖受灾严重。

兴武宫重修完成。

重修饶美宫。

海翔大道建成，东西贯通西亭社区。

曾在西亭插队的知青返乡聚会。

2006年

西亭村村委会改为居委会，称西亭社区。

5月17日，受1号台风"珍珠"影响，7月15至16日，受4号台风"碧丽斯"影响，7月25日，受5号台风"格美"影响，西亭村农业减产，水产养殖被淹受损。

8月20日后，连续三个月未雨，农作物受灾减产。

2007年

成立西鼓文艺宣传队。

9月23日园博苑开园典礼。

8月8日至10日、17日至20日，连续受7号台风"帕布"、8号热带风暴"蝴蝶"和9号台风"圣帕"的外围影响，农产品、水产养殖受灾严重。

12月，朝旭宫榕树公园开工建设。

2008、2009年

西亭村被厦门市列为集美新城核心区，部分土地被征，开始新城建设。共征地1600亩，补偿每亩88000元。

2010年

西鼓文艺宣传队的节目《二套秧歌》在第五届集美区运动会上代表农体协参加比赛，获一等奖第二名。

2011年

1月，杏林街道用十个月时间，完成了西亭核心区涉及的22个项目4400亩土地的征用。

4月，宝凫庙拆除，向后移三百米，重建在现瓦山市民公园。

2012年

软件园三期征地、建设。

9月，湖内自然村土地被集美区政府征收，原有住房全部推倒，只保留了三座公庙、祠堂。村民分批搬出，暂租住于曾营、集美、后溪、灌口五个安置点。集美安置房位于集美新城核心区中航城附近。

西亭村被征地住户被统一安置在中航城附近的西亭小区，其中官任社有五十户搬迁到文康小区（杏林）。

宝皂庙重建完工后举行大型庆典活动。

2014年

大明广场项目征地。

西亭小学并入厦门外国语学校集美分校（西亭学校），校址迁至杏林街道西亭社区苑亭路428号，原址变为杏林街道西亭社区居委会。

3月30日，《福建省人大常委会关于修改〈福建省人口与计划生育条例〉的决定》公布，即日起施行，意味着"单独两孩"政策正式在福建落地。

西鼓文艺宣传队代表杏林街道参加集美区二十四式太极拳比赛，获二等奖。

2016年

西亭新农贸市场开工建设。

湖内所有居民全部迁出，自然村消失，复兴宫被拆除，拟移建于西亭村安置房小区内。

2017年

1月，西亭新农贸市场部分项目建成并投入使用。

农历九月十五日（公历11月13日）：台湾宗亲回乡省亲观光，到朝旭宫、山口庙进香。

10月22日，四十二年前在西亭插队的知青返乡聚会。

12月31日，地铁一号线全线开通，西亭有两个站点：官任站、诚毅广场站。西亭人出行大为方便。

湖内整村住房拆除。

2018年

12月31日，全部完成旧市场搬迁工作，新农贸市场一期项目全面投入使用。

二、西亭文物拾遗

增保堂前旗杆

据村民说，旗杆是官员回乡祭祖时所立，但立此旗杆者不知其姓名，也不知其为何官。遍检同安、集美史志，未见有出生西亭村的官员。待考。

瓦山墓碑——萃福茔

该墓位于西亭村瓦山西侧，三进石面，坟首、主体作官帽椅型，中进正面墓门有"萃福茔"石匾；后进平台上放置覆斗印型石一块，石质后壁上以雕刻线条勾勒出圭型墓碑，上镌"敦崇陈公／凤□李氏"。

郭厝陈公世昌墓

墓碑立于1994年，系郭厝陈氏第□代世孙台湾台北县议员陈信义（万全）捐资建。上镌"颍川三房祖世昌陈公暨妣孺妇人墓"。墓碑侧对联："世代怀祖泽　昌盛赐后生"。

图附录-1　增保堂前旗杆　　　　　　　图附录-2　郭厝陈公世昌墓

湖内陈哀诚墓

位于湖内社。石碑上刻："显考陈哀诚祖坟。道光丁亥年。"陈哀诚为何人，不详。

图附录-3　陈哀诚之墓

陈公暨邵氏墓

位于后厝南山，为后厝二房后大厅始祖墓。陈公暨富财，长寿，据传八十岁时还娶妻生子。据陈钟庆推测，陈公暨为西亭陈氏第五代之后。

图附录-4　陈公暨邵氏墓

湖内大石臼

西亭村靠海，是内海。捕鱼及交通多赖船只。湖内社有一个大石臼，据村民说石臼是用来春桐油灰以维修木船的。具体做法是将海蛎壳粉（当地话叫"壳灰"）和桐油一起搅拌，然后在石臼中春打，加上旧渔网所用的棉纱，用以修补船只的裂缝。

图附录-5　湖内社祖厝口的石臼

朝旭宫香炉

炉铭："道光丁亥年／福福福／舍人宫／福福福／弟子陈别喜叩"。道光丁亥年即1927年。此香炉在西亭朝旭宫。

台北陈氏舍人公管理委员会所供奉的舍人公文物有老祖、二祖及三祖等三尊，其中老祖金身及方型锡炉来自西亭村朝旭宫，正面浮雕"朝旭宫舍人公"字样。这二样文物已有210余年之久。

另有一幅红布先辈。最原始先辈是天蓝色，记载发起舍人公会九位陈氏族长之名，但因经历多次祭祀被香火损毁，改成现今之红色先辈，而不记载九位族长之名，上题"颍川西亭，历代先辈禄位"字样。

上店社紫云黄氏祖祠堂号"紫云"匾额

上店社紫云黄氏祖祠堂号"紫云"匾额，系光绪十七年（1891）十月裔孙黄观澜书。上款：光绪十七年阳月穀旦，下款：裔孙观澜敬立。

图附录-6　上店社紫云黄氏祖祠堂号"紫云"匾额

重修后祖厝碑

西亭后厝陈氏祖厝廊庑西壁立有民国五年（1916）《重修后祖厝碑记》，碑宽1.3米，带座通高1.5米。《碑记》云：

> 泉童西亭社陈始祖增保公，生德[昌]、卫昌公。卫公移居郭厝社。德公生四观五龙公。祀前祖厝者龙公，祀后祖厝者则观公也。观公支派耕读传家，历十余世，坰乡以发达称。海禁后，率渡洋谋生，素封踵接，由瘠贫变为丰厚矣。该祖厝朴素浑坚，非吝财也，盖恪守先人勤俭之训，万不敢斗丽争华、启后进骄奢之渐，寓意至隆也。顾代远年湮，栋梁剥蚀于风雨，将有圮废之虞。爰是诸家热诚陡发诏诸在内者出力，函达旅外者出资，题款至仰银壹仟余盾，涓吉鸠工庀材，重行修筑，蒲月兴工，葭月庆落成焉。
>
> 厝后祖遗荔枝一宅，生实甘芳，宗人咸快朵颐。不料相继以枯，鞠为茂草。陈翁银炼拥有巨资，义声素著，慨然出数百金，重行种植果树，以佐丞尝，异日佳荫蔚葱，亦甘棠之遗爱也。尊祖敬亲如该宗人，已堪嘉颂，尤可喜者，爱家爱国、正大光明之主义相辅而行，本社学堂正月首先成立。吾闽海滨邹鲁，久着淳风，郑兰燕桂，猛力栽培，他年人才鹊起，饱储经济，馈赠同胞，可决言之。而况姚墟圣德，敷泽人寰；鄂国英风，流芳史册。积善之家必有余庆，天若默牖贵族之衷，使修祠兴学以趋文明极轨，一逢岁时伏腊，仁人孝子彬济一堂。鹭序鹓班，爰告丰而告洁，乃祖乃宗，念兹振振蛰

蛰。半能象贤，应亦眉彩飞扬也。设非继天立极之伟人，特隆天眷，焉能永畀尔子子孙孙哉？吁嗟盛矣！

笑山不敏，谊属通家，谬承雅托，挹谢家之宝树，接孟氏之芳邻。远溯前征，殊深蚁慕。虽曰蠡测管窥，莫扬高深于万一，但使后来未学得附斯作，以牺传叨庇于枌榆者实大，故乐而为之记。

古桐城李笑山谨譔，蔡传衡敬书。

以上银炼君所栽果树议定每年收成当发一半充入学堂经费，此布。

（以下为族人捐银者名录，略）

民国五年十二月阴历丙辰葭月

兴云庙青石镂窗

兴云宫在下官路88号，始建时间不详，清光绪二十九年（1903，癸卯）重建，2003年重修。外窗青石镂窗为旧物，上有青石莲花宝瓶透雕，寓意吉祥平安。（图附录-7）

兴云庙檐下石狮

据推测，兴云庙檐下石狮应为光绪癸卯年春修兴云宫时所雕。（图附录-8）

图附录-7　兴云庙青石镂窗　　　　**图附-8　兴云庙檐下石狮**

旧兴云庙残柱

兴云宫于2003年重修后,留下四根残柱,其上镌刻对联两幅,分别为:"兴斯土安斯民咸乐生机克遂　云之行雨之施足征帝德群沾""兴于诗立于礼典立教化真大道　云从龙风从虎云风际会保生灵",推测应为光绪癸卯年春修兴云宫时所刻。

湖内社戏台

图附-9　湖内旧戏台

三、苑亭路改建简况

从杏林区杏林村口(杏苑停车站)至西亭的路称苑亭路,全长三点一公里,原为土路,路况差,交通事故频发。1997年,村两委提出拓宽铺设水泥路面的立项申请,得到区、镇两级政府、交通局的批准和支持,列入"为民办实事"项目,拨付部分资金,加上村民集资,共投入一百四十万元人民币。1998年8月25日动工,1999年1月8日竣工,完成从杏苑站至西亭小学门口共二点一公里的水泥路面。

苑亭路扩建理事会成员

陈友庆　陈育平　陈加碧　陈明辉　陈英才　陈振定　陈友利　陈钟得
陈省三　陈国营　陈德胜　陈金狮　陈亚通　陈德法　黄天远　蔡远雪

捐资芳名及款额

官任社

陈金狮	10000元	陈建朝	3000元	黄天远	2000元	陈　波	1000元
陈永清	1000元	黄振山	1000元	陈清专	500元	叶吉能	500元
陈峇舌	500元	陈惠清	300元	陈美章	300元	黄明志	300元
陈宗雄	300元	徐亚平	200元	黄武盛	300元		

通利彩印公司　10000元
福农牧场　　　2000元

郭厝

陈友庆	2000元	陈清保	1000元	陈建文	2000元	陈群力	500元
陈建源	500元	陈和强	500元	陈志宗	500元	陈清辉	300元
陈文忠	500元	陈和庭	300元	陈成裕	300元	陈小兵	200元
陈进记	200元	陈良炎	200元	陈良伟	200元	陈和通	200元
陈建赐	200元	陈建法	200元	陈建财	200元	陈建约	200元
陈自力	200元	陈胜利	200元	陈胜进	200元	王长江	200元
刘荣强	200元						

庵后

陈英才	10000元	陈明辉	2000元	陈英鹊	2000元	陈民卫	300元
陈水生	300元	陈财利	200元	陈志祥	200元	陈志伟	200元
陈春福	200元	陈主权	200元	陈明赞	200元	陈传发	200元
陈和兰	200元	陈和成	200元	陈明进	200元	陈水杰	200元
陈水巡	200元	陈世达	200元	陈赞华	200元	陈逸昆	200元
陈福生	200元	陈飞洪	200元	林明财	200元	黄清吉	200元

上店

黄敏成	2000元	黄庆和	1000元	黄炳坤	1000元	黄庆平	800元
黄美山	500元	黄建香	500元	黄永毅	400元	黄炳华	400元
黄老色	300元	黄跃明	300元	黄英华	200元	黄辉展	200元

黄文万	200元	黄朝阳	200元	黄延宽	200元	黄志强	200元
陈英华	200元						

三落角

陈振定	10000元	陈振龙	10000元	陈远生	10000元	陈育平	2000元
陈德法	1000元	陈加碧	2000元	陈振吕	1000元	陈宗评	1000元
陈国亮	1000元	陈国营	1000元	陈高庭	500元	陈章明	600元
陈小宏	500元	陈国进	500元	陈亚训	500元	陈德和	500元
陈秀枝	500元	陈金不	500元	陈勇敢	500元	陈金婴	400元
陈国世	500元	陈育典	400元	陈国兴	400元	陈清认	300元
陈平才	300元	陈振海	300元	陈天厚	300元	陈勇在	300元
陈建芬	300元	陈双福	300元	陈进宝	300元	陈国忠	300元
陈忠文	200元	陈建筑	200元	陈进辉	200元	陈水办	200元
陈振凯	200元	陈振昌	200元	陈马盛	200元	陈仁质	200元
陈仁转	200元	陈育进	200元	陈海色	200元	陈振溪	200元
陈国强	200元	陈国防	200元	陈清其	200元	陈富强	200元
陈妙进	200元	陈主义	200元	陈德兴	200元	陈国明	200元
陈双全	200元	陈国敏	200元	陈理远	200元	陈育明	200元
陈亚才	200元	陈主忠	200元	陈志忠	200元	陈建成	200元
陈荣坤	200元	陈国填	200元	陈高等	200元	陈金亭	200元
陈九婴	200元	陈其和	200元	陈建辉	200元	陈甘明	200元
陈振良	200元	陈国勇	200元	陈章建	200元	陈春生	200元
李远明	200元	陈文行	200元	陈天赐	200元	陈惠峰	200元
陈添铭	200元	陈亚欣	200元	陈平有	200元	陈金跃	200元
陈明生	200元	陈四平	200元	陈海民	200元	陈九桃	200元
陈志标	200元	陈金通	200元	陈马固	200元	陈建坡	200元
陈建山	200元	陈建信	200元	陈振煌	200元	陈建远	200元
陈忠华	200元	陈国典	200元	陈国文	200元	陈武俊	200元
陈笃聪	200元	陈建宾	200元	陈宽良	200元		
陈进德	200元	陈明来	200元	韦大光	200元	陈亚章	200元
陈忠义	200元	陈宗超	200元				

宅角

陈友利	10000元	陈国华	2000元	陈启端	700元	陈允福	500元
陈钟运	500元	陈大象	300元	陈越龙	300元	陈建盛	500元
陈钟利	200元	陈金良	200元	陈清跃	200元	陈国忠	200元
陈长志	200元	陈允成	200元	陈祥清	200元	王元德	200元

前厝

陈自力	10000元	陈宗调	1000元	蔡远雪	1000元	陈建勤	1000元
陈德胜	1000元	陈钟庆	1000元	陈荣展	500元	陈国联	500元
陈巍挺	500元	陈巍刚	500元	陈建全	500元	陈天助	500元
陈世仁	500元	陈赐吉	300元	陈天财	300元	陈炳乙	300元
陈兴加	300元	陈亚民	300元	陈水会	300元	陈长征	300元
陈福记	300元	陈猛进	300元	陈建本	300元	陈建色	200元
陈志明	200元	陈振昌	200元	陈成元	200元	陈飘扬	200元
陈奋斗	200元	陈国位	200元	陈资本	200元	陈天德	200元
陈天赐	200元	陈其飘	200元	陈天意	200元	陈振山	200元
陈振清	200元	陈其详	200元	陈勇庆	200元	陈振贵	200元
陈振成	200元	陈国外	200元	陈新华	200元	陈毅琳	200元
陈和平	200元	陈国赛	200元	陈学博	200元	陈志华	200元
陈兴钦	200元	陈东清	200元	陈兴强	200元	陈福生	200元
陈武财	200元	陈武宗	200元	陈清泉	200元	陈清辉	200元
陈财有	200元	陈世荣	200元	陈清永	200元	陈建顺	200元
肖良城	200元	李桂春	200元	雷程全	200元	连贡法	200元

后厝

陈钟得	5000元	陈国明	2000元	陈钟添	2000元	陈民丰	1000元
陈建国	1000元	肖同宁	1000元	张水生	1000元	陈民生	500元
林花盆	500元	陈亚国	500元	陈振勇	500元	陈霞新	400元
陈瓜泽	300元	肖同平	300元	陈宗展	200元	陈文成	200元
陈世坚	200元	陈成忠	200元	陈瓜长	200元	陈加生	200元

陈霞荣	200元	陈福如	200元	陈国庆	200元	陈正好	200元
陈国展	200元	陈四海	200元	陈金德	200元	陈成急	200元
陈良权	200元	陈忠立	200元	陈德利	200元	陈成和	200元
陈国泰	200元	陈世田	200元	陈宗记	200元	陈超群	200元
陈天安	200元	陈祥云	200元	陈祥元	200元	陈飞平	200元
陈飞赐	200元	李军胜	200元	肖同华	200元	陈宗超	200元

湖内

陈瑞生	5000元	陈省三	5000元	陈世上	2000元	陈清远	1000元
陈清海	100元	陈世民	1000元	陈宝才	600元	陈丽卿	500元
陈清赞	500元	陈水顺	500元	陈永艺	500元	陈聪明	500元
陈聪敏	300元	陈永胜	300元	陈清吉	300元	陈子亮	300元
陈宝总	300元	陈永固	300元	陈宝庆	300元	吴水毕	300元
高再兴	300元	陈清庆	200元	陈亚平	200元	陈荣华	200元
陈清全	200元	陈亚赐	200元	陈建皖	200元	陈进国	200元
陈亚忠	200元	陈英明	200元	杨亚平	200元	吴水福	200元
吴　友	200元	周银珠	200元	吴天南	200元	黄志军	200元
陈清帅	300元						

四、西亭村土地被征用与房屋拆迁简况

西亭村的拆迁始于1993年，因建设厦漳高速公路，政府征用西亭村一百亩地，补偿青苗费三千八百元，劳力安置费七千二百元，土地补偿费八千元，共计一万五千二百元。2003年，为建设园博苑，征用西亭村官任社土地二百亩。2004年12月，为修海翔大道，西亭村部分土地被征用。始于2010年的集美新城建设的征地与拆迁，是西亭村土地被征用最多、房屋拆迁也最多的一次。

集美新城规划总用地面积四十四点二平方公里，核心区规划总用地六平方公里。西亭社区是集美新城的核心区，含官任、郭厝、庵后、上店、西亭（大社）、湖内六个自然村，计划拆迁总面积约五十七点六万平方米。

2008-2009年开始集美新城建设征地。2010年市政府把西亭社区列为集美新城

拆迁的重点工程。西亭社区区域内的征地拆迁项目有二十个，涉及4372.5亩征地（包括村民的宅基地）及42.8平方米的拆迁。地方政府给村里一定的青苗补偿费、劳力安置费、土地补偿费及奖励。根据《集美区完善征地拆迁政策若干意见的实施细则》的规定："按期交地的，另奖励被征地对象每亩0.8万元人民币，奖励金的支付对象为被征地农村集体经济组织，但被征收土地属村民承包经营土地或者自留地的，应全额支付给被征地村民。"从土地所得按照村里制定的分派办法，发放到各家各户，成为现在西亭社区居民的主要经济收入。最初开始征地时一亩地补偿8.8万元，到后来提高到9.8万元-10.8万元人民币。

过渡时期村民安置点选在最宜居的成熟的文明社区宁宝小区里的两个楼盘——文康花园和宝华花园。

为了征地拆迁工作顺利推进，让被征地人员居者有其屋，集美区政府决定先建安置房，再征地拆迁。2009年年底，西亭安置房项目启动，选址海翔大道南侧、九天湖东侧、西亭社区西侧，面积约19.8万平方米。项目建设以高层住宅为主，住宅总面积五十二点四万平方米，总投资约14.3亿元人民币，可满足西亭社区全部拆迁户的用房需求。配套建设了商业设施、卫生服务、幼儿园、社区活动用房等公共设施。厦门外国语学校在附近办了分校，有利于拆迁居民孩子就近入学。

从2011年1月开始，杏林街道用十个月时间，完成了西亭核心区涉及的二十二个项目四千四百亩土地的征用，用四个多月时间完成了西亭片区、官任片区二百二十五户二百二十六栋9.8万平方米房屋的丈量，一百一十六户一百一十七栋3.7多平方米拆迁协议的签订，二十七户二十七栋0.93万平方米交付拆迁通知书的签订以及西亭核心区非住宅1.48万平方米的拆迁。

至2018年年底，西亭安置房全部建成，交付使用。

五、政府对失地农民的政策

（一）设立养老保险

早在2005年，集美区就实施了《集美区被征地人员基本养老保险补助办法》，对符合参保条件的给予每人一万元人民币的财政补助，以支持和鼓励农民参加养老保险。但由于一部分农民受到经济条件的限制，符合条件的被征地农民参保率仍不理想。自2009年底起，集美区在后溪镇率先实行，镇政府以后坡村为试点，率先全市首创"老无忧"保险，即采取由个人向银行贷款，镇财政拨专款作担保，参保人以养老金还款的一种社保贷款。贷款者还款可按五年还清，也可按八年还清，任选一种，按基准利率计算。根据初步测算，参保人员还款年限若为八年，参保人员每月将能获得七百五十一元人民币的退休金，其中五百五十一元用于还贷，扣除还贷的钱，他们每月还可以支取两百元作为生活费，而且随着每年社会平均工资的调整提高，收入也会逐年增加。贷款参保，实际上不用花一分钱，只需从每月七百五十多元的养老金中扣除五百多元用于还贷，剩下的二百元便可自由支取。

为了让被征地农民老有所依、老有所养，从2010年下半年开始，集美区政府在全区范围内推广人以养老金还款的新型社保贷款方案。该方案规定，辖区内凡男年满六十周岁上、女年满五十五周岁以上，符合被征地人员基本养老保险参保条件的人员，均可获得贷款、担保参加基本养老保险。截至2018年年底，西亭社区基本实现被征地人员基本养老保险全覆盖。

（二）办理医疗保险

集美区政府采取全额补助的方式，让农民参加基本医疗保险，村居民不出一分钱就能享受基本医疗保险，所需费用由区和镇（街）全额分担。

（三）失地农民再就业

集美区成立了失地农民再就业信息库，出台了多项政策措施，以便扩大再就业途径。

集美区政府与市规划局等部门协调，将海翔大道北侧、杏林北外环路东侧的八点一六万平方米地块作为西亭社区集体发展用地，为区居民的创业发展创造条件，逐步解决西亭社区"4050人员"和被征地农民就业问题。

六、集美新城西亭核心区简介

西亭核心区，被看做是集美新城的"心脏"。它北起沈海高速公路，东南到杏林湾规划岸线，西至杏锦路，总用地六平方公里，规划居住人口七万人。集美区行政服务中心、杏林湾商务营运中心、集美图书馆、诚毅书城、厦门软件园三期、厦门岛外最高楼——中交和美新城城市综合体、嘉庚剧院、诚毅科技探索中心、大明广场、灵玲国际马戏城、集美市民公园、市民广场、中航城国际社区、莲花国际、莲花新城、中海寰宇天下、西亭安置房等十九个房地产项目和众多的民营企业都在此落户，是以商务办公功能为核心，集生态公园、生活居住、文化娱乐为一体的城市中心区。

（一）集美区行政服务中心

集美区行政服务中心位于集美新城核心区，总建筑面积一万零七百二十一平方米，于2013年12月30日正式对外服务。2018年，共有五十三个单位一百一十二个窗口五百一十三名工作人员进驻中心，可办理事项一千零三十七项，其中行政审批项五百二十二项，公共服务事项五百一十五项，累计受理事项近一百一十万件，日均办件4421件，即办率为77.94%。

中心共有三个楼层的办事大厅，一楼大厅为社保中心、医保中心、卫计局、公安分局、市场监管局等几个单位窗口以及惠企窗口和综合窗口。二楼大厅主要有税务局、不动产中心、测绘、住房置业、公积金中心、海关、民政局等几个单位窗口。三楼大厅主要有"多规合一"并联审批收件处，统筹了发改、规划、土地、建设、环保、经信、商务、消防、农林水、交通等部门。为方便办事，中心将以上几个"多规合一"组成部门的窗口及后台办公室整合到三楼大厅，实行"一条龙"服务。为进一步优化对重点建设项目的服务，开设重点建设项目前期手续帮办窗口，负责对重大财政投融资项目、重点或重要项目（含招商引资项目落地）等基本建设项目前期手续提供"零距离"咨询、导办、协调的帮办服务。三楼还设置公证处、法援等单位的业务受理室。此外，中心同时引进中国信保厦门分公司，为集美区出口企业保驾护航发挥了显著的作用。[1]

---

[1] 此处资料来自集美区行政服务中心微信公众号。

（二）杏林湾商务营运中心

杏林湾商务营运中心位于杏林湾水库西北侧，东面与规划中的杏林湾中心商贸区隔湖相望，南边为园博园，西临规划绿地及营运中心二期，北边为城市主干道（杏林湾路），是海西地区第一个园林式绿色生态商务中心。

杏林湾商务营运中心是西亭核心区内最早启动的项目之一。2007年10月8日厦门市杏林建设开发公司以十一亿七百万人民币的价格拍得杏林湾商务运营中心，总占地面积约121982平方米，总建筑面积约553530平方米，总投资额约五十亿元。其中写字楼物业38万平方米（含一栋二百二十六米高福建在建高楼），定位为地区性总部基地和企业服务中心，物业单元面积从80-600平方米不等；商业物业十二万平方米，定位为区域性综合商业中心；公寓物业五万平方米，定位为酒店式服务公寓。

图附录-10　杏林湾商务营运中心

2008年4月8日开始动工兴建。共十二栋建筑，包括超高层甲级写字楼、超高层公寓、独栋商业大卖场等。其中，十二号楼是项目的标志性建筑，共计五十六层，建筑高度二百六十二米，是集美新城地标式的超高层写字楼，成为福建省第一高楼。项目还包含一幢一百五十米的超高层写字楼、一幢一百米米高的单身公寓及多幢一百米米以下的高层写字楼。

杏林湾商务营运中心已形成总部办公、商务商贸、软件动漫、研发结算中心、销售展示中心等为一体的多功能综合性商务营运中心，成为海西的 CBD 地标性建筑及总部经济服务中心。以吸引大中型企业入驻发展总部经济和现代服务业，2012年底已经有四十个总部经济项目签约落户，已签约企业二百多家，一百五十多家企业入驻。充分利用集美区高素质的人力资源和科研教育资源，良好的区位优势和良好的交通物流网络设施，便捷的信息沟通渠道，具备高效的法律制度环境和有多元的文化氛围等发展总部经济的外部环境，加速国内外知名企业总部引进步伐，努力形成集总部办公、商贸、研发结算中心、销售展示中心、软件动漫为一体的多功能综合性商务营运中心。丰厚的资源优势将使得营运中心成为具有良好生态与环境景观的新型国际商务中心，将进一步助推集美现代服务业的提升，加速厦门新核心的形成，未来这里将会是新崛起的集美 CBD 商业中心。[2]

（三）集美图书馆

集美图书馆历史悠久，是陈嘉庚先生于1918年亲自创办的，秉承其"上以谋国家之福利，下以造桑梓之麻顺"之胸怀，以"读者第一，服务致上"为宗旨，开创了厦门地区图书馆的先河。为弘扬嘉庚精神，嘉庚先生所创的伟业得到不断地发展，1998年，校委会调拨专款重建博文楼为图书馆，其建筑风格在秉承博文楼的基础上溶入了现代意识，形成了一座拥有三千五百二十平方米的新型建筑并于2001年元旦投入使用。二期新楼工程于2008年6月投入使用，使场馆总面积达到六千平方米。目前拥有了二百多平方米的电子阅览室和三百多平方米的报告厅，定期为读者举办公益讲座，播放免费电影。

图附录-11　集美图书馆

---

[2] 百度百科，https://baike.baidu.com/。

经过八十几个春秋的不断努力，全馆已拥有四十余万藏书，启用自动化管理技术，建立了电子阅览室，开通了集美图书馆主页，数字化建设正在紧锣密鼓进行，目前，集美图书馆已成为中国数字图书馆的一个分馆并拥有二十五万册电子图书以及《中国期刊全文数据库》《中国重要报纸数据库》，自建特色展会数据库，嘉庚文献库，集美文献库，古籍文献库等。

集美图书馆最重要的特色是古籍、特藏。独具闽南特色的文化艺术——南音，在集美图书馆保留着古老的手抄本，更让集美图书馆凸显历史悠久的价值。

嘉庚文献资料专柜是集美图书馆独有的特色，专柜较全面地收集了有关资料，为研究、弘扬嘉庚精神提供坚实的基础。

面向社区是集美图书馆另一特色。年均四十万人次的读者，全年三百六十五天开放、免费借阅、免证阅览、免费咨询满足了社区读者求学、求知、继续教育的需要，形成了集美文教区"读书热"的亮丽风景线。现在集美北区有侨英分馆，一定程度上满足外来务工人员的文化需求。[3]

（四）诚毅书城

诚毅书城位于集美新城西亭核心区内，中央公园西侧，属于集美新城西亭核心区文化公建群的项目之一，其用地面积2.53万平方米，总建筑面积约11.27万平方米，地上六层，地下两层，总高度32.9米，其中可经营商业面积7.3万平米。项目整体以文化消费及文化活动为主题，结合体验式的运营模式，为城市居民提供文化、休闲、购物、娱乐一站式服务的体验式复合型文化商业MALL。[4]

（五）软件园三期

2011年厦门软件园三期落户集美，项目占地11.8平方公里，总建筑面积840万平方米，计划总投资460亿元人民币，五年内建成，规划容纳企业两千家二十万人，产值两千亿元人民币，是厦门软件信息发展的"航空母舰"。

厦门软件园产业基地按照国家级软件园规模设计，"高集聚、高产出、高智能、低能耗、低成本、可持续"发展理念，以建设"国内一流、海峡西岸经济区最有

---

[3] 关于集美图书馆的介绍，摘自集美图书馆微信公众号。
[4] 关于诚毅书城的介绍，摘自厦门住宅集团官网http://www.xmhousing.com/。

影响力软件产业园区"为发展目标，是我市为加快发展软件产业，推动厦门经济发展而兴建的专业化高科技园区，重点发展六大领域：信息安全、动漫游戏电子商务、智慧城市及行业应用、集成电路设计、移动互联。软件园三期致力于打造国际化智慧园区，创建中国软件名城。园区规划建设体育中心、商业中心、酒店群、公寓楼等配套，以及服务大厅、培训基地、产业孵化器、地铁站点、中小学等设施，集商务与生活为一体，实现"产城学人"深度融合。

2014年6月，起步区六幢大楼投入使用。2015年，软件园三期高速公路以北研发区17栋研发楼、公寓楼主体封顶，市政道路、绿化、电力、给排水等配套工程同步推进。新开通公交路线两条，园区职工通勤专车三条，引进城市公共自行车系统，乒羽馆、篮球场、室外网球场、健身房等体育场所启用，餐饮食堂、休闲咖啡、物流快递、网络通讯、便利超市和银行金融等配套设施投入运营，园区配套服务逐步完善。至2015年底，通过入园审核企业四百六十一家，核准面积242.6万平方米。入驻企业一百三十八家，入驻企业员工三千三百人。申报入驻软件园三期装修与物业费补贴企业四十七家，补贴金额六百万元人民币。全年实现销售收入24.93亿元人民币，比2014年增长332.81%。

2016年计划交付第二批三栋研发楼，建筑面积15.5万平方米；2017-2018年计划交付第三批六栋研发楼，建筑面积38.1万平方米。截至2016年年底，软件园三期已实现全年营收七十五亿元人民币。截至2017年5月底，厦门软件园（三期）累计通过入园审核企业一千一百七十八家，核准面积274.8万平方米。其中，核准自建企业十八家，核准购买研发楼企业五百六十一家，核准租赁入园企业五百九十九家。目前，软件园（三期）共有五百零六家企业入驻园区，入驻企业员工人数九千人，已交付研发楼入驻率达74%。已落地企业注册资本金约36.38亿元人民币。一至五月，软件园（三期）营业收入同比增长45.9%。这里是厦门市软件和信息服务产业发展的集聚区，号称海西"硅谷"。未来这个新生园区全部投用后，预计每年将为厦门带来超过两千亿元人民币的产值，吸引超过二十万的创业者和高端人才。园区现已成功引进中国移动手机动漫、中国电信海峡通信、中国数码港、雅马哈研发中心、福大自动化、中交信息中心、中邮科技、路桥信息集团、美亚柏科、四三九九、网宿科技、吉比特、银江股份等实力名企。

图附录-12　厦门软件园三期

园区已经建立起完善的基础设施服务平台和产业发展服务平台，提供从基础设施建设、政策咨询、人力资源、投融资、IT技术支持、公共技术平台到市场推广等全方位运营解决方案，涌现出上市企业美亚柏科、易联众、三五互联、飞鱼科技等一批知名企业，已成为海峡西岸最大、最为成熟、最具规模的科技园区。[5]

（六）厦门岛外最高楼——中交和美新城城市综合体

中交·和美新城城市综合体是中交投资在海西区域总体布局投资的首个项目，在改革开放四十周年的重要历史节点，中交投资将以这个综合体项目开工为新起点，不断培育产业导入、运营能力，为提升集美新城的人气、商气作出贡献。2018年12月，位于集美新城核心区中轴线、紧邻软件园三期的中交·和美新城城市综合体项目举行开工仪式，这个综合体项目将进一步提升集美新城核心区的商贸商业配套水准，打造跨岛发展新地标。中交·和美新城城市综合体总占地约13.4万平方米，总建筑面积约54万平方米，建筑高度为二百六十六米，建成后将成为岛外最高建筑，超越目前"岛外最高楼"——已经建成杏林湾商务营运中心十二号楼建筑高度二百六二米的记录。[6]

---

[5] 百度百科，https://baike.baidu.com/。

[6] 搜狐网，http://www.sohu.com/。

（七）厦门嘉庚剧院

厦门嘉庚剧院位于集美新城核心区厦门嘉庚艺术中心内，矗立在集美区市民广场上，毗邻集美区行政服务中心，紧邻厦门地铁一号线官任站二号出入口，艺术中心建筑总面积约63027.52平方米，中心采用现代嘉庚建筑风格设计。开业以来，厦门嘉庚剧院不断推出以音乐会、儿童剧、歌剧、杂技、芭蕾舞、音乐剧、话剧、魔术等各种艺术形式的高雅演出，充分利用保利院线资源有效提高剧目引进质量，通过一流的建筑设施、一流的艺术活动和一流的经营理念，将嘉庚剧院打造成"厦门文化标志、高雅艺术殿堂、市民素质教育园地、海峡文化交流平台、文明城市窗口"。中庭面积可达800平方米，大堂面积约为400平方米。嘉庚剧院拥有世界一流的舞台设施设备，剧场内部设计、用材，充分考虑建筑声学，混响时间达到国际标准。舞台设计具备升、降、转等功能，可迅速转换布景，舞台总面积达1200平方米。

嘉庚剧院拥有世界一流的舞台设施设备，剧场内部设计、用材，充分考虑建筑声学，混响时间达到国际标准。舞台设计具备升、降、转等功能，可迅速转换布景，舞台总面积达1200平方米。舞台设有流动调音点，既能够满足歌舞剧、大型综艺演出、话剧、地方戏曲演出及大型会议的要求，也能满足当今世界各种高水准的演出要求。剧院的大剧场整套舞台机械具有升降、平移及转动功能，以及一套专门为演出大型交响乐音乐会而配备的声反射罩。灯光系统选用比利时顶级产品，可根据演出要求打出不同的灯光效果。音响系统采用世界顶级Digico控台，同时拥有世界顶级的L-ACOUSTICS扬声系统，该系统实现了数字调音台、音频处理器和数字功放的集中管理。

厦门嘉庚剧院主体设施有一千四百四十七座的豪华大剧场，高度跨一至四层，其中一层地座九百五十一个座位，二层楼座三百八十八座，乐池活动座椅一百零八座。大剧场配有工艺设计流畅合理的机械自动化舞台，在舞台平面同层布置了演出密切相关的道具室、化妆间、候演室等。剧院配有大、中、小共三个VIP室，可容纳三十四人，供来宾休息、会议、采访所用，共有VIP化妆间五间，普通化妆间十四间，可容纳两百人同时使用。[7]

7　资料来源：厦门嘉庚剧院微信公众号。

（八）诚毅科技探索中心

诚毅科技探索中心是厦门市为民办实事重点项目，由市政府投资建设，委托市属国企厦门住宅集团旗下万舜文投公司运营管理，位于厦门市集美区杏林湾路339号。中心为现代嘉庚风格建筑，总占地面积为2.05万平方米，地上四层，地下一层，总建筑面积为5.24万平方米。中心围绕"航空航天、航海、自然灾害、信息通信"四大主题，设有七大展区（梦想启航展区，星际探索展区，航空实验室展区，航海实验室展区，海洋总动员展区，自然启示录展区，沟通无限展区），拥有五大

图附录-13　诚毅科技探索中心

核心展项（"X-Flight 时空探险"特种影院，"欢乐时光之旅"特种影院，天宫一号，巨型滑梯，中庭光影秀），配套主题餐厅、休闲咖啡吧和科普商城，共同构成了以"探索"为主题的室内大型科普乐园，力求在传统科技馆和高科技主题乐园之间实现跨界创新的综合性室内科技场馆。

中心自2015年7月正式开放以来，获得了社会各界的高度评价，荣登国家4A级旅游景区，获评"全国海洋科普教育基地"、是国内首家官方授牌的"中国航天科普体验基地"，"厦门市中小学生社会实践基地"、"厦门市科普教育基地"，先后荣获"市工人先锋号"、"市巾帼文明岗"、"市青年文明号"等荣誉称号，通过"福建省物业管理优秀示范项目"、"福建省旅游标准化"、"国家安全生产标准化二级达标"考评，中

心作为重要成员的集美对台研学旅行基地被授予"福建省对台交流基地"称号。开业以来中心已接待研学师生和市民游客超百万人次。[8]

七、《西亭村：再不是旧模样》

20年前，西亭村被称为杏林的"西伯利亚"，离曾营不过5公里，但仅有的一条路坡陡道窄，坑坑洼洼，自行车是唯一的交通工具。下雨天则是一路泥泞、一身泥巴。出门有幸遇到个好心的拖拉机手，载上我们一程，车上摇摇晃晃、磕磕碰碰、一步三颠。下车时一个个蓬头散发、几分憔悴，但心里却乐滋滋的。这20年间知青曾几次相约回西亭，但想起那令人生畏的泥泞小路，便一搁再搁。

前年曾营往西亭的60路中巴车正式开通，20年后我们终于重返西亭，相聚一堂。目前，杏林到西亭的6米宽的水泥路面，全程2.9公里，已通到村边，高等级的厦漳泉高速公路就是从西亭湖内村横穿而过。"西伯利亚"终成历史。

20年前分给我们知青农场的是一片荒废的海滩，我们一锄一锄地向荒滩要粮，这90亩的处女地洒满了我们的心血汗水。我们白手起家，第一年竟创下大丰收，每个工分值为5分人民币，最强劳力每天可挣5角5分钱，竟然凭此成了郊区"农业学大寨"的典型。要不是亲身经历简直令人难以置信。

那时由于极左思潮的影响，每个农业户口只许养一只鸡，一个生产队才能养一群鸭。当年有个农民，因为多养了两只鸡被戴上走资本主义道路的帽子，可怜兮兮的整整被批斗了一星期。政策的误导缚住了农民的手脚，造成了农村的贫困和落后。记得一个春雨绵绵的黄昏，两个饿昏了头脑的知青，竟把放养在滩上的群鸭当成无主之物，竟在众目睽睽之下，把鸭群赶过了一村一村，关进知青大院里，并迫不及待地杀了4只，准备饱餐一顿，鸭毛都没拔完已被农民当场捉擒。在老厂长的百般求情下，写了检讨，赔上群鸭因受惊半个月不能下蛋的款子而作罢。那个时代实在饿得慌，每月50斤的谷子哪里填得饱这些青春少年，平时扯几斤花生，挖两垄地瓜还真算不得"偷"。其实农民兄弟的日子也不好过，个个"黑、干、瘦"。

今年我们又一次来到这一片海滩上，展现在我们面前的是一个个透明的薄膜帐

8　资料来源：厦门停留指南微信公众号。

篷，错落有致。当年的陈场长激动地告诉我们，这是西亭的海鳗和海鳖的养殖基地。改革开放后沧桑巨变，西亭如枯木逢春。西亭的山好，水好，加上党对农村的一系列优惠政策，西亭人的思想解放了，农民的积极性和热情犹如火山一样迸发了出来，科技兴农奔小康，西亭处处充满了生机和活力。如今西亭成了杏林区主要的粮食基地，拥有千亩良田、千亩香蕉园，千亩淡水养殖基地，并配套养殖蛋鸭和番鸭10万只；双庆食用菌场供应厦门市场80%以上的食用菌，金针菇、香菇、蘑菇、草菇、木耳等等品种齐全，质地优良；振兴养猪场每年为市场上提供上万头的瘦肉型猪苗；福农农场每天为市民送上最鲜美的牛奶、羊奶。西亭人为厦门市的菜篮子工程立下了汗马功劳。

20年前的西亭偏僻、凄凉，村里清一色的砖石平厝，小小的窗口，阴暗潮湿，唯独偏偏让几名知青独享一幢两层楼的侨房，那可不是特惠，据说阴气太盛长闹鬼，只有阳气十足啥也不怕的知青才镇得住，当然也就留下了许多传奇的故事。最令人受不了的是那不堪入目的厕所半人高的墙，一个大粪坑上架两条石头。当时每星期我们几个不会骑车的小姑娘，总要走上一小时路到曾营纺织厂痛痛快快地洗个热水澡。夏收夏种一身臭汗，

一脸泥巴，只能和水牛一起往池塘里跳，爽爽身子凑合着过。

今日的西亭，家家户户盖起几百平方的楼房，田园山庄千姿百态，别具一格。那旋转式的楼梯，宽敞明亮的大客厅，彩电、音响加上艺术设计，给人以美的享受。优雅的卧室里，席梦思代替了稻草垫。十几平方的厨房，布局合理，自来水、煤气灶样样齐全。卫生间配上热水器。

改革开放20年给勤劳的农民带来了丰厚的回报。西亭建起了第一所幼儿园，体育运动蓬勃发展，篮球成了村里的特色项目，有6个篮球场，其中灯光球场4个。前年全省小学生运动会上，西亭小学摘取了第一名的桂冠。今年杏林镇首届农民运动会，西亭荣获篮球第二名。如今杏林成了电话明星村，电话普及率95%以上，农村一派繁荣昌盛。

20年过去了，已奔古稀的陈场长除了有点发福外，风采却不减当年，反而白了、亮了、胖了。陈场长眉飞色舞地对我们说："这年头吃的山珍海味，穿的绫罗绸缎，住的山庄别墅，出门中巴的士，草民真比当年皇帝还潇洒。"

(洪文娟文，《厦门商报》，1999年2月12日)

参考文献

一、史志、族谱

林学增修，吴锡璜纂《（民国）同安县志》，北京图书馆出版社，2007年版。

同安县地方志编纂委员会编《同安县志》，中华书局，2000年版。

厦门市地方志编纂委员会办公室整理《（道光）厦门志》，鹭江出版社，1996年版。

厦门市地方志编纂委员会编《厦门市志》，方志出版社，2004年版。

厦门市民政局编《厦门市地名志》，福建地图出版社，2001年版。

厦门市集美区地方志编纂委员会编《厦门市集美区志》，中华书局，2013年版。

苏警予、陈佩真、谢云声编《厦门指南》，厦门新民书社，1936年版。

厦门工商广告社编《厦门工商业大观》，厦门工商广告社，1932年版。

陈治钦主编《中华陈氏族谱》，中国文献出版社，2012年版。

厦门岭兜祠庙管委会、厦门岭兜社区文化促进会编纂《榄都陈氏族谱》，《陈氏族谱》，文海出版社，1974年版。

（台湾）《西湖陈氏族谱》，2011年印刷。

（台湾）陈皆吉编《饮水思源——西亭陈氏家谱目录》，1995年10月印刷。

黄既济、黄磐石编《紫云黄氏宗史资料汇编》，泉州市紫云黄氏宗史研究会出版，2006年印刷。

政协集美文史资料委员会编《集美文史资料》第一辑（内部资料），1991年版。

二、报纸、期刊文章

樊亮轩《集美杏林：老城区焕发新活力》，《厦门日报》，2006-5-17（6）。

吴在平《集美崛起新城区——集美区加快推进城市化进程》，《福建日报》2009-9-9（12）。应洁《把握黄金机遇加速新城建设》，《厦门日报》2010-3-22。

应　洁《集美新城轮廓初步显现》,《厦门日报》,2011-1-4（4）。
卢漳华《关注民生创"和谐征迁"典范》,《厦门日报》,2011-1-7（6）。
卢漳华《新城建设让群众共享发展成果》,《厦门日报》,2011-1-8（3）。
杨继祥《集美新城年底雏形将现》《厦门日报》,2011-1-10（4）。
应　洁《集美新城建设迈大步》,《厦门日报》,2011-2-13（5）。
应　洁《集美：环湾生态型新城初露雏形》,《厦门日报》,2011-12-12（4）。
应　洁《集美：生态新城崛起杏林湾畔》,《厦门日报》,2012-12-21（7）。
应　洁《集美软件园三期年底将实现"创新变身"》,《厦门日报》,2016-5-13（A01）。
陈翠仙《厦门集美大明广场将成文化街区巧用水洗工艺》,《海西晨报》2016-08-05。
吴海奎《厦门园博苑观鸟设施升级看紫水鸡鸬鹚更方便了》,《厦门日报》2016-12-09。
叶芷蔚、周琳《厦门集美北部新城新公园年内开放》,《厦门晚报》2019-03-23。
傅益平《厦门西亭：生态农业别有洞天》,《农村工作通讯》,2001（3）。
《泉州江夏文化》,2011（4）。
《泉州江夏文化》,2011（5）。
杨延坤《集美城市空间布局与规划研究》,《江西建材》,2015（8）。
柯明乐《浅谈农村集体经济发展面临的问题和途径》,《农业与技术》,2016（4）。

三、硕士论文

黄四海《厦门集美区城区建设发展研究》,福建农林大学2010年硕士论文。
熊泽群《城市开发片区转型发展策略研究——以集美新城片区转型发展为例》,华侨大学建筑学2014年硕士论文。
白凤丹《厦门保障性住房建设中的拆迁安置问题研究》,集美大学2015年硕士论文。

四、规划文件及研究报告

厦门市人民政府《厦门市城市总体规划（2010-2020)》,2011年1月。

厦门市统计局《厦门经济特区年鉴》，2013年。

厦门市规划局《2012年厦门市城市总体规划检讨》，2013年3月。

厦门市规划局《厦门市城市总体规划战略研究》，2013年。

厦门市城市规划设计研究院《厦门城市总体规划检讨——专题报告》，2012年。

厦门市城市规划设计研究院《厦门市城市总体规划检讨——城市规划编制年度报告》，2012年。

厦门市城市规划设计研究院《集美西亭中心区修建性详细规划》，2010年6月。

厦门市城市规划设计研究院《软件园三期用地选址及概念规划》，2012年2月。

厦门市城市规划设计研究院《软件园三期控制性详细规划》，2012年8月。

厦门市城市规划设计研究院，厦门市城市总体规划实施策略研究[R]，2011年11月。

厦门市城市规划设计研究院《厦门市集美分区规划》，2005年5月。

厦门市城市规划设计研究院《厦门市集美学城控制性详细规划》，2004年4月。

厦门市城市规划设计研究院《杏林湾片区园博园街道土地利用规划》，2011年。

五、网络

厦门市人民政府官网，http://www.xm.gov.cn/。

厦门市集美区人民政府官网，http://www.jimei.gov.cn/。

集美新城开发建设指挥部官网，http://jmxc.xm.gov.cn/。

厦门园林博览苑官网，https://fj.qq.com/a/20161209/006219.htm。

百度百科，https://baike.baidu.com/。

搜狐网，https://www.sohu.com/。

六、微信公众号

集美区行政服务中心微信公众号。

集美图书馆微信公众号。

厦门嘉庚剧院微信公众号。

厦门停留指南微信公众号。

后记

说实话，在我的写作计划里，从来没想过要为一个完全不熟悉的海边小渔村编写一本村志。

八年前，我供职的集美大学文学院的书记梁振坤先生雄心勃勃地想打造学院的学科特色，为地方文化建设贡献一份力量。为此，他鼓励老师们做一些具有闽、海特色的项目，其中一项便是研究厦门及周边的村落文化。有一天，他找到我，说处于集美新城核心区的西亭村很快就要"消失"了，原村书记想编一本村史，为后人留下一些踪迹和念想，希望我组织几位老师承担这个任务。我颇踌躇。从学术训练来说，我没有任何田野调查、访谈方面的学术训练和经验，而写村史则必须具备这两方面的能力；从学术兴趣来说，虽然我对民俗和地方文化有一点兴趣，但作为一个生于黄土高原、受陇中文化影响长大、对闽地语言文化一窍不通的人，我觉得自己远不能胜任这项工作。尽管有些踌躇，但是，对未知领域探索的冲动，加之文学院几位实力派同仁的加持和参与，还是促使我应承了下来。

没想到，实际做的过程中遇到的困难，比当初预想的还要多。

最大的问题是缺乏资料。村里几乎没有留下什么文字记载，文物、古迹也很少，宗祠、庙宇基本上都是"文革"后重修的，旧碑记都没有留下来，族谱都在"文革"中烧掉了。最为遗憾的是，村里一位读书人苦心搜集整理的很多村史和民俗资料，也在其死后被焚毁了。查阅《同安县志》《厦门市志》《集美区志》，也没有发现有关西亭村的史料和历史人物。没有现成的资料，只有靠村民的记忆。在开始阶段，我们编写组所有成员多次到村里来走访，和村里负责人、长者座谈，了解村子的地形地貌、建筑、习俗和历史，然后各自根据分工，分门别类进行访谈和调研，一点点搜集资料。因为村民们口耳相传的历史记忆并不准确、完整，需要对不同讲述者的讲述进行辨析、拼接和整合，并与现有文字资料进行比较、印证，所以资料的搜集花费了很长时间。

2019年底初稿完成以后，我们希望组织几个熟悉村里情况的村民对初稿进行全面审核，指出问题，提出修改意见，以便我们进一步继续补充修改。不巧的是，新冠疫情的爆发和村子的整体拆迁打乱了我们的计划，审稿的事一拖再拖，直到2021年9月，审稿和修改工作才最终完成。接下来的出版也是一波三折，难以尽言。几经周折，本书最终得以在台湾万卷楼图书股份有限公司出版。作为主要负责人，我为此倍受煎熬，心中的担心、焦灼、自责和失落难以言表。

从立项、调研、写作到出版，在长达八年的时间里，编委会的陈育平、陈毅琳、陈思达、陈水会、陈钟庆、陈水伍、陈德胜、黄炳煌给了我们最大的帮助。他们带领我们参观，不厌其烦地给我们讲述村里的历史、人物、民俗、信仰，帮忙联络访谈对象并陪同访谈，提供族谱、村里地名、旧照片等资料。尤其是老书记陈育平先生，不仅是撰修村志的倡议者、组织者，还是很多资料的直接提供者，诸如宗庙和宗祠的面积、各届高考和研究生入学的名单、历届村委会干部的简历和知青农场人员名单等，都是他提供的。没有他们的大力帮助、热情鼓励以及宽厚包容，就不会有此《西亭村志》的出版。他们对祖先和村庄的感情，他们传承文化的责任感，让我们感动，值得我们尊敬。在此，谨向他们表达深深的敬意和感谢！

村志的编写，对每一位编写者而言，都是第一次。几年来，大家利用课余时间调研写作、研讨修改，备尝艰辛。感谢大家的努力！此外，郑英明老师参与了前期调研工作，吴光辉老师多次拍照、录像，为村里的民俗活动保存了一些资料，一并致谢！

由于各方面的原因，这本村志还存在很多不足之处，敬请西亭村村民们和各位读者批评指正！

各章编者如下：

第一章：杨志贤　张克锋

第二章：梁振坤　张克锋

第三章：张克锋　周艺灵

第四章：周艺灵　张晓红

第五章：许文君

第六章：郭　倩

第七章：谢慧英

第八章：周伟薇
第九章：陈曼君　陈树菁
第十章：张克锋
附　　录：张克锋　周艺灵　陈树菁

张克锋
2024年9月于集美大学

文化生活丛书 1300018

西亭村志

主　　编	张克锋
责任编辑	林涵玮
特约校稿	林秋芬

发 行 人	林庆彰
总 经 理	梁锦兴
总 编 辑	张晏瑞
编 辑 所	万卷楼图书股份有限公司
排　　版	林晓敏
印　　刷	博创印艺文化事业有限公司
封面设计	陈荟茗

发　　行	万卷楼图书股份有限公司
	地址 台北市罗斯福路二段 41 号 6 楼之 3
	电话 (02)23216565
	传真 (02)23218698
	电邮 SERVICE@WANJUAN.COM.TW
香港经销	香港联合书刊物流有限公司
	电话 (852)21502100
	传真 (852)23560735

ISBN 978-626-386-148-0
2024 年 11 月初版
定价：新台币 660 元

如何购买本书：

1. 划拨购书，请透过以下邮政划拨帐号：
   帐号：15624015
   户名：万卷楼图书股份有限公司
2. 转账购书，请透过以下帐户
   合作金库银行 古亭分行
   户名：万卷楼图书股份有限公司
   帐号：0877717092596
3. 网路购书，请透过万卷楼网站
   网址 WWW.WANJUAN.COM.TW

大量购书，请直接联系我们，将有专人为您服务。客服：(02)23216565 分机 610

如有缺页、破损或装订错误，请寄回更换
版权所有・翻印必究

Copyright©2024 by WanJuanLou Books CO., Ltd.
All Rights Reserved　　Printed in Taiwan

國家圖書館出版品預行編目資料

西亭村志 / 張克鋒主編.-- 初版 .-- 臺北市：萬卷樓圖書股份有限公司, 2024.11
　　面； 公分
簡體字版
ISBN 978-626-386-148-0(精裝)
1.CST: 農村 2.CST: 人文地理 3.CST: 福建省廈門市
673.19/201.4　　　　　　　　113011406